Stephan Kotzula
Kirchengeschichte in Daten und Fakten

Stephan Kotzula

Kirchengeschichte

in Daten & Fakten

benno

Bibliografische Information Der Deutschen Bibliothek
Die Deutsche Bibliothek verzeichnet diese Publikation
in der Deutschen Nationalbibliografie;
detaillierte bibliografische Daten sind im Internet über http://dnb.ddb.de abrufbar.

Besuchen Sie uns im Internet unter:
www.st-benno.de

ISBN 978-3-7462-2487-9

Stammerstr. 11, 04159 Leipzig
Umschlaggestaltung: Ulrike Vetter, Leipzig,
unter Verwendung von Fotos von © picture-alliance, Frankfurt/Main
Gesamtherstellung: Kontext, Lemsel (D)

EINLEITUNG UND BENUTZUNGSHINWEIS

In den zurückliegenden Jahren wurde des öfteren das Anliegen geäußert, eine **Gesamtübersicht zur Kirchengeschichte** herauszugeben, die für die Glaubensunterweisung wie für die persönliche Weiterbildung einen möglichst »schnellen Überblick« zu Daten und Fakten der Kirchengeschichte verschafft und dabei auch eine »Einordnung« von kirchlichen Ereignissen in die Weltgeschichte ermöglicht, ohne dass dadurch bereits eine ausführliche Kirchengeschichte ersetzt wird.

Diesem Wunsch hat der **Benno-Verlag** mit seiner **ersten Ausgabe** der **»Kirchengeschichte in Daten und Fakten«** von 1989 entsprochen. Aufgrund der weitgehend positiven Reaktionen auf diese Synopse wurde die »Kirchengeschichte in Daten und Fakten« bis zur nun vorliegenden **vierten Ausgabe** mehrfach überarbeitet, ergänzt und vor allem auf den möglichst aktuellen Stand (Bearbeitungsschluss: 1. April 2008) erweitert. Wurde dem Zeitabschnitt ab 1945 bis 1989 als zum Teil selbst erlebte »Zeitgeschichte« vom Ende des Zweiten Weltkrieges bis zur Wende in Deutschland und der damit zusammenhängenden Ost-West-Auseinandersetzungen besondere Aufmerksamkeit gewidmet, so kommt ab der »Jahrtausendwende« wieder mehr das sich abzeichnende Weltgeschehen in den Blick.

Dadurch, dass ein nicht unbegrenzter Seitenumfang zur Verfügung steht, musste die **vierte Ausgabe** gegenüber der dritten hier und da gekürzt werden, wobei aber darauf geachtet wurde, möglichst alle wichtigen und die Geschichte bestimmenden Daten wie Fakten zu berücksichtigen. Somit stellt die vierte Ausgabe einerseits eine Erweiterung der Kirchengeschichte dar, anderseits finden sich, was die zurückliegenden Zeitabschnitte betrifft, weiterführende Daten und Fakten in der dritten Ausgabe. Neben einem vollständigem Namensverzeichnis ist auch ein Sachverzeichnis »in Auswahl« angegeben. Bei der Auswahl der dort angegebenen Fakten hat deren historische Gewichtigkeit Vorrang vor deren lückenloser Vollständigkeit, das heißt, *nicht alle* Ereignisse können aufgeführt werden, ebenso wenig werden die aufgeführten Fakten in ihrer geschichtlichen Wiederholung *unbedingt vollständig* angegeben.

Die Form der nebeneinander gesetzten Spalten ermöglicht es, eine bestimmte Zeitepoche jeweils unter verschiedenen Gesichtspunkten zu betrachten, wobei sich, je nach Betrachtungsweise, die jeweiligen Zuordnungsbereiche im Einzelfall auch überschneiden können. Die aufgeführten Angaben von Daten und Fakten mussten allerdings auf »markante Ereignisse« beschränkt bleiben, so dass nicht alle als »wichtig« angesehenen Begebenheiten berücksichtigt werden konnten. Um jedoch Ergänzungen vornehmen zu können, wurden in den einzelnen Spalten hier und da freie Zwischenräume für Eintragungen gelassen.

Die einzelnen Spalten befassen sich mit folgenden Bereichen:

Weltgeschichte

Glaubensverbreitung

Glaubensentfaltung

Orden, Heilige, Spiritualität

Kirche und Gesellschaft

Liturgie und kirchliches Leben

Christliche Kunst und Musik

BENUTZTE LITERATUR

I. Lexika und Nachschlagewerke

Adam, A.; Berger, R., Pastoralliturgisches Handlexikon, Leipzig 1982
Annuario Pontificio, Città del Vaticano, Libera Editrice Vaticana 1965 sq.
von Baratta, M., Der Fischer Weltalmanach 1996, Frankfurt/M. 1995
von Baratta, M., Der Fischer Weltalmanach 2000, Frankfurt/M. 1999
Bauer, S. (Hrsg.), Probieren & Studieren. Lehrbuch zur Grundausbildung in der evangelischen Kirchenmusik, München [2]1996
Baumann, W.-R. u. a., Biographien zur Zeitgeschichte seit 1945, Frankfurt/M. 1985
Bihlmeyer, K.; Tüchle, H., Kirchengeschichte I-III, Paderborn [18]1966–1969
Brockhaus Enzyklopädie. Jahrbuch 1993–1996, Leipzig-Mannheim 1994–1997
Chronik 2000. Der vollständige Jahresrückblick, Gütersloh-München 2001
Chronik 2001. Der vollständige Jahresrückblick, Gütersloh-München 2002
Das neue Lexikon der Musik I-IV, Stuttgart-Weimar 1996
Der Fischer Weltalmanach 2008. Zahlen, Daten, Fakten, Frankfurt/Main 2007
DTV Jahrbuch 2005. Die Welt in Zahlen, Daten, Analysen, Hamburg-München 2006
Franzen, A., Kleine Kirchengeschichte, Freiburg/Br. [11]1983
Franzen, A.; Bäumer, R., Papstgeschichte, Freiburg/Br. 1974
Frankfurter Allgemeine 1998. Die Jahreschronik (Sonderdruck)
Grote Winkler Prins Jaarboek 1991 sq., Amsterdam-Antwerpen 1991 sq.
Hanky, D.; Bilger, W., Erzbistum Berlin 1930–1996. Daten-Fakten-Zahlen, Fredersdorf [2]1996
Harder, J., Kleine Geschichte der orthodoxen Kirche, Berlin 1963
Harenberg, B. u. a., Personen-Lexikon I-II, Braunschweig 1983
Harenberg, B., Schlüsseldaten 20. Jahrhundert, Dortmund 1995
Hermes-Handlexikon: Daten der Geschichte, Düsseldorf 1983
Hermes-Handlexikon: Wer kannte wen?, Düsseldorf 1983
Höllen, M., Loyale Distanz? Katholizismus und Kirchenpolitik in SBZ und DDR. Ein historischer Überblick in Dokumenten, Bd. II, 1956–1965; Berlin 1997
Honegger, M.; Massenkeil, G., Das große Lexikon der Musik I-VIII, Freiburg/Br.-Basel-Wien 1987
Jahr des Herrn, Katholisches Hausbuch 1980–1986, Leipzig 1979ff.
Jedin, H., Kleine Konzilsgeschichte, Freiburg/Br. [6]1963
Jedin, H.; Repgen, K. (Hrsg.), Handbuch der Kirchengeschichte I-VII, Freiburg/Br.-Basel-Wien 1979–1985
Kirche im Blick 1998/1999, herausgegeben von der KNA, Bonn-Würzburg 1999
Kleine Enzyklopädie der Weltgeschichte I-II, Leipzig 1979
Knaurs Kulturführer in Farbe. Deutschland, München 1991/1993
L'Attività della Santa Sede, Tipografia Poliglotta Vaticana 1967 sq.
Lexikon für Theologie und Kirche, I-X, Freiburg/Br. [2]1957–1967
Listl, J.; Müller, H.; Schmitz, H. (Hrsg.), Handbuch des katholischen Kirchenrechts, Regensburg 1983
Marqis, Who's Who (in America) 1996, Vol. I, New Providence [50]1997
Meyers Neues Lexikon I-X, Mannheim-Leipzig-Wien-Zürich 1994
Musik im Jahr. Die wichtigsten Daten zur Musik im immerwährenden Kalender, Mainz-München 1986
Ploetz, K., Auszug aus der Geschichte, Würzburg 1968
Schnitzler, Theodor, Die Heiligen im Jahr des Herrn. Ihre Feste und Gedenktage, Freiburg/Br.-Basel-Wien 1979
Schütt, Ernst Christian, Chronik 2002–2006. Tag für Tag in Wort und Bild, Gütersloh-München 2003 ff.
Schütz, Chr. (Hrsg.), Praktisches Lexikon der Spiritualität, Freiburg/Br. 1992
Stein, W., Der große Kulturfahrplan. Die wichtigsten Daten der Weltgeschichte bis heute in thematischer Übersicht, München-Berlin 1990
Streisand, J., Deutsche Geschichte in einem Band, Berlin [3]1974
Szulc, T., Papst Johannes Paul II. Die Biographie, Stuttgart 1996
Wilson-Dickson, A., Geistliche Musik. Ihre großen Traditionen. Vom Psalmgesang zum Gospel, Gießen 1994
Winkler Prins Encyclopedisch Jaarboek, Amsterdam-Antwerpen 1995 sq.

II. Mitteilungen und Zeitschriften

St. Hedwigsblatt, Berlin 1954–1989
Katholische Nachrichtenagentur (KNA), Bonn ab 1974
Mit einem Sternchen * versehene Daten sind aus den Jahresberichten und sonstigen Mitteilungen der KNA entnommen.
Katholische Sonntagszeitung, Jg. 109 ff., 2004 ff.
Kirchenzeitung des Bistums (Erzbistums) Berlin, Berlin ab 1991
L'Osservatore Romano, Wochenausgabe in deutscher Sprache, Vatikanstadt 1968 ff.
Petrus Blatt. Katholisches Kirchenblatt für das Bistum Berlin, Berlin 1948–1989

III. Sonstige Literatur und Nachschlagewerke

Duden, Wörterbuch der Abkürzungen, Mannheim-Leipzig-Wien-Zürich 1999

Bearbeitungsschluss für die IV. Ausgabe: 1. April 2008

INHALTSVERZEICHNIS

[1] Es sei bei dieser hier aufgeführten Periodisierung darauf hingewiesen, dass es auch eine andere, rechnerisch korrektere Jahrtausendberechnung gibt. Diese lässt das zweite Jahrtausend mit dem 31. Dezember 2000 enden und das dritten Jahrtausend mit dem 1. Januar 2001 beginnen. Aufgrund der allgemein festgelegten Datierung des 1. Januar 2000 als Beginn des dritten Jahrtausends bzw. des 21. Jahrhunderts wird auch hier diese Periodisierung vorgenommen.

I.

Die Kirche in der Spätantike (bis ca. 604)

1. Die Urkirche (bis ca. 100)

Vor der christlichen Zeitrechnung

Weltgeschichte	Glaubensverbreitung	Glaubensentfaltung

vor der christlichen Zeitrechnung:

46 Der Imperator des **Römischen Reiches,** Gaius Julius Cäsar, führt den sog. **Julianischen Kalender** im Reich ein.

44 15. März: Gaius Julius Cäsar wird ermordet.

40 Durch den **Vertrag von Brundisium** wird das Römische Reich aufgeteilt; Octavian erhält den Westen, Marcus Antonius den Osten, Lepidus († 12 v. Chr.) Afrika. Italien bleibt neutrales Gebiet.

37 Herodes I., d. Gr. († 4 v. Chr.) wird vom römischen Senat als König von Judäa anerkannt, erobert Jerusalem und tritt seine Herrschaft an.

30 Octavian († 14 n. Chr.) erobert Alexandrien. Antonius und Kleopatra begehen Selbstmord, das Ptolemäer-Königtum geht zu Ende. Ägypten wird römische Provinz und Octavian tritt seine Herrschaft als Imperator des Römischen Reiches an.

27 13. Jan.: Octavian stellt die Republik wieder her.
Jan.: Octavian nimmt den Titel Augustus an.

17 Kaiser Augustus feiert beim Säkularfest Roms den Anbruch eines neuen Zeitalters und verkündet dabei einen universalen Frieden.

Vor der christlichen Zeitrechnung bis zum Jahr 7

Weltgeschichte	Glaubensverbreitung	Glaubensentfaltung

Weltgeschichte

vor der christlichen Zeitrechnung:

8–6 Unter dem Kommando des Tiberius († 37 n. Chr.) wird die Errichtung der **Provinz Germanien** vorbereitet und die Elbgrenze als römische Reichsgrenze angestrebt.
4 Nach dem Tod des Königs Herodes I., d. Gr. von Judäa wird sein Sohn Herodes Antipas († 39 n. Chr.) Vierfürst von Galiläa und Peräa und damit Landesherr Jesu Christi.

nach der christlichen Zeitrechnung:

2 Kaiser Augustus erhält den Titel **Pater patriae.**
6 Kaiser Augustus erbt das Reich König Herodes' I., d. Gr.; **Judäa** wird in die bereits 64 v. Chr. von Gnaeus Pompejus († 48 v. Chr.) eroberte und dem römischen Reich einverleibte **Provinz Syrien** mit einbezogen und Quirinus († 27) wird Statthalter von Syrien.
6/7 Statthalter Quirinus lässt eine Volkszählung durchführen.

Glaubensentfaltung

vor der christlichen Zeitrechnung

4 Nach Mt 2,1 wurde **Jesus Christus** in den Tagen des **Königs Herodes** geboren; nach Lk 1,5 wird Zacharias und Elisabet die Geburt Johannes' des Täufers **in den Tagen des Herodes** verheißen. In diesem Zusammenhang wird auch der Besuch Marias, die vom Heiligen Geist empfangen hat, bei Elisabet erwähnt (Lk 1,35-45), so dass gemäß dieser beiden neutestamentlichen Datierungen Jesus Christus spätestens **um** den Tod des Königs Herodes I., d. Gr. im Jahre 4 **vor** der christlichen Zeitrechnung, welche der Mönch Dionysius Exiguus († um 550) berechnet hat, geboren worden wäre, was weitgehend angenommen wird.

nach der christlichen Zeitrechnung:

6 Nach Lk 2,2 wird die Geburt Christi mit der Volkszählung unter **Quirinus** als **Statthalter von Syrien** in zeitlichen Zusammenhang gebracht, wonach dann Christus erst im Jahre 6 **nach** der christlichen Zeitrechnung geboren worden wäre.

Weltgeschichte

9 Aug.: Der Cheruskerfürst Arminius († um 19) besiegt in der Schlacht im Teutoburger Wald die römischen Legionen. Rom muss daraufhin Germanien östlich des Rheins aufgeben.

14 19. Aug.: Tod des Kaisers Augustus. Tiberius († 37) wird neuer römischer Kaiser.

16 Kaiser Tiberius ruft den Feldherrn Germanicus († 19) aus Germanien zurück und verzichtet auf die Provinz Germanien.

26–36 Pontius Pilatus († 39) ist römischer Prokonsul von Judäa.

27 Kaiser Tiberius ist das 15. Jahr an der Regierung.

ab 37 Kaiser **Gaius Caligula** († 41) führt das orientalische Hofzeremoniell in Rom ein und lässt sich als »**Gott-Kaiser**« verehren.

Glaubensverbreitung

30 oder 33 Pfingsten: Durch die Herabkunft des Heiligen Geistes Bildung der Urgemeinde in Jerusalem: von dort aus Ausbreitung des Glaubens durch Predigt und Taufe durch die Apostel.

um 33 Erste **Verfolgungswelle** der Christen durch die Juden, Steinigung des Erzmärtyrers Stephanus unter Aufsicht des Saulus und Zerstreuung eines Teils der Urgemeinde.

33/36 Bekehrung des Paulus vor Damaskus, danach geht Paulus nach Arabien und kehrt wieder nach Damaskus zurück (Gal 1,17 f.).

um 39 Paulus flieht aus Damaskus (2 Kor 11,32 f.) und besucht Petrus sowie den Herrenbruder Jakobus (Gal 1,18 f.; Apg 9,25 f.).

Glaubensentfaltung

27 Lt. Lk 3,1 f. **tritt Johannes der Täufer im 15. Jahr der Regierung des Kaisers Tiberius öffentlich auf; zu diesem Zeitpunkt erfolgt etwa auch die Taufe Jesu und Jesus Christus beginnt sein öffentliches Wirken.**

ca. 29 Johannes der Täufer wird enthauptet.

30 8. April: oder

33 4. April: Tod und Auferstehung Christi.

Zur Berechnung des Todesdatums Christi gibt die Heilige Schrift folgende Anhaltspunkte: Gemäß Mt 26, 2.17; Mk 14,1.12-16; Lk 22,1.7-13 starb Jesus Christus am 1. Paschatag (15. Nisan = Monat März bzw. April); lt. Joh 19,31 f. starb Jesus Christus am 14. Nisan, am Vortag vor dem Osterfest, das auf einen Sabbat fiel, also an einem **Freitag.** Nur am 8. April 30 und am 4. April 33 fielen das jüdische Paschafest und der Sabbat auf einen Tag zusammen.

um 33 Die Apostelgeschichte berichtet von der Bestellung der ersten sieben Diakone durch Gebet und Handauflegung der Apostel für den caritativen Dienst in der Urgemeinde (Apg 6,1-6).

40–58

Weltgeschichte	Glaubensverbreitung	Glaubensentfaltung
	42–44 Unter König Herodes Agrippa I. († 44) setzt eine zweite Verfolgungswelle der Christen ein. Er lässt Jakobus den Älteren enthaupten, Petrus wird eingekerkert und verlässt danach Jerusalem.	
43 Kaiser Claudius († 54) unterwirft Britannien.	**um 43** Paulus und Barnabas befinden sich in **Antiochien**, dem Zentrum des hellenistischen Christentums. Hier werden auch die Christen erstmals »**Christen**« genannt (Apg 11, 26). Petrus befindet sich in Samaria und tauft in der Küstenebene den Hauptmann Cornelius (Apg 10).	
	45–48 **Erste Missionsreise** des Apostels Paulus u. a. nach Zypern, Antiochia in Pisidien und Lystra.	
	49–52 **Zweite Missionsreise** des Apostels Paulus u. a. nach Phrygien, Galatien, Philippi, Thessalonich und Athen (Areopagrede).	**48/49** **Apostelkonzil in Jerusalem. Die Heidenchristen werden von den jüdischen Gesetzesvorschriften entbunden.**
		um 49 Eventuelle Abfassung des Jakobusbriefes (spätere Datierung um 58).
	nach 52 **Der Apostel Thomas** missioniert in **Südindien** und stirbt in Mailapur (Madras); auf ihn gehen die **Thomaschristen** zurück.	**um 50** Niederschrift des mündlich überlieferten aramäischen Matthäusevangeliums und der ergänzenden Logiensammlung.
54 13. Okt.: Nero († 68) wird römischer Kaiser.	**53–58** **Dritte Missionsreise** des Apostels Paulus u. a. durch Galatien, Phrygien, Ephesus, Korinth und Mazedonien.	**um 51** Abfassung des 1. und 2. Thessalonicherbriefes.
	um 57 Vorhandensein einer christlichen Gemeinde in Rom, der Paulus von Korinth aus den Römerbrief schreibt (Röm 1,8).	**56/57** Abfassung des Galaterbriefes sowie des 1. u. 2. Korintherbriefes; mögliche Abfassung des Philipperbriefes (spätere Datierung ca. 63).
		57/58 Winter: Abfassung des Römerbriefes.

49 Der Jakobusbrief (früheste Abfassungsdatierung) bezeugt noch eine rein presbyterale Amtsverfassung.
51 Der 2. Thessalonicherbrief berichtet über die Bußdisziplin der Exkommunikation; unbußfertige Sünder werden aus der Gemeinde ausgeschlossen (2 Thess 3,6).
vor 57 Der 1. Korintherbrief bezeugt neben dem Apostelamt die Ämter der Lehrer und Propheten sowie Ämter aufgrund besonderer Gnadengaben, sog. **Charismen** (1 Kor 12,28). 1 Kor 11,17-34 berichtet von der **Eucharistie** als **Herrenmahl,** die noch mit dem Liebesmahl der Gemeinde, der **Agape**, rituell fest verbunden ist.
Der Philipperbrief erwähnt zeitlich erstmals die **Diakone** als Helfer der Bischöfe (Phil 1,1).
vor 58 Der Römerbrief erwähnt das Amt der **Diakonissin** bzw. **Diakonisse** (Röm 16,1).

58–100

Weltgeschichte

59 Beginn der Willkürherrschaft Neros.

66–70 I. Jüdischer Aufstand gegen die römische Fremdherrschaft.

um 67 Der Buddhismus gelangt von Indien nach China.

70 Titus († 81), Sohn des Kaisers Vespasian († 79), schlägt den I. Jüdischen Aufstand nieder und lässt Jerusalem mit dem Tempel zerstören.

79 24. Aug.: Ausbruch des Vesuvs; dabei werden die Städte Pompeji und Herculaneum zerstört.

83 Errichtung des obergermanischen Limes.

98 Beginn der Regierung des Kaisers Trajan († 117).

Glaubensverbreitung

58 Pfingsten: Paulus wird in Jerusalem verhaftet. Jakobus, der Herrenbruder, ist Oberhaupt der judenchristlichen Gemeinde von Jerusalem.

58–60 Paulus befindet sich als Gefangener in Cäsarea.

60 Paulus wird dem Statthalter Porcius Festus vorgeführt und legt Berufung an den Kaiser ein, Abreise des Paulus nach Rom.

60/61 Reise des Paulus nach Rom mit Überwinterung auf Malta.

61–63 Paulus in Rom in militärischem Gewahrsam.

62 Der Hohepriester Ananus lässt Jakobus den Jüngeren, den Herrenbruder, steinigen. Simeon wird sein Nachfolger als Oberhaupt der Jerusalemer Gemeinde.

63 Paulus wird in Rom freigelassen; eventuelle Reise nach Spanien.

63 oder 67 Der Apostel Petrus erleidet in Rom den Märtyrertod.

um 65 Paulus befindet sich in Ephesus, Kreta und Mazedonien.

ca. 67 Paulus erleidet in Rom den Märtyrertod.

um 95 Der Apostel Johannes wird auf die Insel Patmos verbannt.

98–100 Zu Beginn der Regierung des Kaisers Trajan († 117) stirbt der Apostel Johannes eines natürlichen Todes; mit seinem Tod endet die **Zeit der Urkirche.**

Glaubensentfaltung

61–63 Abfassung des Kolosserbriefes, des Epheserbriefes und des Philemonbriefes.

ab 63 Bildung der ersten judaistischen Abspaltungen innerhalb der Urkirche, so u. a. der Ebioniten und Nazaräer, welche zwar an die Messianität Christi glauben, aber seine Gottheit leugnen.

um 64 Abfassung des 1. Petrusbriefes und des Markusevangeliums.

um 65 Abfassung des 1. Timotheusbriefes und des Titusbriefes.

um 67 Abfassung des Hebräerbriefes und des 2. Timotheusbriefes.

70–80 Entstehung des griechischen Matthäusevangeliums, des Lukasevangeliums, der Apostelgeschichte, des Judasbriefes und des 2. Petrusbriefes.

um 95 Endfassung der Apokalypse des hl. Johannes.

um 96 Papst Clemens I. († um 101) schreibt seinen Brief an die Gemeinde in Korinth, den sog. **1. Clemensbrief,** der das **erste Zeugnis für die Zeit der Apostolischen Väter** darstellt und zuerst den Aufenthalt und das Martyrium der Apostel Petrus und Paulus in Rom bezeugt.

um 98 Abfassung des Johannesevangeliums und der drei Johannesbriefe.

nach 98 Im sog. 2. Clemensbrief wird eine christliche Aszese bezeugt, die hauptsächlich in Gebet und Werken der Nächstenliebe besteht und noch wesentlich auf eine naherwartete Wiederkunft Christi (Parusie) ausgerichtet ist.

64 Juli: Kaiser Nero († 68) lastet den Christen die Schuld für den Brand Roms an und lässt aus persönlicher Abneigung eine große Anzahl römischer Christen grausam hinrichten; die Verfolgung selbst aber ist nur auf Rom beschränkt und entbehrt noch jeder Rechtsgrundlage.

um 95 Kaiser Domitian († 96) steigert den **Kaiserkult** und veranlasst verschiedene Maßnahmen gegen die Christen, verfolgt sie aber nicht im eigentlichen Sinn.

um 63 Im Philemonbrief werden die sozialen Stände in der Urkirche angesprochen, wobei dort die Sklaverei nicht abgeschafft, sondern durch die Zugehörigkeit aller Getauften zu Christus überwunden wird.

um 65 Der 1. Timotheusbrief enthält Bestimmungen für die Übernahme des Bischofs-, Presbyter- und Diakonenamtes (1 Tim 3,1-13; 5,3-16), erwähnt den Ordinationsritus durch Handauflegung des ganzen **Presbyteriums** (1 Tim 4,14) und erteilt Weisungen für den schon bestehenden Stand der **Witwen** (1 Tim 5,3-16).
Der Titusbrief beschreibt die allgemeinen Pflichten aller Christgläubigen (Tit 3,1-7) sowie die Standespflichten der Männer und Frauen (Tit 2,1-10).

um 96 Der 1. Clemensbrief spricht zwar von Bischöfen und Diakonen, kennt aber nur eine presbyterale Amtsverfassung.

2. Die Kirche im heidnischen Römerreich (bis 313)

100–145

Weltgeschichte	Glaubensverbreitung	Glaubensentfaltung
104 Cornelius Tacitus († um 120) beginnt mit der Abfassung seiner **Historiae**. **112** Tacitus beginnt mit der Abfassung der **Annales**, einer Geschichte Roms. **114** Armenien wird römische Provinz. **116** Das Römische Reich hat seine größte Ausdehnung; es reicht bis zum Persischen Golf. **122–128** Kaiser Hadrian († 138) baut in England den sog. **Hadrianswall** als Reichsgrenze aus. **130** II. Jüdischer Aufstand gegen die römische Fremdherrschaft. **135** Kaiser Hadrian schlägt den II. Jüdischen Aufstand nieder. Bei Todesstrafe darf kein Jude mehr die Stadt Jerusalem (Aelia Capitolina) betreten. Damit beginnt das **Diasporajudentum.**	**ca. 112** Nach dem Bericht des Statthalters Plinius d. Jüngeren († ca. 113) gibt es im Gebiet von Bithynien und des Pontus bereits eine größere Anzahl von Christen. **120–170** Entstehung der ersten Bischofskirche Oberitaliens in Ravenna.	**um 110** Der hl. Ignatius von Antiochien erleidet in Rom den Märtyrertod; er bezeugt in seinen 7 Briefen zusammen mit dem sog. **Monepiskopat**, d. h. der Leitung der Ortskirche durch einen Bischof, dem die Presbyter und die Diakone zugeordnet sind, auch die sich bereits herausgebildete **Ämtertrias** des Bischofs, Presbyters und Diakons; außerdem ist er schon ein Zeuge für die besondere Stellung des römischen Bischofs in der Kirche. **um 140** Der Presbyter Marcion († um 160) verbreitet in Rom die Lehre, wonach Christus als Gott der Liebe des Neuen Testamentes in keinerlei Verbindung mit Gott-Jahwe der Rache des Alten Testamentes steht. **ab 145** Ausbreitung der sog. **Gnosis**, einer an altorientalischen Vorstellungen orientierten Erlösungslehre mit zwei Urprinzipien: Gut und Böse. Der Mensch, der grundsätzlich der bösen Materie verhaftet ist, kommt nur durch Askese zur Gotteserkenntnis und zur Erlösung. Tod und Auferstehung Christi haben keine Heilsbedeutung, nur seine Lehre, die allein der **Gnostiker** richtig versteht.

vor 110 Ignatius von Antiochien († um 110) bezeugt außer der sog. Ämtertrias und dem Monepiskopat auch das Eingehen einer christlichen Ehe nur mit Wissen und Billigung des Bischofs.

ca. 112 Kaiser Trajan ordnet auf Anfrage des Statthalters Plinius d. Jüngeren († ca. 113) von Bithynien und Pontus an, die Christen von **Staats wegen** nicht zu verfolgen, sie auf anonyme Anklage hin auch nicht abzuurteilen; wer sich aber zum Christentum bekennt, darf von Rechts wegen verurteilt werden.

um 140 Die Schrift **Der Hirte des Hermas** lehrt die Buße als den letzten Gnadenakt für einen Christen nach der Taufe.
Die sog. **Didaché** erwähnt bereits ein wöchentliches Fasten am Mittwoch und Freitag und betont unter den Werken der Nächstenliebe das Almosengeben.

Weltgeschichte	Glaubensverbreitung	Glaubensentfaltung
Um 150 beginnen die **Goten** zum Schwarzen Meer zu ziehen und bereiten damit die Germanische Völkerwanderung vor. In Rom löst die Bestattung in Sarkophagen die Feuerbestattung ab.		**vor 156** Der hl. Polycarp von Smyrna († 156) bezeugt in seinem Brief an die Gemeinde in Philippi noch eine rein presbyterale Kirchenverfassung. Neben den Schriften des Polycarp von Smyrna und des Ignatius von Antiochien zählen u. a. auch der **Barnabasbrief** (ca. 130), der **Hirte des Hermas** (ca. 140) sowie die sog. **Didaché** (Apostellehre/vor 150) zu den Schriften der **Apostolischen Väter.** **157/158** Der ehemalige Kybelepriester Montanus († ca. 172) predigt die rigorose sittliche Enthaltsamkeit, das kompromisslose Martyrium, das baldige Kommen Christi, klagt dabei die **Großkirche** des Reiches der Laxheit an und beschwört dadurch die umsichgreifende Irrlehre des sog. **Montanismus** herauf.
		165 Der hl. Justinus der Märtyrer wird enthauptet; er verteidigt als erster Apologet in literarischer Form den christlichen Glauben gegenüber den Angriffen aus dem Heidentum.
176 Kaiser Marc Aurel († 180) gründet Regensburg (Castra Regia)	**177** Den Märtyrertod erleiden ca. 49 Christen in Lyon (Gallien). In Gallien bestehen schon in Lyon, Vienne und Marseille christliche Gemeinden.	**177/178 Der hl. Irenäus,** der **erste Kirchenvater** († um 202), wird Bischof von Lyon; er bezeugt als erster die **Kindtaufe** und fertigt eine

145–180

Orden, Heilige, Spiritualität	Kirche und Gesellschaft	Liturgie und kirchliches Leben	Christliche Kunst und Musik
			um 150 Die ersten christlichen Katakomben werden angelegt.
um 155 Justinus d. Märtyrer († um 165) erwähnt in seiner **Apologie** das **zölibatäre Leben** von Männern und Frauen um des Himmelreiches willen. **156** 22. Febr.: Der hl. Polycarp von Smyrna wird verbrannt; über sein Martyrium liegt der **älteste Märtyrerbericht** vor.		**um 155** Der Apologet Justinus d. Märtyrer († 165) berichtet in seinem **Dialog mit Tryphon** über die Eucharistiefeier, die wie folgt aufgebaut ist: Lesungen aus der Heiligen Schrift, Homilie, Entlassung der Katechumenen und Büßer, allgemeines Gebet und Friedenskuss, Darbringung der Gaben, Danksagungsgebet durch den Vorsteher, Kommunionausteilung durch die Diakone. In seiner **1. Apologie** bezeugt er zum ersten Mal die Konsekrationsworte.	
	176 Kaiser Marc Aurel († 180) verbietet mit der Einführung neuer Religionen auch das Christentum.		

Weltgeschichte	Glaubensverbreitung	Glaubensentfaltung
		Liste der römischen Bischöfe an, um nachzuweisen, dass gewisse Bischofssitze auf die Gründung durch die Apostel zurückgehen und der Bischof von Rom einen gewissen Vorrang gegenüber den anderen Bischöfen habe, da er Nachfolger des Apostels Petrus ist.
		um 180 Gründung der Alexandrinischen Katechetenschule als private Lehranstalt.
		190/203 Clemens von Alexandrien, der Begründer der christlichen Glaubenswissenschaft († um 215), lehrt auf der Alexandrinischen Katechetenschule.
		193 Tertullian, der Schöpfer der christlichen Latinität († nach 220), wird getauft, verfällt später jedoch der Irrlehre des Montanismus.
	um 200 Erste Gemeinden werden lt. Irenäus v. Lyon (Adv. haer. I,10,2) in der römischen Provinz Germanien bezeugt.	**207–210** Der hl. Hippolyt von Rom († 235) verfasst mit der **Traditio apostolica** die erste Kirchenordnung, worin auch verschiedene liturgische Gebete enthalten sind.
	201 In Edessa, der Hauptstadt Syriens, besteht bereits ein christliches Gotteshaus.	**ca. 215** Origenes († 254) begründet offiziell die Alexandrinische Lehranstalt; darüber hinaus begründet er mit der vergleichenden Textausgabe des Alten Testamentes **Hexapla** die **kritische Bibelwissenschaft.**
212 Kaiser Caracalla († 217) verleiht mit der **Constitutio Antoniana** allen freien Reichsangehörigen, auch den Juden, das **römische Bürgerrecht.**		**217** Hippolyt von Rom lässt sich gegen Papst Kalixt I. († 222) als **Gegenpapst** aufstellen und lebt auch

um 200 Tertullian († nach 220) berichtet in seiner Schrift **De spectaculis** von einer Ablehnung heidnischer Schauspiele, Gladiatorenkämpfe und Tierkämpfe durch die Christen.
um 204 Tertullian berichtet in seiner Schrift **De oratione** von der Pflege des privaten und häuslichen Gebetes.
um 207 Tertullian bezeugt in seinem Werk **De virginibus** sowohl den kirchlichen Stand der **Jungfrauen** als auch deren Brauch, einen **Schleier** zu tragen.

201 Kaiser Septimus Severus († 211) verbietet den Übertritt vom Heidentum zum Judentum.
202 Kaiser Septimus Severus untersagt den Übertritt vom Heidentum zum Christentum.

um 185 Irenäus von Lyon († 202) bezeugt die Praxis der Kindtaufe.
um 200 Aufkommen des Glaubensbekenntnisses in seiner älteren Form in Rom.
203 Tertullian († nach 220) weist die eucharistische Nüchternheit nach.
210 Hippolyt von Rom († 235) legt in seiner »Traditio apostolica« das erste Eucharistische Hochgebet vor.
In Rom besteht schon ein institutionalisiertes **Katechumenat** zur Vorbereitung der Taufe. Tertullian erwähnt mehrfach die frühkirchliche **Arkandisziplin,** wonach aus Ehrfurcht vor der Offenbarung gegenüber Ungetauften über Dinge des Glaubens, des Kultes und der Disziplin Stillschweigen gewahrt werden soll.

ab 230 wird immer mehr **Latein** als **Gottesdienstsprache** verwendet.

vor 200 Die ersten Christusbilder finden sich in der Katakombenmalerei.
Aufkommen der frühkirchlichen Vokalmusik.

220–313

Weltgeschichte

224 Ardaschir I. († 241) besiegt den letzten König der Parther und gründet das neue **Persische Großreich der Sassaniden.**
235 Die Alemannen stoßen über den Rhein nach Gallien vor.

248 Rom feiert seine (sagenhafte) Gründung vor 1000 Jahren.

um 250 In China wird der Kompass erfunden.

269 **Die Goten teilen sich in Ost- und Westgoten.**
293 Kaiser Diokletian († 313 oder 316) teilt das Römische Reich in vier Verwaltungspräfekturen.
305 1. Mai: Diokletian legt die Kaiserwürde freiwillig nieder.
312 **Kaiser Konstantin der Große († 337) besiegt in der Schlacht an der Milvischen Brücke vor Rom Maxentius und wird Alleinherrscher im Westteil des Römischen Reiches.**

Glaubensverbreitung

vor 250 Paris ist bereits gallischer Bischofssitz.

251 In Rom versammeln sich um Papst Cornelius I. († ca 253) 60 Bischöfe Italiens.

260 In Mesopotamien liegt schon ein geordnetes Kirchenwesen vor.
um 290 In Armenien wird das Christentum unter König Tiridates III. († ca. 320) durch den hl. Gregor dem Erleuchter († nach 325) eingeführt und sofort **Staatsreligion.**
306 Auf der Synode von Elvira (Südspanien) sind schon 16 Bischöfe aus Spanien anwesend.

Glaubensentfaltung

noch mit Papst Urban I. († 230) und Papst Pontianus († 230–235) im Schisma.
235 Hippolyt von Rom und Papst Pontianus beenden in der Gefangenschaft ihr Schisma.
ca. 242 Mani († 254) begründet nach seiner Rückkehr aus Indien die **persische Gnosis** oder den sog. **Manichäismus,** der ein gutes wie auch ein böses Urprinzip annimmt; aus der bösen Materie kann sich der Mensch nur durch völlige Enthaltsamkeit befreien.
250 Der hl. Cyprian († 258) flieht während der **Decischen Christenverfolgung** aus seiner Bischofsstadt Karthago.
256 Papst Stephan I. († 257) entscheidet gegen den von Cyprian verfochtenen afrikanischen Brauch, Ketzer wieder neu zu taufen. Die einmal gespendete Taufe ist gültig, da nicht der Mensch, sondern letztlich Christus tauft.

Orden, Heilige, Spiritualität

258 10. Aug.: Martyrium des hl. Diakons Laurentius.

um 272 Der hl. Antonius d. Gr. († 356) zieht in die Wüste Ägyptens und begründet dort das Einsiedlertum bzw. das eremitische Mönchtum.

um 304 Märtyrien der hl. Ursula und ihrer Gefährtinnen sowie der hl. Luzia.

Kirche und Gesellschaft

249 Kaiser Decius († 251) ordnet für alle Untertanen an, den Reichsgöttern zu opfern.

257 Gemäß dem Edikt Kaiser Valerians († 260) müssen die Kleriker bei Strafe des Exils den Reichsgöttern opfern; wer Gottesdienste verrichtet, wird hingerichtet.

258 Kaiser Valerian verfügt in einem II. Edikt die Hinrichtung von Klerikern, die nicht opfern, die Verbannung oder Hinrichtung von nicht opferbereiten Beamten sowie die Konfiszierung und Zerstörung von Kirchen und Friedhöfen.

303 23. Febr.: Kaiser Diokletian († 313 od. 316) ordnet an, alle Kirchen zu zerstören, die heiligen Bücher zu vernichten und alle christlichen Gottesdienste zu verbieten. Weitere Edikte Kaiser Diokletians verfügen die Verhaftung und Hinrichtung aller Kleriker des Römischen Reiches.

304 Frühjahr: Durch das letzte Edikt Kaiser Diokletians werden alle Christen im Römischen Reich unter Todesstrafe gezwungen, den Staatsgöttern zu opfern.

311 April: Cäsar **Galerius Maximianus** († 311), der die Christen am härtesten verfolgte, gesteht ihnen per Edikt eine grundlegende –, wenn auch **eingeschränkte Bekenntnisfreiheit** zu.

Liturgie und kirchliches Leben

ab 250 Die Bischöfe beginnen sich auf **Synoden** zu versammeln, um anstehende Fragen der Lehre, der Disziplin und des Kultes gemeinsam zu besprechen.

251 Papst Cornelius I. († 253) berichtet über die Existenz von 7 Subdiakonen, 42 Akolythen und 53 Exorzisten und Ostiarier in Rom.

um 300 Die Buße wird für sog. **Kapitalsünden** (Glaubensabfall, Glaubensverleugnung, Mord, Ehebruch) nach der Taufe **nur einmal** gewährt; die Leitung des sog. Bußverfahrens lag beim Bischof, erst später werden sog. **Bußpresbyter** zur Hilfe hinzugezogen.
Allmähliche Entstehung von Kirchengemeinden auf dem Lande, die von einem sog. **Chorbischof** geleitet werden, der in seiner Amtsausübung noch vom **Stadtbischof** abhängig ist und weitgehend auch nicht die heiligen Weihen spenden darf.

nach 300 In Ägypten feiert man am 6. Januar **das Fest der Taufe Christi.**

306 Die Synode von Elvira (Spanien) gewährt die Buße nur einmal nach dem Empfang der Taufe, schließt bei manchen schweren Vergehen vom Bußverfahren völlig aus, ahndet das Zinsnehmen mit der Exkommunikation und ordnet ein Bilderverbot an.

Christliche Kunst und Musik

222 Tod des Bardesanes, des Schöpfers des syrischen Kirchenliedes.

ab 240 Das Bild Christi als **Guter Hirt** wird auf christlichen Sarkophagen dargestellt.

um 300 Die christlichen Katakomben in Rom werden bereits mit Fresken ausgemalt.
In die frühchristliche Malerei werden die **geflügelten Erosknaben** übernommen und dienen später als Vorbild für die Darstellung der Engel.

Weltgeschichte

330 11. Mai: **Konstantinopel** wird in Abhebung zum heidnischen Rom als **christliche Hauptstadt** des Ostteils des Römischen Reiches eingeweiht.

346 Im Römischen Reich werden alle heidnischen Tempel geschlossen.

ca. 375 Mit dem Einfall der Hunnen in das Ostgotenreich beginnt die Germanische Völkerwanderung.

Trier erlebt als Hauptstadt der weströmischen Provinz seine Blütezeit.

378 9. Aug.: Mit dem Sieg über die Römer in der **Schlacht bei Adrianopel** dringen die Westgoten ins Römische Reich ein.

Glaubensverbreitung

vor 314 Köln und Trier sind bereits Bischofssitze; auf der gallischen Synode von Arles (314) sind aus Germanien die hll. Bischöfe Maternus von Köln († nach 314) und Agricius von Trier († um 330) anwesend.

318 Auf einer Synode in Alexandrien versammeln sich bereits ca. 100 Bischöfe aus Ägypten.

341 Bischof Eusebios von Nikomedien († 341/342), der aus politischen Erwägungen das Ökumenische Konzil von Nizäa (325) nicht anerkennt, weiht in Antiochien Wulfila, den Sohn eines Goten und einer Kappadozierin († 383), zum ersten Bischof der Goten. Wulfila übersetzt die Heilige Schrift ins Gotische. Damit wird eine germanische Sprache Liturgiesprache.

Glaubensentfaltung

325 20. Mai: Beginn des von Kaiser Konstantin d. Gr. einberufenen Ökumenischen Konzils in Nizäa. 19. Juni: Verurteilung der Lehre des Presbyters Arius († 336), des sog. Arianismus, wonach der Sohn dem Vater nicht wesensgleich sei. Mit dem Wort »wesensgleich« wird erstmals mittels eines philosophisch-wissenschaftlichen Begriffs ein Glaubenssatz der Kirche lehramtlich definiert: nämlich, dass der Sohn dem Vater wesensgleich ist.
25. Juli: Beendigung des I. Ökumenischen Konzils.

374 Der hl. Ambrosius († 397) wird als Stadtpräfekt zum Bischof von Mailand gewählt

381 Mai–Juli: Das von Kaiser Theodosius d. Gr. einberufene II. Ökumenische Konzil in Konstantinopel definiert unter dem Einfluss des hl. Patriarchen Athanasius von Alexandrien († 373), des hl. Basilius d. Gr. († 379) sowie der hll. Gregor von Nyssa († 394) und Gregor von Nazianz († um 390) die Lehre von der Gottheit des Heiligen Geistes und verabschiedet das noch heute gebetete Nizäno-Konstantinopolitanische Glaubensbekenntnis.

382 Der hl. Hieronymus († 420) verfasst die kritische lateinische Bibelausgabe, die sog. **Vulgata.**

Orden, Heilige, Spiritualität

um 320 Der hl. Pachomius d. Ältere († 347) gründet in Tabenissi am Nil ein Kloster, führt dort mit den anwesenden Mönchen unter der Leitung eines Abtes ein gemeinsames Leben nach einer festen Gemeinschaftsordnung und begründet damit das gemeinschaftliche Ordensleben bzw. das »zönobitische Mönchtum«.

um 336 Der hl. Athanasius († 373) macht während seiner Verbannung in Trier das sog. **morgenländische Mönchtum** durch seine Lebensbeschreibung des hl. Antonius d. Gr. (Vita Sancti Antonii) im Westteil des Römischen Reiches bekannt.

um 358 Der hl. Basilius d. Gr. († 379) und der hl. Gregor von Nazianz († 390) verfassen zwei Mönchsregeln für die Ostkirche und betonen darin neben dem gemeinsamen Leben das Studium der Theologie wie den Gehorsam.

375 Der hl. Bischof **Martin von Tours** († 397) setzt mit der Gründung des Klosters Marmoutier die ersten Anfänge des Mönchtums im Westen des römischen Weltreiches.

385 Der hl. Hieronymus († 400) lässt sich in Betlehem nieder und gründet dort ein Männer- und drei Frauenklöster.

Kirche und Gesellschaft

313 Febr.: Kaiser Konstantin d. Gr. († 337) und Licinius († 325) vereinbaren die Abgrenzung ihrer Einflussgebiete und erklären im »Mailänder Toleranzreskript« das Christentum zur erlaubten Religion im Römischen Reich, verleihen darüber hinaus der Kirche die öffentlich-staatliche Rechtspersönlichkeit und ordnen die Rückgabe aller während der Verfolgung konfiszierten Kirchengüter an.

318 Kaiser Konstantin d. Gr. verleiht den Bischöfen des Reiches die **Eigengerichtsbarkeit** über die Gläubigen.

321 Kaiser Konstantin d. Gr. erklärt den christlichen **Sonntag** zum Feiertag und damit zum **arbeitsfreien Tag.**

361–363 Unter Kaiser Julian d. Abtrünnigen († 363) kommt es noch einmal zu einer **unblutigen Christenverfolgung** im Reich.

Liturgie und kirchliches Leben

325 Das Konzil von Nizäa legt den Ostertermin auf den Sonntag nach dem ersten Frühlingsvollmond; bisher hatten die Kirchen des Ostens das Osterfest ebenso wie die Juden an einem beweglichen Wochentag gefeiert.
Die Berechnung des Ostertermins oblag dem Patriarchen von Alexandrien. Der Patriarch von Alexandrien erhält die Oberhirtenschaft über alle Bischöfe Ägyptens und eine ähnliche Stellung wie der Bischof von Rom (c. 6). Neugetaufte dürfen erst nach längerer Bewährungszeit die heiligen Weihen empfangen (c. 2). Die Bischofsweihe soll von drei Bischöfen vollzogen werden, wobei der Metropolit (Bischof der Hauptstadt) der Hauptkonsekrator sein soll (c. 4).

336 Der hl. Athanasius († 373) lernt während seiner Verbannung in Trier den Brauch des 40-tägigen Fastens kennen und führt ihn nach seiner Rückkehr in Alexandrien ein.

354 Das Fest der Geburt Christi am 25. Dezember wird erstmals kalendarisch bezeugt.

374 Tod des hl. Patriarchen Nerses von Armenien, der zuerst die christliche **Caritas** landesweit organisiert.

380 Die Synode von Laodicea (Phrygien) erwähnt die Stola als liturgisches Kleidungsstück.

Christliche Kunst und Musik

313 Baubeginn der Lateranbasilika in Rom.

ab 326 Kaiser Konstantin der Gr. lässt in Betlehem die **Geburtskirche** und in Trier die **Doppelbasilika** erbauen; gleichzeitig beginnt in Rom der Bau der **Petersbasilika** über dem Grab des Apostels Petrus.

ca. 336 Einweihung der Grabeskirche in Jerusalem.

um 348 Bau der Kirche Santi Giovanni e Paolo in Rom mit Wandgemälden aus dem Märtyrerleben.

um 350 Bau der römischen Basilika in Trier.
In der Plastik der frühen christlichen Kunst finden sich bereits zweiflügelige Elfenbein-Altäre (Diptychen) und steinerne Prunksärge mit biblischen Reliefdarstellungen.

um 360 Einweihung der Kirche Hagia Sophia in Konstantinopel.

um 372 Die Christusdarstellung weist schon gewisse Typisierungen auf.

um 373 Der hl. Diakon Ephräm d. Syrer († 373) verfasst die ersten christlichen Hymnen.

375 Baubeginn der Kirche Santa Maria Maggiore in Rom.

385–435

Weltgeschichte

393 Ende der **Olympischen Spiele.**

395 17. Jan.: Tod Kaiser Theodosius d. Gr.; das Römische Reich wird endgültig in ein Ost- und ein Westreich aufgeteilt.

406 Die Römer geben die Rheingrenze auf.

410 Unter Alerich († 410) plündern die Westgoten Rom.

418 Gründung eines **Westgotenreiches** mit Toulouse als Hauptstadt.

Glaubensverbreitung

ab 420 Beginn einer großen Mission in Äthiopien.

431 Papst Coelestin I. († 432) sendet den Diakon Palladius († ca. 432) als ersten Bischof zu den **Iren,** die an Christus glauben.

432 Der hl. Patrick, der aus Britannien stammende **eigentliche Missionar Irlands** († 461), nimmt die Mission in Irland (Scotia maior) auf.

Glaubensentfaltung

397 Der **hl. Johannes Chrysostomus** († 407) wird zum Bischof von Konstantinopel geweiht; er ist der große Prediger, soziale Bischof und Schöpfer vieler liturgischer Gebete der Ostkirchen.

ca. 400 Augustinus schreibt seine **Confessiones.**

Der aus Britannien stammende Mönch Pelagius († nach 418) lehrt die Erbsündenlosigkeit des Menschen und die Nichtbedürftigkeit der übernatürlichen Gnade für das Wirken guter Werke und verbreitet so den sog. **Pelagianismus.**

410 Augustinus schreibt seine Geschichtstheologie und Staatslehre De civitate Dei.

431 22. Juni – 17. Juli: Das III. Ökumenische Konzil in Ephesus verurteilt unter Vorsitz des Patriarchen Cyrill von Alexandrien († 444) als Vertreter Papst Cölestins I. († 432) die Lehre des Patriarchen Nestorius von Konstantinopel († 451), der Maria nicht den Titel »Gottesgebärerin« zuerkannte. Dem gegenüber lehrt das Konzil, dass Christus immer wahrer Gott und wahrer Mensch ist, und sie deswegen Gottesgebärerin genannt werden könne. Nach dem Konzil bildet sich in Persien und Ostsyrien die Nestorianische Kirche.

Orden, Heilige, Spiritualität

387 23. April: Der hl. Augustinus († 430) wird in der Osternacht vom hl. Bischof Ambrosius († 397) in Mailand getauft. Tod der hl. Monika, der Mutter des hl. Augustinus, auf der Heimreise nach Afrika.

393 Augustinus stellt für seine Klerikergemeinschaft eine geistliche Regel fertig, welche als die erste geistliche Lebensregel im Westteil des Römischen Reiches angesehen wird.

um 395 Der Chronist Sulpicius Severus († um 420) macht mit seiner **Vita Sancti Martini** das Leben des hl. Martins von Tours bekannt.

um 410 Der hl. Honoratus († um 430) gründet das Kloster Lérins bei Nizza, das zu einer wissenschaftlich gut fundierten Ausbildungsstätte vieler Bischöfe Galliens wird.

411 Das in Edessa verfasste **Breviarum Syracum stellt das älteste Märtyrerverzeichnis (Martyrologium)** dar.

415 Johannes Cassian († um 435) gründet bei Marseille das Kloster St. Viktor.

Kirche und Gesellschaft

391 24. Febr.: Kaiser Theodosius d. Gr. († 395) verbietet alle heidnischen Kulte im Reich und erhebt damit das Christentum zur »Staatsreligion« des Römischen Reiches.

Liturgie und kirchliches Leben

Im Westteil des Römischen Reiches löst das Latein das Griechisch als Liturgiesprache ab.

Aufkommen der ersten **Seminare** zur Ausbildung des Klerus.

381 Das Konzil von Konstantinopel erkennt dem Patriarchen von Konstantinopel nach dem Bischof von Rom den Ehrenvorrang vor den Patriarchen von Antiochien und Jerusalem zu (c. 3).

um 390 Der **Halleluja-Lobgesang** kommt in der Liturgie auf.

397 Die Synode von Karthago verweist den Klerus in Streitsachen vor ein **Geistliches Gericht** (c. 9), da dem Klerus das sog. **Privilegium fori,** die Befreiung der zivilen Gerichtsbarkeit vom Zivilrecht, eingeräumt wurde.

vor 400 Aufkommen von Einzel- und Gruppenwallfahrten, zumeist zu den heiligen Stätten in Palästina.

um 400 In Jerusalem wird schon die Feier des **Palmsonntags** begangen.

ab 400 In der kirchlichen Verwaltung beginnen sich die **Metropolitanverbände**, die **Diözesen** sowie die **Pfarreien** herauszubilden; gleichzeitig kommen die Ämter des Archipresbyters und des Archidiakons auf.

Christliche Kunst und Musik

um 386 Bau der Prunkbasilika **San Paolo fuori le mura** in Rom.

Der hl. Ambrosius († 397) führt in Mailand die morgenländische Weise des Psalmensingens ein; weiterhin schreibt er mehrere Hymnen; u. a. **Aeterne rerum conditor (O' ew'ger Schöpfer aller Ding)** und **Veni redemptor gentium (Der Heiden Heiland komm herzu).**

um 397 Bau des Domes von Ravenna.

um 400 Die großen Apsismosaiken der Basilika Santa Pudenziana in Rom werden verfertigt.

Entstehung der sog. **Quedlinburger Itala,** einer Handschrift der ältesten lateinischen Bibelübersetzung mit Buchmalerei.

Abfassung des sog. Ambrosianischen Lobgesangs »Te Deum laudamus (Großer Gott, wir loben dich)«.

um 433 Fertigstellung der Kirche Santa Sabina in Rom mit der ältesten Darstellung der Kreuzigung Christi als Holzrelief an deren Türen.

434 Fertigstellung der Kirche San Giovanni Evangelista in Ravenna.

435–535

Weltgeschichte

439 Vandalenkönig Geiserich († 477) erobert Karthago.

451 Aetius († 454) besiegt **auf den Katalaunischen Feldern** die Hunnen; Hunnenkönig Attila († nach 453) muss sich aus Gallien nach Pannonien (Ungarn) zurückziehen.

452 Hunnenkönig Attila fällt in Italien ein.
Entstehung Venedigs.

454 Untergang des Hunnenreiches.

455 Die Vandalen plündern unter Geiserich Rom.

476 **Mit der Absetzung des letzten weströmischen Kaisers Romulus Augustulus († 476) durch den weströmischen Heerführer der germanischen Hilfstruppen in Italien, Odoaker († 493), geht das »Weströmische Reich« zu Ende.**

493 König Theoderich d. Gr. († 526) begründet das **Ostgotenreich** in Italien mit der Hauptstadt Ravenna.

507 Der Merowingerkönig Clodwig († 511) erobert das **Westgotenreich** bis zu den Pyrenäen.

508/511 Clodwig lässt die sog. **Lex Salica,** das Stammrecht der salischen Franken, aufzeichnen.

528 Kaiser Justinian († 565) lässt das **Corpus iuris civilis** als Grundlage des römischen Rechts kodifizieren.

534 Ende des Vandalenreiches in Nordafrika.

Glaubensverbreitung

444 Patrick gründet für Irland das Erzbistum Armagh.

496/497 **24. oder 25. Dez.: Der Merowingerkönig Clodwig († 511) lässt sich nach dem Sieg über die Alemannen in Reims katholisch taufen und schafft durch die Verbindung zwischen Germanentum und katholischem Christentum die Grundlage für die mittelalterliche Ordnung des christlichen Europas.**

Glaubensentfaltung

449 13. Juni: Papst Leo I., d. Gr. († 461) verfasst den dogmatischen Brief über die Gottheit und Menschheit Christi an Patriarch Flavian von Konstantinopel († 449).

451 **8. Okt.: Eröffnung des IV. Ökumenischen Konzils in Chalcedon.**
22. Okt: Das Konzil verurteilt den **Monophysitismus** und lehrt die **Hypostatische Union;** Christus ist die eine, zweite göttliche Person und besteht aus zwei Naturen, der göttlichen und der menschlichen. Nach dem Konzil bildet sich die bis jetzt noch bestehende **Monophysitische Kirche** bei den Kopten, Jakobiten und Armeniern.
31. Okt.: Ende des IV. Ökumenischen Konzils.

523 Boetius, der **letzte Römer und erste Scholastiker** († 524), verfasst sein Werk **De consolatione philosophiae.**

529 Das II. Konzil von Orange verurteilt direkt den Pelagianismus.

Orden, Heilige, Spiritualität

um 450 In dem in Oberitalien entstandenen **Martyrologium Hieronymianum** sind bereits ca. 3000 Namen von Märtyrern und Heiligen verzeichnet.

451 Das Konzil von Chalcedon unterstellt die Mönche der Aufsicht des Ortsbischofs, macht die Errichtung eines Klosters sowie das Entfernen eines Mönches aus diesem von der Erlaubnis des Bischofs abhängig (cc. 4 und 20) und ahndet den Austritt aus dem Kloster mit der Exkommunikation (c. 17).

459 Tod des hl. Symeon d. Säulenheiligen, der ca. 30 Jahre auf einer 40 Ellen hohen Säule bei Antiochien verbrachte und bei den Gläubigen in hohem Ansehen stand.

um 526 Flavius Cassiodor († 583), der ehemalige Konsul Theoderichs d. Gr. († 526), gründet das Kloster Vivarium und lässt dort die klassischen wie die theologischen Wissenschaften pflegen; damit wird das Benediktinische Mönchtum allmählich zum Zentrum der theologischen wie der Geisteswissenschaften, besonders in der Zeit des christlichen Frühmittelalters.

529 Der hl. Benedikt von Nursia († 547) gründet das Kloster Montecassino.

Kirche und Gesellschaft

452 Papst Leo I. d. Gr. († 461) rettet durch Verhandlungen Rom vor den Hunnen Attilas († nach 453).

455 Papst Leo I. d. Gr. rettet erneut Rom vor den Brandschatzungen der Vandalen.

484 Papst Felix III. († 492) verhängt über Patriarch Akakios von Konstantinopel († 489) wegen des sog. **Henotikos,** welches die Lehrentscheidungen des Konzils von Chalcedon für unverbindlich erklärt, den Bann. Dieses 35 Jahre andauernde sog. **Akazianische Schisma stellt die erste Trennung zwischen der Ost- und der Westkirche** dar.

492 1. März: Gelasius I. († 496) wird zum Papst gewählt. Auf ihn geht die sog. Zweigewaltenlehre zurück, wonach die kirchliche Gewalt, das Sacerdotium, die der Papst inne hat, der weltlichen Gewalt des Kaisers, dem Imperium, vorgeordnet ist. Hiermit wird die Grundlage für den Abendländischen Machtdualismus zwischen Papst und Kaiser gelegt.

Liturgie und kirchliches Leben

450 Für Jerusalem wird die Feier des Festes **Mariä Aufnahme in den Himmel** bezeugt.

451 Das Konzil von Chalcedon verbietet die »absolute Ordination«, die Weihe eines Klerikers ohne Übertragung eines Amtes (c. 6) und für die Diözesanverwaltung muss ein Ökonom bestellt werden (c. 27).

459 Papst Leo I. d. Gr. († 461) untersagt das Sündenbekenntnis in der Öffentlichkeit.

461 Das **Sacramentarium Veronense** enthält eine Sammlung bisheriger feststehender Gebetstexte, jedoch ohne verpflichtenden Charakter.

vor 500 Das Fest des Erzmärtyrers Stephanus wird bereits am Tag nach dem Fest der Geburt des Herrn begangen.

ab 500 Im Frankenreich entwickelt sich aufgrund des germanischen Rechtsdenkens das sog. »Eigenkirchenwesen«; demzufolge verfügt der Grundherr nicht nur über den Boden, sondern auch über die auf seinem Boden errichtete Kirche sowie über deren Kleriker. Dadurch wird die freie Verfügbarkeit des Bischofs über seine Kleriker weitgehend eingeschränkt.

511 Die Synode von Orléans schreibt für Gallien vor dem Fest **Christi**

Christliche Kunst und Musik

um 436 In der Kirche Santa Maria Maggiore in Rom finden sich Mosaike mit der Darstellung der Jugendgeschichte Jesu im frühbyzantinischen Stil.

452 Bau der Taufkirche (Baptisterium) in Ravenna.

463 Bau des Studois-Klosters in Konstantinopel.

490 Bau der Basilika San Apollinare Nuova in Ravenna.

um 500 Im Baptisterium der Orthodoxen in Ravenna entsteht das große Kuppelmosaik.

Unter Papst Symmachus († 514) entstehen die ersten Anlagen des späteren Vatikan-Palastes.

Entstehung des sog. **Codex argenteus,** einer oberitalienischen Pergamenthandschrift mit den Evangelien der ostgotischen Übersetzung Wulfilas († 383).

Boetius († 524) legt mit seinem Werk **De institutione musica** die Grundlage für die Musiktheorie des Mittelalters.

um 532 Bau der Irenenkirche in Konstantinopel.

Weltgeschichte	Glaubensverbreitung	Glaubensentfaltung
552 **Japan** übernimmt aus China die **buddhistische Religion.**		
553 Mit dem Ende des Ostgotenreiches in Italien macht sich dort die **Byzantinische Herrschaft** breit.		**553** 5. Mai–2. Juni: Das V. Ökumenische Konzil in Konstantinopel (II. Konzil von Konstantinopel) verurteilt die sog. **Drei Kapitel** der Nestorianer.
561 Mit dem Tod des Frankenkönigs Chlothar I. wird das Frankenreich unter dessen Söhnen in die Teilreiche Austrien, Neustrien und Burgund aufgeteilt.		
582 Kaiser Maurikios I. († 602) festigt die **Byzantinische Herrschaft** in Italien und Nordafrika durch die Errichtung der **Exarchate Ravenna und Karthago.**		
	596 Papst Gregor I. d. Gr. († 604) beauftragt den Abt Augustinus des römischen St.-Andreas-Klosters († 604) mit der Mission der Angelsachsen und empfiehlt ihm bei der Missionierung die sog. »Akkomodationsmethode«, d. h. die Anpassung der Glaubensverkündigung und des kirchlichen Lebens an vorhandene Kulturen, Denk- und Lebensweise, soweit sie nicht dem Glaubensgut widersprechen.	**589** Die Westgoten nehmen auf dem III. Konzil von Toledo das römisch-katholische Glaubensbekenntnis an.
	vor 600 Trier wird Erzbistum; 1802 als solches aufgelöst.	
	601 Augustinus gründet das angelsächsische Erzbistum Canterbury und wird dessen erster Erzbischof.	

535–604

Orden, Heilige, Spiritualität

536 Der hl. Benedikt von Nursia stellt seine **Regula Monasteriorum** fertig, worin er die geistliche Lebensordnung im festgesetzten Wechsel von Arbeit und Gebet (ora et labora) grundlegt, wobei der Gottesdienst gegenüber der Arbeit (vornehmlich Handarbeit) Vorrang hat; durch diese Regel, die gleichermaßen ein kirchliches Gesetzbuch wie auch ein geistliches Lehrbuch darstellt, wird Benedikt zum **Vater des abendländischen Mönchtums.**

547 Tod der hl. Scholastika, der Schwester des hl. Benedikt von Nursia.

590 Der von Irland herkommende **hl. Kolumban** († 615) gründet in der Bretagne das Kloster Lixeuil und verfasst **Bußbücher,** welche die veränderte Bußpraxis der öfteren Beichte wie des Bekenntnisses der lässlichen Sünden maßgeblich beeinflussen; weiterhin verfasst er eine strenge Mönchsregel, die anfangs die gleiche Bedeutung wie die Regel des hl. Benedikt hat, später aber wegen ihrer Strenge gegenüber der milderen Benediktregel allmählich außer Gebrauch kommt.

vor 604 Papst Gregor I. d. Gr. († 604) setzt in seiner **Epistula Prima** das kanonische Alter für den Eintritt ins Kloster auf 18 Jahre fest.

Kirche und Gesellschaft

590 3. Sept.: Papst Gregor I. d. Gr. († 604) empfängt die Bischofsweihe; er nimmt als erster Papst den Titel **Servus servorum Dei** an.

592/593 Papst Gregor I. d. Gr. veranlasst durch Verhandlungen den Abzug der **Langobarden** aus Rom.

Liturgie und kirchliches Leben

Himmelfahrt Bitttage und Bittprozessionen vor.

549 Die Synode von Orléans legt fest, dass die gültige Bischofswahl der königlichen Zustimmung bedarf (c. 10).

565 In Konstantinopel feiert man am 8. September das Fest **Mariä Geburt**, am 25. März **Mariä Verkündigung** und am 15. August **Mariä Aufnahme in den Himmel.**

567 Die Synode von Tours legt das Fest der **Beschneidung des Herrn** auf den Oktavtag nach Weihnachten, womit die Gestaltung des Weihnachtsfestkreises im Wesentlichen abgeschlossen ist (c. 17).

vor 590 In Rom kommt die vierwöchige **Adventszeit** als Vorbereitungszeit für das Weihnachtsfest auf.

um 590 **Papst Gregor I. d. Gr. († 604) beginnt mit der Abfassung der sog. »Pastoralregel« (Liber regulae pastoralis);** er fordert darin u. a. den Religionsunterricht sowie die Bilderbibel für Analphabeten.

um 600 Das Geburtsfest Johannes des Täufers wie der Todes- bzw. Begräbnistag des hl. Martin von Tours werden als kirchliche Festtage gefeiert.

Christliche Kunst und Musik

537 Fertigstellung der wiederaufgebauten Basilika **Hagia Sophia** in Konstantinopel.

um 540 Entstehung der **Lucius-Krypta** in Chur (Schweiz).

546 Fertigstellung der Apostelkirche in Konstantinopel.

547 Fertigstellung der Kirche San Apollinare in Classe und des frühbyzantinischen achtseitigen Zentralbaues San Vitale in Ravenna.

549 In der Kirche **San Apol-linare in Classe** in Ravenna finden sich die ersten **Abendmahlsdarstellungen.**

586 Entstehung des **Etschmiadzin-Evangeliars,** einer byzantinischen Bilderhandschrift, im Kloster Etschmiadzin (Armenien).

um 590 Bau der St.-Gereons-Kirche in Köln.

vor 600 Aufkommen der ersten Kruzifixe in der christlichen Kunst.

um 600 Erste Anfänge des Baus der Kathedrale von Arles. Papst Gregor I. d. Gr. († 604) sammelt die bekannten Kirchengesänge im **Antiphonar,** fasst dadurch die von vielen Völkern und Kulturen beeinflusste Kirchenmusik zusammen und leitet mit dem nach ihm benannten sog. **Gregorianischen Gesang** den Beginn einer Neuordnung der Kirchenmusik ein.

II.

Die Kirche im Mittelalter (604 bis 1517)

1. Das Frühmittelalter (604 bis 1054)

604–700

Weltgeschichte	Glaubensverbreitung	Glaubensentfaltung
610 Berufungserlebnis Mohammeds († 8. Juni 632) als Prophet Allahs.		
622 Nacht vom 15. zum 16. Juli: Mohammed flieht aus Mekka nach Medina (Hedschra). Seit Kalif Omar († 644) beginnt damit die islamische Zeitrechnung. **638** Kalif Omar erobert Jerusalem und erklärt den Tempelplatz zum heiligen Bezirk des Islams. **641** Alexandria wird von den Arabern erobert: Ende des sog. »Alexandrinischen Zeitalters«. Der Islam dringt in Persien ein. **ab 655 Der Islam breitet sich im Mittelmeerraum aus.**	**630** In Dokumenten wird die Reise eines katholischen Priesters aus Rom nach Peking erwähnt.	**636** Tod Isidors von Sevilla, des **letzten lateinischen Kirchenvaters.**
658 Mit der Ausrufung Muawijas, des Statthalters von Damaskus und Vetters des Kalifen Othman († 656), zum Gegenkalifen in Syrien spaltet sich der Islam in **Schiiten** und **Sunniten.** **679** Gründung des ostbulgarischen Reiches südlich der Donau.	**672 od. 675** Der hl. Winfrid wird im angelsächsischen Königreich Wessex geboren. **690** Der hl. Willibrord († 739) geht als Missionar zu den Friesen. **695** Papst Sergius I. († 701) weiht Willibrord zum Erzbischof von Utrecht (Niederlande). **697** Willibrord erhält als rückwärtige Stütze für seine Mission die erst unlängst von iroschottischen Mönchen gegründete Abtei Echternach (Luxemburg).	**680** 7. Nov.: Eröffnung des VI. Ökumenischen Konzils in Konstantinopel (III. Konzil von Konstantinopel): Verurteilung des **Monotheletismus,** wonach Christus nur einen göttlichen Willen besaß; dieser falschen Lehre stimmte Papst Honorius I. († 638) zu (Honoriusfrage). **681** 16. Sept.: Ende des VI. Ökumenischen Konzils.
698 Karthago wird von den Muslimen erobert.	**um 700** Der hl. Rupert († 718) gründet das Bistum Salzburg.	

Orden, Heilige, Spiritualität	Kirche und Gesellschaft	Liturgie und kirchliches Leben	Christliche Kunst und Musik
612 Kolumban gründet in Oberitalien das Kloster Bobbio.		**609/610** 13. Mai: Weihe der römischen Kirche **Sancta Maria ad Martyres;** in der Erinnerung daran liegt der Ursprung des späteren **Allerheiligenfestes.** **633** Die Synode von Toledo (Spanien) erwähnt Albe und Messgewand als liturgische Kleidung, Ring und Stab als Pontifikalabzeichen des Bischofs.	**606** Bau der Kathedrale St. Trophime in Arles.
653/659 Tod der hl. Äbtissin Gertrud von Nivelles.	**664** Auf der Synode von Whitby unterstellt sich die Kirche von England dem Papst.	**um 690** In Gallien und Spanien wird bereits eine eigene Liturgie gefeiert. Das unter dem Namen des Erzbischofs Theodor von Canterbury († 690) überlieferte und für die mittelalterliche Bußdisziplin maßgebliche **Buß- und Beichtbuch (Poenitentiale)** wird zusammengestellt.	**ab 650** Die christliche Musik fängt an, in Nordeuropa einzudringen. **um 668** Ein hohes Steinkreuz mit Inschriften und Ornamenten wird in Bewcastle (England) errichtet. **674** Englische Kirchen werden mit Glasfenstern versehen. **um 675** Bau des Baptisteriums von St. Jean in Poitiers (Frankreich).
692 Die II. Trullanische Synode von Konstantinopel setzt das Mindestalter für Aufnahme von Kindern ins Kloster auf 10 Jahre fest.		Gemäß der von irischen Missionaren auf dem europäischen Festland verbreiteten Bußpraxis der **mehrmaligen Beichte** mit dem Bekenntnis auch **lässlicher Sünden** ging man am Ende des 7. Jh. öfter beichten, aber weniger zur Kommunion. Schwere Bußstrafen konnte man in sog. **Ersatzwerke** umwandeln lassen (Redemption).	**692 Die II. Trullanische Synode in Konstantinopel gestattet die leibliche Darstellung Christi.** **698** Gründung der Kirche St. Peter in Salzburg. **um 700** Steinerne Kirchbauten verdrängen in England die Holzkirchen. In England entwickelt sich die angelsächsische Buchmalerei mit prachtvoller Ornamentik.

Weltgeschichte	Glaubensverbreitung	Glaubensentfaltung
711 Beginn der Eroberung Spaniens wie des Indusgebietes durch die Muslime. **714** Karl Martell († 741) übernimmt die Hausmeierschaft im ganzen Frankenreich und führt mit der Entlohnung durch Landzuweisung das sog. **Lehnswesen** ein.	**716** Winfrid unternimmt unter der Leitung Willibrords seine ersten Missionsversuche bei den Friesen. **718** Nach erfolgloser Friesenmission reist Winfrid nach Rom, um sich vom Papst einen offiziellen Missionsauftrag geben zu lassen. **719 15. Mai: Winfrid erhält von Papst Gregor II. († 731) den erbetenen Missionsauftrag und gleichzeitig auch seinen neuen Namen »Bonifatius«. Darauf geht er zu den Hessen und Thüringern, um dort zu missionieren bzw. das dort bereits durch fränkische und iroschottische Missionare bekannte Christentum zu festigen und die dortigen Kirchen fest zu organisieren.** **722** 30. Nov.: Bei seiner zweiten Romreise weiht Papst Gregor II. Bonifatius zum Bischof. Bonifatius leistet dem Papst den Treueeid, womit er seinen in Deutschland gelegenen Missionsbereich fest an den Apostolischen Stuhl bindet. Darauf geht er erneut zu den Hessen.	**ab 726** Kaiser Leo III. von Byzanz († 741) verlangt in mehreren Edikten die Entfernung religiöser Bilder und löst so den **Bilderstreit** aus.
um 725 Die Hauptstadt Chinas, Ch'ang-an, gilt als größte Stadt der Welt und ist neben Byzanz und später Bagdad politischer wie kultureller Mittelpunkt. **732 Karl Martell stoppt in der Schlacht bei Tours und Poitiers den Vormarsch der Muslime.**	**725** Bonifatius fällt bei Geismar die sog. **Donareiche.** **732** Papst Gregor III. († 741) ernennt Bonifatius zum **Erzbischof ohne festen Sitz;** Bonifatius gründet danach die Klöster Fritzlar und Tauberbischofsheim.	**um 731** Der hl. Beda d. Ehrwürdige († 735) verfasst die Geschichte der Angeln, weiterhin noch Bibelkommentare und Homilien. Er führt die Zählung der **Jahreszahlen »nach Christi Geburt«** ein.

700–735

Orden, Heilige, Spiritualität	Kirche und Gesellschaft	Liturgie und kirchliches Leben	Christliche Kunst und Musik
	714 Mit der Entstehung des Lehnswesens durch Karl Martell findet immer mehr das **Germanische Eigenkirchenwesen** Anwendung, wonach der Grundherr materiell wie personell über »seine Kirche« verfügt.	**nach 700** Neben der Exkommunikation kommt als weitere Kirchenstrafe die **Gottesdienstsperre (Interdikt)** auf, die später auch als ein Druckmittel zum Gehorsam Anwendung findet und nicht nur über Personen, sondern auch über Regionen verhängt wird. **701** Unter Papst Sergius I. († 701) werden in Rom folgende Marienfeste gefeiert: Mariä Lichtmess, Mariä Geburt, Mariä Verkündigung und Mariä Aufnahme in den Himmel.	
735 Die hl. Lioba († 782), verwandt mit dem hl. Bonifatius († 754), gründet die Frauenabtei Tauberbischofsheim.			

Weltgeschichte	Glaubensverbreitung	Glaubensentfaltung
	736 Abt Sturmius, ein Schüler des hl. Bonifatius, († 779), gründet als eine **cella** das Kloster Hersfeld in Hessen.	
	737–738 Bei seiner dritten Romreise wird Bonifatius zum **Apostolischen Legaten für ganz Germanien** ernannt. Darauf gründet bzw. erneuert er für Bayern die Bistümer Passau, Salzburg, Freising und Regensburg.	
742 2. April: Geburt Karls d. Großen († 814), des Sohnes Pippins III. des Jüngeren († 760)	**ca. 742** Bonifatius gründet bzw. erneuert für Thüringen die Bistümer Würzburg, Büraburg und Erfurt.	
	743 21. April: Auf dem **Concilium Germanicum I.** in Frankfurt am Main wird unter Leitung von Bonifatius die Kirche im fränkischen Reich reorganisiert; die Konzilsbeschlüsse werden **Reichsgesetz.**	
	744 12. März: Der hl. Abt Sturmius († 779) gründet im Auftrag des hl. Bonifatius das für die weitere Missionierung Hessens und Thüringens geistlich und wirtschaftlich bedeutsame **Kloster Fulda** – das Lieblingskloster des hl. Bonifatius.	
	745 Bonifatius erhebt Eichstätt zum Bistum.	
	748 Bonifatius erwählt das gerade vakant gewordene Bistum Mainz zu seinem Erzbischofssitz, nachdem ihm von den Frankenherrschern das Bistum Köln vorenthalten wurde.	

735–750

um 740 Die Kreuzigungsdarstellung der Kapelle San Quiricus von Santa Maria Antiqua in Rom gilt als die älteste Kreuzigungsdarstellung im frühmittelalterlichen Europa.

743 Das Concilium Germanicum I. untersagt allen Klerikern das Tragen von Waffen und jeglichen Kriegsdienst (c. 2).
Im Frankenreich ist die Visitation der Diözese durch den Bischof einmal im Jahr bereits üblich.

744 Gründung einer Gesangsschule im Kloster Fulda.

747 Die Synode von Cloveshoe verpflichtet England auf die römische Liturgie.

750–760 Entstehung der sog. **Konstantinischen Schenkung,** mit der Konstantin d. Gr. Papst Silvester I. († 335) die westliche Reichshälfte überlassen haben soll. Diese Schenkung wird von den Humanisten im 15. Jh. als Fälschung entdeckt.

750–800

Weltgeschichte

751 Langobardenkönig Aistulf († 757) erobert Ravenna und beendet die byzantinische Herrschaft in Mittelitalien.

751/752 Der fränkische Hausmeier Pippin III., d. Jüngere († 768) wird auf dem Reichstag von Soissons zum König der Franken gewählt und im Auftrag von Papst Zacharias († 752) von einem fränkischen Metropoliten (Erzbischof) zum König gesalbt.

771 Karl d. Gr. († 814) ist Alleinherrscher im ganzen fränkischen Reich.

772 Karl d. Gr. beginnt die Sachsenkriege.

774 Das Langobardenreich wird dem Frankenreich angegliedert.

778 Beginn der Feldzüge Karls d. Gr.; Gründung von sog. Marken (Grenzsiedlungsländern), u. a. die spanische Mark, die slawische Mark, Dänemark.

782 Karl d. Gr. hält zu Verden an der Aller Gericht über ca. 4500 aufständische Sachsen und festigt damit seine Machtposition im Sachsenlande.

um 800 Im Kloster Fulda wird das **Hildebrandslied,** das älteste, nur in Bruchstücken erhaltene germanische Heldenlied, aufgeschrieben.

Glaubensverbreitung

753/754 Bonifatius unternimmt seine letzte Missionsreise zu den Friesen.

754 5. Juni: Von heidnischen Friesen wird Bonifatius in Dokkum erschlagen.

777 Karl d. Gr. verpflichtet auf dem **Reichstag zu Paderborn** die unterworfenen Sachsen zur Annahme des Christentums.

781 Die sogenannte **Nestorianer-Inschrift** von Si-an-fu berichtet bereits von einer Ausbreitung des Christentums in China.

785 Der Sachsenfürst Widukind († 804 oder 811) lässt sich in Attigny taufen.

Köln wird zum Erzbistum erhoben.

787 Gründung des Bistums Bremen-Hamburg.

798 Salzburg wird Erzbistum für Bayern.

Glaubensentfaltung

vor 754 Tod des **hl. Johannes Damascenus, des letzten griechischen Kirchenvaters.**

787 24. Sept.–23. Okt.: VII. Ökumenisches Konzil in Nizäa (II. Konzil von Nizäa). Gegen das kaiserliche Bilderverbot erklärt das Konzil, die Anbetung komme nur Gott zu, aber das Bild Gottes darf verehrt werden, da die Ehre des Bildes auf die Ehre des Urbildes zurückgeht. Auf diesem ökumenischen Konzil war die Ost- und die Westkirche zum letzten Mal gemeinsam vertreten.

789 Karl d. Gr. verfügt, an allen Bischofs- und Klosterkirchen Schulen zu errichten, die hauptsächlich zur Ausbildung des Klerus bestimmt sind.

790 Karl d. Gr. lässt die **Libri Carolini** (eine Staatsschrift) verfassen und lehnt darin mehr aus politischen Erwägungen das VII. Ökumenische Konzil von Nizäa und die Bilderverehrung ab.

794 Die fränkische Synode von Frankfurt am Main lehnt die Bilderverehrung ab.

796 Der angelsächsische Mönch Alkuin († 804) wird Abt von St. Martin in Tours; er verbessert die Ordenszucht, gründet eine Schule, revidiert die Bibel und im Auftrag Karls d. Gr.

Orden, Heilige, Spiritualität	Kirche und Gesellschaft	Liturgie und kirchliches Leben	Christliche Kunst und Musik
	754 28. Juli: Papst Stephan II. († 757) salbt in St. Dénis Pippin d. Jüngeren zum zweiten Mal zum König der Franken. Pippin erhält den Titel »Patricius Romanorum (Schutzherr der Römer)«. Damit beginnt die Abkehr des Papstes vom oströmischen Kaiser. **756** Pippin zwingt die Langobarden zur Übergabe von Gebieten Mittelitaliens und schenkt sie dem Papst. Mit dieser sog. **Pippinischen Schenkung** wird die rechtliche Grundlage für den späteren **Kirchenstaat** gelegt.	**um 754 Bischof Chrodegang von Metz († 766) verfasst für seine Kleriker eine »Kanonikerregel«, die wesentlich mit zur Bildung der aufkommenden Domkapitel an den Kathedralkirchen beiträgt; in dieser Kanonikerregel sind bereits die Feste aller Apostel und Evangelisten vermerkt (c. 30).**	**763** Gründung des Benediktinerklosters Lorsch in Hessen. **774** Bau des ältesten Salzburger Domes.
ab 779 Der hl. Benedikt von Aniane († 821) hebt durch die Einführung einer einheitlichen Ordnung die gesamte Klosterzucht im Frankenreich.	**774** Ostern: Karl d. Gr. trifft nach seinem Sieg über die Langobarden mit Papst Hadrian I. († 795) zusammen, erneuert die Pippinische Schenkung und wird zum **Patricius Romanorum** proklamiert. **781** Karl d. Gr. erkennt die ehemaligen Gebiete der Langobarden in Mittelitalien als Herrschaftsbereich des Papstes an, was zur Entstehung des **Kirchenstaates** führt.	**781/794** Das **Sacramentarium Gregorianum**, die Grundlage des späteren **Missale Romanum** wird auf Wunsch Karls d. Gr. nach Aachen gesendet, und gilt dann als Norm für die **Liturgiereform** im ganzen **Karolingerreich.** **782** Karl d Gr. untersagt die Leichenverbrennung.	**ab 780 Beginn der bis etwa 950 dauernden Karolingischen Kunstperiode.** **781** Fertigung des **Godescalc-Evangeliars** mit karolingischer Buchmalerei. **783** Herzog Tassilo III. von Bayern († 794) schenkt dem Kloster Kremsmünster in Oberösterreich den berühmten **Tassilo-Kelch,** den ältesten erhaltenen Abendmahlskelch. **792** Baubeginn des Domes zu Fulda mit zwei Chören.
	800 25. Dez.: Papst Leo III. (795 bis 816) krönt Karl d. Gr. in Rom zum Kaiser des Römischen Reiches und begründet damit das christlich-mittelalterliche Kaisertum Europas.	**um 800** Das Feiern der Bitttage wird auch in Rom begangen.	**800 17. Juli: Einweihung der kaiserlichen Pfalz und Pfalzkapelle Karls d. Gr. in Aachen.** **um 800** Entstehung der sog. **Karolingischen Minuskel** (Kleinschreibung) und Fertigung des sog. **Rupertkreuzes.**

Weltgeschichte

805 Die Stadt Magdeburg wird erstmals urkundlich erwähnt.

812 Im Frieden zu Aachen wird Karl d. Gr. von Byzanz als Kaiser für den Westteil des Reiches anerkannt.

817 Kaiser Ludwig der Fromme († 840) erlässt das **Reichsteilungsgesetz,** womit der Zerfall des fränkischen Universalreiches eingeleitet wird.

827 Die Sarazenen beginnen mit der Eroberung Unteritaliens.

843 10. Aug.: Vertrag von Verdun. Das Frankenreich wird in ein Mittel-, Ost- und Westreich aufgeteilt.

852 Beginn der russischen Geschichtsschreibung mit der Eintragung in die sog. **Nestorchronik,** dass dieses Land in diesem Jahr **rus'sches Land** zu heißen begonnen habe.

864 Fürst Boris I. († 980) begründet das Bulgarische Reich.

Glaubensverbreitung

um 804 Nach dem endgültigen Sieg Karls d. Gr. über die Sachsen werden die Bistümer Münster, Osnabrück, Minden und Bremen gegründet und dem Erzbistum Köln unterstellt; ebenso werden die Bistümer Paderborn, Verden an der Aller, Hildesheim sowie Halberstadt gegründet und dem Erzbistum Mainz unterstellt.

826 Der hl. Ansgar († 865) beginnt mit der Mission der Dänen und Schweden.

848 Ansgar stellt für die **Nordische Mission** das Erzbistum **Hamburg** wieder her.

863 Der byzantinische Kaiser Michael III. († 867) sowie Patriarch Photios von Konstantinopel († ca. 891) senden auf Bitten des mährischen Großfürsten Ratislaw († 870) die Gebrüder Cyrill († 869) und Methodius († 885) – die sog. Slawenapostel – zur Mission nach Mähren, das vorher von bayerisch-fränkischen Priestern missioniert wurde. Cyrill übersetzt die liturgischen Texte ins Slawische und schafft dafür eine eigene Schriftsprache: die Cyrillische Schrift oder die sog. Glagolica. Damit wird das Slawische Liturgiesprache.

Glaubensentfaltung

auch das römische Missale und gilt durch die Verbreitung der **Karolingischen Minuskel** (Kleinschreibung) mit als ein Begründer der sog. **Karolingischen Renaissance,** der Wiederbelebung geistigen Schaffens im Dienst der frühmittelalterlichen Kirche und Kultur.

842 Der hl. Rabanus Maurus, »Praeceptor Germaniae« (Lehrmeister Deutschlands), legt auf Druck Ludwigs d. Deutschen († 876) die Leitung der Abtei Fulda nieder und wirkt von 847 bis zu seinem Tod 856 als Erzbischof von Mainz.

um 844 Abt Paschasius Radbertus von Corbie († 859) löst durch seine Schrift über den Leib und das Blut Christi die erste Lehrkontroverse über die Eucharistie im Abendland aus.

848/849 Die Synoden von Mainz und Quierzy verurteilen die strenge Prädestinationslehre des Mönches Gottschalk († 868).

800–865

Orden, Heilige, Spiritualität

816/817 Die Reformsynoden der Äbte in Aachen ordnen für das Frankenreich die Beobachtung der von Benedikt von Aniane verbesserten Benediktinerregel an, die u. a. für die Mönche die Handarbeit vorschreibt; ebenso wird für die Kanoniker wie auch für die Chorfrauen bzw. Kanonissen eine an der verbesserten Benediktinerregel orientierte **kanonische Regel** erlassen.

Kirche und Gesellschaft

um 847 Erscheinen der **Pseudoisidorischen Dekretalen,** wodurch das Papsttum wie auch die Eigenständigkeit der Bischöfe gegenüber den weltlichen Herrschern und den Metropoliten gestärkt wird. Diese Dekretalien werden im 15. Jh. von den Humanisten als Fälschungen entdeckt.

863 Papst Nikolaus I. († 867) exkommuniziert Patriarch Photius von Konstantinopel († 891) und setzt Patriarch Ignatius († 877) ein, worauf Patriarch Photius seinerseits Papst Nikolaus I. exkommuniziert.

Liturgie und kirchliches Leben

810 Im Reich Karls d. Gr. gehören das Glaubensbekenntnis und das Vaterunser zum katechetischen Grundwissen der Gläubigen.

813 Die Synoden von Mainz und Reims ordnen die Predigt in der Volkssprache an.

um 814 Abfassung des **Wessobrunner Gebetes,** einer Erzählung der biblischen Schöpfungsgeschichte in althochdeutschen Stabreimen.

826 Die römische Synode unter Papst Eugen II. († 827) erkennt das aus dem germanischen Rechtsdenken herkommende **Eigenkirchenwesen** ausdrücklich an.

um 830 Ein unbekannter sächsischer Mönch schreibt das **Heilandslied** auf, eine Evangelienharmonie, die Christus als einen germanischen König darstellt.

ab 864 Die Slawenapostel Cyrill und Methodius übertragen die liturgischen Texte der römischen Liturgie ins Slawische.

Christliche Kunst und Musik

um 820 Entstehung des Klosterbauplanes von St. Gallen, ein Dokument karolingisch-romanischer Bauweise.
Entstehung des **Utrechter Psalters** mit karolingischer Buchmalerei aus der Reimser Schule.

um 850 Der irische Philosoph Johannes Scotus Eriugena († 877) erwähnt erstmalig das **zweistimmige Singen.**
Entstehung des **Evangeliars Karls d. Kahlen.**

861 Entstehung des **Codex aureus** aus St. Emmeran in Regensburg.

Weltgeschichte	Glaubensverbreitung	Glaubensentfaltung
875 Norwegische Wikinger gründen auf Island die Stadt Reykjavik. **880** Der Vertrag von Ribémont legt die bis heute bestehende Grenze zwischen Deutschland und Frankreich fest. **882** Oleg d. Weise († 912) erobert Kiew und baut es zur Reichshauptstadt aus. **891** Arnulf von Kärnten besiegt bei Löwen die Normannen. **899** 8. Dez.: Tod Arnulfs von Kärnten. Beginn der **Ungarneinfälle** bis 961. **902** Die Araber erobern Sizilien. **906** Die Ungarn vernichten das Großmährische Reich. **907** Die Bayern werden von den Ungarn in der Schlacht bei Preßburg (Bratislava) besiegt. Es bilden sich die Stammesherzogtümer Bayern, Sachsen, Schwaben, Lothringen und Franken; die sog. **Ostmark** geht verloren. **909** Gründung des Fatimidenkalifats in Nordafrika. **936** 7. Aug.: Otto d. I. († 973) wird in Aachen zum König gekrönt. **ab 940 Otto d. I. beginnt mit der Reorganisation des römisch-fränkischen Reiches.** **951** 25. Dez.: Otto d. I. heiratet auf seinem 1. Italienfeldzug Adelheid von Burgund und nimmt ohne vor-	**867** Papst Hadrian II. († 872) erkennt das Slawische offiziell neben Latein und Griechisch als Liturgiesprache an. **869** Methodius wird Erzbischof von Mähren und Pannonien. **937** Kaiser Otto I († 973) gründet das Benediktinerkloster St. Mauritius in Magdeburg und legt damit den Grundstein für das spätere Erzbistum Magdeburg. **948** 1. Okt.: Auf der Synode von Ingelheim errichtet Otto I. die Bistümer Brandenburg und Havelberg.	**869** 5. Okt.: Eröffnung des VIII. Ökumenischen Konzils in Konstantinopel (IV. Konzil von Konstantinopel und letztes ökumenisches Konzil im Osten). Die von Papst Nikolaus I. († 867) 863 verhängte Exkommunikation über Patriarch Photius wird bestätigt und damit einstweilen das **Photianische Schisma** beseitigt. **870** 28. Febr.: Ende des VIII. Ökumenischen Konzils.

Orden, Heilige, Spiritualität

ab 900 In den Klöstern überwiegt bereits die Zahl der **Priestermönche,** deren Hauptaufgabe neben der Sakramentenspendung und Predigt der Unterricht in den Klosterschulen ist.

909 Neugründung des Klosters Cluny bei Mâcon in Burgund; dieses Kloster wird entgegen den Bestimmungen des Konzils von Chalcedon (cc. 4 und 20) direkt dem Papst unterstellt und ist somit der Aufsicht des Bischofs entzogen (exemt). Durch diese Wiedereinführung der strengen Klosterzucht in tiefer Abgeschiedenheit und der starken Betonung des Gottesdienstes wird Cluny zum Ausgangspunkt einer Reformbewegung, der sog. Cluniazensischen Klosterreform.

933 Entstehung des cluniazensischen Reformklosters Gorze bei Metz.

935 28. Sept.: Der hl. Wenzel (Václav), Herzog von Böhmen, wird in Alt-Bunzlau (Stara Boleslav) ermordet.

Kirche und Gesellschaft

um 870 Fürst Boris I. unterstellt die Kirche Bulgariens dem Patriarchen von Konstantinopel.

879/880 Patriarch Photius wird auf der Synode von Konstantinopel wieder in sein Amt eingesetzt.

887 Der ostfränkische König Karl III., d. Dicke († 887), verleiht dem Bischof von Langres (Frankreich) zusammen mit den weltlichen Hoheitsrechten der Markt-, Münz- und Zollhoheit erstmals auch das **Grafschaftsrecht.**

um 953 Otto I. beginnt mit seiner Reichskirchenpolitik, indem er Bischöfe und Äbte mit weltlichen Reichsämtern betraut.

955 Wahl Papst Johannes' XII. (bis 963), der mit 17 Jahren der jüngste Papst ist und der erste, der seinen Namen wechselt.

Liturgie und kirchliches Leben

867 Papst Nikolaus I. († 867) verwirft die abergläubische Praxis der sog. **Gottesurteile,** wo mittels einer Mutprobe, eines Zweikampfes oder durch Loswerfen Schuld oder Unschuld eines Verklagten offenbar werden soll.

vor 900 Die **Allerheiligenlitanei** ist in Frankreich bei Bittprozessionen, den hl. Weihen sowie am Karsamstag in Gebrauch.

921 Papst Johannes X. († 928) bestätigt in einem Schreiben an den Erzbischof von Köln, dass nach alter Gewohnheit nur der König einem Kleriker ein Bistum verleihen könne und sanktioniert dadurch die sog. **Laieninvestitur,** die Übertragung eines kirchlichen Amtes durch einen Laien.

950/954 Die Synode von Mainz ordnet für die Fastenzeit und für besondere Festtage ein dreimaliges Zelebrieren des Priesters an.

Christliche Kunst und Musik

872 Weihe des Hildesheimer Domes.

889 Abt Regino von Prüm in der Eifel († 915) schreibt sein Werk **De harmonica institutione** über den Kirchengesang.

um 900 In der französischen Kirchenmusik kommt die **Mehrstimmigkeit** auf.

912 Der Benediktinermönch Notker Balbulus von St. Gallen († 912) schreibt die bekannte Sequenz **Media vita morte sumus (Mitten wir im Leben sind vom Tod umfangen).**

915 Weihe der Abteikirche von Cluny (Burgund).

922 Entstehung des **Muiredachkreuzes,** einer frühchristlichen Bildhauerarbeit auf dem Monasterboice-Friedhof in Irland.

936 Die romanische Wiperti-Krypta in Quedlinburg wird umgebaut.

Beginn der Ottonischen Kunstperiode in Baukunst und Miniaturmalerei, die etwa bis 1024 andauert.

Weltgeschichte	Glaubensverbreitung	Glaubensentfaltung

Weltgeschichte

vorherige Wahl den Titel **König der Langobarden** an.
955 10. Aug.: Otto I. besiegt auf dem Lechfeld die Ungarn und an der Recknitz in Mecklenburg/Nord die Slawen.
um 960 Die Einigung Chinas (außer dem Norden) führt zur Vollendung der zentralistischen Beamtenschaft.

ab 976 Höhepunkt des mittelbyzantinischen Reiches unter Kaiser Basilios II. († 1025).
ab 978 Herrschaft Wladimirs d. Heiligen († 1015) in Kiew.

983 7. Dez.: Otto III. wird in Verona zum König gewählt und am 25. Dez. in Aachen gekrönt.

995 Otto III. übernimmt die Regierung; er beginnt, das abendländische Kaisertum zu erneuern.
996 Wiederherstellung der bayerischen **Ostmark,** die sich fortan **Österreich** nennt.

Glaubensverbreitung

958 Otto I. lässt das Bistum Oldenburg errichten.
960 König Harald Blaastand von Dänemark († 986) lässt sich taufen und verhilft dem Christentum in Dänemark zum Durchbruch.
966 Taufe des Herzogs Mieszko I. von Polen († 992).
968 Auf der Synode von Ravenna errichtet Papst Johannes XIII. († 972) auf Betreiben Ottos I. das Erzbistum Magdeburg mit den Suffraganbistümern Meißen, Merseburg und Zeitz; die bereits gegründeten Bistümer Brandenburg und Havelberg werden Magdeburg unterstellt.
973 Durch den Verzicht des hl. Wolfgang, Bischof von Regensburg († 994), auf die böhmischen Anteile seines Bistums kann für Böhmen das Bistum Prag gegründet werden.
983 Im großen Aufstand der ostelbischen Slawenstämme gehen die Bistümer Brandenburg und Havelberg unter.
983–989 Der hl. Adalbert († 997) leitet das Bistum Prag; er ist der zweite Oberhirte dieses Bistums.
988 Großfürst Wladimir d. Heilige von Kiew († 1015) lässt sich in Kiew nach byzantinischem Ritus taufen; Kiew wird ein von Konstantinopel unabhängiges Missionszentrum für Russland.

955–1000

Orden, Heilige, Spiritualität

961 Königin Mathilde († 968), Witwe König Heinrichs I. († 936), gründet in Nordhausen ein Frauenstift, das in der nachreformatorischen Zeit für die Erhaltung des katholischen Glaubens in Nordthüringen große Bedeutung erlangt.
963 Gründung der Mönchssiedlung auf dem Berg **Athos.**

993 11. Juni: Papst Johannes XV. († 996) **kanonisiert** feierlich den **Bischof Ulrich von Augsburg († 973)** und nimmt damit die erste urkundlich bezeugte **Heiligsprechung** vor.
994 Araber zerstören das Kloster Monte Cassino (Neuaufbau 1066).

Kirche und Gesellschaft

962 2. Febr.: Otto I. wird bei seinem zweiten Italienfeldzug von Papst Johannes XII. zum Kaiser gekrönt und stellt damit das Abendländische Kaisertum wieder her.

996 3. Mai: Otto III. setzt seinen Vetter Bruno von Kärnten als ersten deutschen Papst ein, der den Namen Gregor V. († 999) annimmt.
21. Mai: Papst Gregor V. krönt Otto III. zum Kaiser.

Liturgie und kirchliches Leben

998 Der hl. Abt Odilo von Cluny († 1048) führt das Gedächtnis Allerseelen in die Liturgie ein.

Christliche Kunst und Musik

961 Baubeginn der frühromanischen Stiftskirche in Gernrode.
um 970 Das **Gerokreuz** im Kölner Dom stellt als Dokument der **Ottonischen Kunst** in realistischer Plastik den Gekreuzigten dar.
ab 973 In der ottonischen Kunst wie auch an den **Hochkreuzen** in Irland beginnt man den Sündenfall Adams und Evas unter dem Kruzifix nach dem Motiv **Christus als Zweiter Adam** darzustellen.
976 Beginn des Baues der fünfkuppligen Kirche San Marco in Venedig.
980 Baubeginn des Mainzer Domes. Die goldene Statue der hl. Fides († um 287) in der Abteikirche von Conques (Südfrankreich) gilt als eines der ältesten mittelalterlichen **Kultbilder.**
Entstehung des **Egbert-Codex** in der ottonischen Buchmalerei der Reichenauer Schule.
Das Kloster von Winchester in England hat bereits eine Orgel mit 400 Pfeifen.
um 1000 Die Romanik setzt sich im mittelalterlichen Europa als Kunstform immer mehr durch.
Die Wunder Christi sowie das **Jüngste Gericht** tauchen als Motive der frühen romanischen Wandmalerei auf. Im **Evangeliar Heinrichs II.** fin-

Weltgeschichte	Glaubensverbreitung	Glaubensentfaltung
1002 23./24. Januar: Nach dem plötzlichen Tod Ottos III. übernimmt Heinrich II. († 1024) die Regierungsgeschäfte; sein Ziel ist die Erneuerung des fränkischen Königtums. **1015** Leipzig wird erstmals urkundlich erwähnt. **1019** Jaroslaw d. Weise († 1054) macht Kiew zum geistigen und kulturellen Mittelpunkt Russlands; unter ihm entsteht die erste russische Gesetzessammlung. **1050** Gründung Delhis (heute auch Neu Delhi genannt) in Indien. **1054** 20. Febr.: Nach dem Tod des Großfürsten Jaroslaw d. Weisen von Kiew zerfällt das Russische Großreich von Kiew in untereinander zerstrittene Fürstentümer. 17. Juli: Heinrich IV., der Sohn Heinrichs III. († 1056), wird zum deutschen König gewählt, steht aber bis 1062 unter der Vormundschaft seiner Mutter Agnes von Poitou († 1077) und bis 1065 unter der Vormundschaft Erzbischofs Anno II. von Köln († 1075) und Erzbischofs Adalbert I. von Hamburg-Bremen († 1072).	**1000** Kaiser Otto III. († 1002) errichtet für Polen das Erzbistum Gnesen (Gniezno). König Olaf Tryggvason von Norwegen († 1000) verpflichtet die Norweger zur Annahme des Christentums; auf seinen Druck hin nimmt auch Island das Christentum durch den Althing an. **1001** Otto III. gründet für Ungarn das Erzbistum Gran (Esztergom); der hl. König Stephan I. von Ungarn († 1038) lässt sich von Papst Silvester II. († 1024) mit der ihm übersandten **Stephanskrone** krönen. **1007** Der hl. Kaiser Heinrich II. († 1024) gründet das Bistum Bamberg. **1008** Mit der Taufe von König Olav Schosskönigs († 1022) wird die Christianisierung Schwedens eingeleitet.	

1000–1054

Orden, Heilige, Spiritualität	Kirche und Gesellschaft	Liturgie und kirchliches Leben	Christliche Kunst und Musik

Orden, Heilige, Spiritualität

1004 Der hl. Bruno von Querfurt († 1009), verwandt mit dem hl. Bruno von Köln († 1101), wird in Merseburg zum Missionserzbischof geweiht.

1012 Der hl. Romuald († 1027) gründet bei Camaldoli eine **Eremitensiedlung,** aus der später der **Camaldulenserorden** hervorgeht.
1014 14. Febr.: Papst Benedikt VIII. († 1024) verleiht in Rom dem hl. Heinrich II. und der hl. Kunigunde von Luxemburg († 1033) die deutsche Kaiserkrone.
1017 Die hl. Kunigunde stiftet die Benediktinerinnenabtei Kaufungen bei Kassel.

1024 Die hl. Kunigunde († 1033) tritt nach dem Tode ihres Gemahls, Kaiser Heinrichs II., als Nonne in die Benediktinerinnenabtei Kaufungen ein.

1049 Hugo d. Gr. († 1109) tritt seine Regierung als Abt von Cluny an; unter ihm erreicht das Kloster den Höhepunkt seines Ansehens und Einflusses.

Kirche und Gesellschaft

1039 4. Juni: König Heinrich III. († 1056) übernimmt die Herrschaft in Deutschland, betitelt sich erstmals als **Vicarius Christi** (Stellvertreter Christi) und führt die Laieninvestitur für die Reichsprälaten mit Stab und Ring ein.
1046 20. Dez.: Heinrich III. setzt auf der **Synode von Sutri** die Päpste Silvester III. (1045) und Gregor VI. (1045 bis 1046) ab; Gregor VI. wird in die Verbannung nach Köln geschickt.
23. u. 24. Dez.: Heinrich III. setzt auf der **Synode von Rom** Papst Benedikt IX. (1032–1045) ab und erhebt Bischof Suitger von Bamberg als Papst Clemens II. († 1047).
25. Dez.: Papst Clemens II. krönt Heinrich III. zum Kaiser.
1054 16. Juli: Kardinal Humbert von Silva Candida († 1061) bannt von sich aus im Namen des bereits am 19. April 1054 verstorbenen Papstes Leo IX. in der Kirche Hagia Sophia Patriarch Michael Kerularius von Konstantinopel († 1058) und besiegelt damit das bereits schon latent vorhandene »Morgenländische Schisma« zwischen der römisch-lateinischen Westkirche und der griechischen Ostkirche, dem sich später die anderen orientalischen Kirchen anschließen.

Liturgie und kirchliches Leben

nach 1000 Die Simonie, der Kauf und die Anhäufung von kirchlichen Ämtern in einer Person, ist beim Klerus bereits sehr verbreitet.

um 1020 Tod des englischen Benediktinerabtes Aelfric, der die **Katholischen Homilien** sowie eine Abhandlung über das Leben der Heiligen schrieb.

1022 Die Synode von Seligenstadt untersagt das Zelebrieren von mehr als drei Messen an einem Tag (c. 5).

1040 Von Cluny verbreitet sich die Idee des **Gottesfriedens (Treuga Dei),** des Verbotes, an bestimmten Tagen und zu bestimmten Zeiten miteinander Fehden auszutragen.

Christliche Kunst und Musik

det sich bereits der christlich-mittelalterlich ausgeprägte Typ der Engeldarstellungen.
Aufkommen von Heiligenmedaillons als byzantinische Goldschmelzarbeiten mit farbiger Glasur.
1012 Weihe des Bamberger Domes.
1014 Das **Evangeliar der Äbtissin Uta** aus der Regensburger Schule dokumentiert die **Ottonische Buchmalerei** mit ihrem byzantinischen Einfluss durch das Hervortreten geometrischer Formen.
1017 Die Darstellung **Kain tötet Abel** in der Pfarrkirche Mariä Himmelfahrt in Schuttern an der Lahr gilt als das älteste **Stiftsmosaik** in Deutschland.
Aufkommen der Pfingstsequenz »Veni sancte spiritus (Komm Heiliger Geist)«, die früheste der fünf vom Tridentinischen Konzil (1545 bis 1563) zugelassenen Sequenzen.
1037 Bau der **Sophienkathedrale in Kiew**, der ältesten russischen Steinkirche.
um 1050 Bau der Sophienkathedrale des Kremls in Nowgorod.
Tod Wipos, Kaplan der Kaiser Konrad II. († 1039) und Heinrich III. († 1056), der die Ostersequenz »Victimae paschali laudes (Singt das Lob dem Osterlamme)« schrieb.

2. Das Hochmittelalter (1054 bis 1302)

1054–1080

Weltgeschichte

1065 König Heinrich IV. († 1106) tritt die Regierung an.

1066 14. Okt.: Der Normannenherzog Wilhelm d. Eroberer († 1087) besiegt in der Schlacht bei Hastings König Harald und wird neuer englischer König; damit endet die angelsächsisch-dänische Vorherrschaft in England.

1071 19. Aug.: **Schlacht bei Manzinkert.** Muslimische Seldschuken besiegen die Byzantiner, erobern Jerusalem und stellen für das Byzantinische Reich eine drohende Gefahr dar.

1075 Heinrich IV. unterwirft in der **Schlacht bei Homburg** an der Unstrut wieder die Sachsen.

1077 15. März: Rudolf von Schwaben († 1080) wird zum Gegenkönig Heinrichs IV. gewählt, wodurch es in Deutschland zum Bürgerkrieg kommt.

Glaubensverbreitung

1062/1066 Erzbischof Adalbert I. von Bremen († 1072) gründet das Bistum Ratzeburg, indem er es aus dem Bistum Oldenburg ausgliedert.

Glaubensentfaltung

1079 Papst Gregor VII. († 1085) weist auf der römischen Fastensynode die Abendmahlslehre des Beringar von Tours († 1088) zurück, der die reale Gegenwart Christi in der Eucharistie und die Wesensverwandlung bestritt.

Orden, Heilige, Spiritualität

1059 Papst Nikolaus II. († 1061) ermahnt auf einer Synode im Lateran die Kleriker zu einem einfachen und gemeinsamen Leben nach der sog. **Kanonikerregel** (c. 4). Beginn des monastischen Aufschwungs durch das benediktinische Reformkloster Hirsau bei Calw im Schwarzwald, von dem aus ca. 22 Klöster neu gegründet und 68 bestehende Klöster reformiert werden.

1066 Der hl. Benno († 1106) wird Bischof von Meißen.

1075 Der irische Mönch Marianus Scotus († 1082) gründet bei Regensburg das Kloster Weih-St. Peter, aus dem später die Kongregation der sog. **Schottenmönche** hervorgeht, die bis ins 19. Jh. in Regensburg und Erfurt wirkten.

1079 11. April: Der hl. Bischof Stanisław von Kraków wird während der Messe vom König Boleslaw II. († 1079) mit dem Schwert erschlagen.

Kirche und Gesellschaft

1075 Fastensynode von Rom: Papst Gregor VII. (1073–1085) will die Kirche von der weltlichen Bevormundung befreien (Libertas ecclesiae), erhebt im »Dictatus papae« Anspruch auf die Oberhoheit gegenüber der weltlichen Gewalt und verbietet jegliche Laieninvestitur, wodurch es zum sog. »Investiturstreit« mit dem deutschen König Heinrich IV. († 1106) kommt.
1076 Jan.: Heinrich IV. setzt auf der Synode von Worms Papst Gregor VII. ab, nachdem dieser ihm bei weiterer Laieninvestitur den Bann angedroht hatte.
22. Febr.: Papst Gregor VII. bannt Heinrich IV.
Okt.: Auf dem Fürstentag zu Tribur beschließen die deutschen Fürsten, Heinrich IV. den Treueid aufzukündigen, wenn er nicht bis Lichtmess 1077 vom Bann gelöst ist.
1077 28. Jan.: Heinrich IV. unterwirft sich auf der Burg Canossa Papst Gregor VII. und wird auf Fürsprache der Markgräfin Mathilde von Tuszien († 1115) und Abt Hugo d. Gr. von Cluny († 1109) vom Bann gelöst.
März: Die deutsche Fürstenversammlung in Forchheim wählt den Herzog von Schwaben, Rudolf von Rheinfelden († 1080), zum deutschen König.

Liturgie und kirchliches Leben

1059 24. Jan.: Papst Nikolaus II. (1061) ordnet im »Papstwahldekret« an, dass künftig nur noch die Kardinäle den Papst wählen dürfen.
1063 Papst Alexander II. († 1073) verspricht den Kämpfern gegen die Mauren einen **vollkommenen Ablass**.

Christliche Kunst und Musik

1060 Bau der norwegischen Stabkirche in Urnes.
1061 Bau der Kirche Mont-Saint-Michel (Frankreich).
1063 Baubeginn des Domes zu Pisa.
1064 Baubeginn des Domes zu Minden.
um 1066 Verschmelzung des romanischen, angelsächsischen und normannischen Stils.

1071 Baubeginn der normannisch-gotischen Kathedrale von York.
um 1072 Nach der Eroberung Siziliens durch die Normannen entwickelt sich dort in der Baukunst ein eigentümlich normannisch-arabisch-byzantinischer Mischstil.

1080–1120

Weltgeschichte

1080 Heinrich IV. besiegt Rudolf von Schwaben in der **Schlacht an der Weißen Elster.**

1086 Der englische König Wilhelm d. Eroberer († 1087) lässt das **Domesday Book** anlegen; ein Grundbuch, das als Grundlage der Erfassung und Besteuerung der Bewohner Englands dient.

um 1091 erobern die Normannen Sizilien.

um 1100 In Deutschland kommt die städtische Gemeindeverfassung mit eigener Gerichtsbarkeit und eigenem Marktrecht auf.
München wird erstmals urkundlich genannt.

1101 Minsk wird Hauptstadt eines selbständigen slawischen Fürstentums.

Glaubensverbreitung

1095 27. Nov.: Papst Urban II. († 1099) ruft auf der Synode von Clermont zur sog. militärischen Befreiung des Heiligen Landes von den muselmanischen Seldschuken auf und leitet damit den bis 1099 dauernden I. Kreuzzug ein.
1099 3. Juli: Die Kreuzfahrer erobern Antiochia.
15. Juli: Die Kreuzfahrer erobern Jerusalem und richten unter der muselmanischen Bevölkerung ein großes Blutbad an. Gottfried von Bouillon († 1100) gründet nach französischem Vorbild das Königreich Jerusalem mit den Lehnsstaaten Antiochia, Tripolis und Edessa.
1104 Gründung des schwedischen Erzbistums Lund, welches als Zentrum der Skandinavienmission das Erzbistum Bremen-Hamburg ablöst.

Glaubensentfaltung

1109 21. April: Tod des Erzbischofs Anselm von Canterbury, des Vaters der Scholastik; sein Prinzip lautete: Credo, ut intelligam (ich glaube, um zu verstehen). Auf ihn geht der sog. ontologische Gottesbeweis wie auch die Satisfikationstheorie in der Erlösungslehre zurück.

Orden, Heilige, Spiritualität

1084 Der hl. Bruno von Köln († 1101) gründet bei Grenoble die **Grande Charteuse,** das Mutterkloster des strengen **Kartäuserordens,** der das religiöse Stillschweigen besonders beobachtet.
1095 Gründung der **Antoniterbruderschaft** zur Krankenpflege.
1098 21. März: Hl. Abt Robert von Molesme († 1111) gründet das Kloster **Cîteaux,** aus dem später der Reformorden der **Zisterzienser** hervorgeht.
1099 In Jerusalem wird der **Johanniterorden** zur Krankenpflege und Beherbergung der Pilger des Heiligen Landes gegründet.
1115 Der hl. Bernhard von Clairvaux († 1153), der Vater der mittelalterlichen Mystik, gründet das Kloster Clairvaux, von wo aus unter seiner Leitung der Zisterzienserorden zum einflussreichsten und maßgeblichsten Orden seiner Zeit wird. Von den Mutterklöstern **La Ferté, Pontigny, Clairvaux und Morimond** werden u. a. Zwettl (1138), Lehnin (1182), Osseg (1193) und Neuzelle (1268) gegründet.
1119 Der Zisterzienserabt Stephan Harding († 1133) von Cîteaux verfasst die strenge Zisterzienserregel **Carta caritatis,** worin er u. a. die Schlichtheit des Gottesdienstrau-

Kirche und Gesellschaft

Heinrich IV. besiegt ihn und fordert von Papst Gregor VII. seine Wiederanerkennung als deutscher König.
1080 25. Juni: Heinrich IV., von Papst Gregor VII. inzwischen zum zweiten Mal gebannt, zieht nach Italien und erhebt Erzbischof Wibert von Ravenna als Clemens III. (1080–1100) zum Gegenpapst.
1084 31. März: Gegenpapst Clemens III. krönt Heinrich IV. zum Kaiser; Papst Gregor VII. muss fliehen.
1085 25. Mai: Papst Gregor VII. stirbt in Salerno im Exil.
1098 Papst Urban II. († 1099) beendet mit König Philipp I. († 1108) den Investiturstreit in Frankreich; Philipp I. verzichtet auf die Laieninvestitur und gesteht freie Bischofswahlen zu.
1107 Papst Paschalis II. († 1118) beendet durch das Westminsterkonkordat mit König Heinrich I. Beauclerc († 1135) die Laieninvestitur in England
1111 9. Febr.: Papst Paschalis II. und der deutsche König Heinrich V. († 1125) kommen in Sutri überein, dass König Heinrich V. auf die Laieninvestitur verzichtet und freie Bischofswahlen zugesteht, die deutschen Reichsprälaten aber dafür alle ihre Regalien und Regalienrechte an den König zurückgeben müssen.

Liturgie und kirchliches Leben

1091 Papst Urban II. († 1099) schreibt auf der Synode von Benevent die Aschenbestreuung am Mittwoch vor dem ersten Fastensonntag allgemein vor.
1095 Papst Urban II. verkündet auf der Synode von Clermont den Kreuzfahrern den vollkommenen Ablass.

um 1100 In der römischen Messliturgie sind alle feststehenden Messgesänge (Ordinarium und Proprium) fixiert.
Beginn des systematischen Auf- und Ausbaues der **Römischen Kurie** als päpstlicher Verwaltungsbehörde.
In Frankreich und Spanien werden bei bestimmten Festen und Weihehandlungen Almosen spendenden Gläubigen Ablässe gewährt.

Christliche Kunst und Musik

um 1080 Das Benediktinerkloster Hirsau wird Ausgangspunkt der **Hirsauer Bauschule.**
1093 Baubeginn der Klosterkirche Maria Laach.
1094 Fertigstellung des St.-Markus-Domes in Venedig.
1096 Baubeginn der Kathedrale von Norwich im englisch-normannischen Stil.
um 1100 In der romanischen Baukunst setzt sich das Kreuzgewölbe durch, und an den europäischen Kirchen erscheinen kunstvoll geschmiedete Türbeschläge.
Verfertigung der **Pala d' Oro (Hochaltarvorsatz)** für den St.-Markus-Dom in Venedig.
Rogerus von Helmershausen († nach 1100) schreibt unter dem Pseudonym **Theophilus** das bedeutendste mittelalterliche Lehrbuch **Schedula diversarum artium** über die Kunstgestaltung.

In Frankreich setzt sich die sog. **Ars antiqua** mit ihrer Mehrstimmigkeit und dem einfachen Kontrapunkt immer mehr durch.

1120–1150

Weltgeschichte

1130 In Würzburg entsteht die erste neuzeitliche steinerne Brücke.

1138 Der Staufer Konrad III. († 1152) wird zum deutschen König gewählt: Beginn der Auseinandersetzungen zwischen Staufern und Welfen.

1139 Portugal wird eigenes Königreich.

1141 Der König von Ungarn, Géza II. († 1162), holt deutsche Siedler nach Oberungarn (Zips) und Siebenbürgen.

1147 Moskau wird erstmalig in der **Ipatjew-Chronik** erwähnt.

Glaubensverbreitung

1124/1125 Auf Betreiben von Herzog Boleslaw III. († 1138) wird das Bistum Lebus errichtet.

1125 Der hl. Otto von Bamberg († 1139) unternimmt seine erste Missionsreise nach Pommern.

1128 Otto von Bamberg unternimmt seine zweite Missionsreise nach Pommern.

1140 Gründung des Bistums Kamin.

1146 Der hl. Bernhard von Clairvaux († 1153) wirbt im Auftrag Papst Eugens III. († 1153) in Frankreich und Deutschland für den II. Kreuzzug; er kann dafür die Könige Konrad III. von Deutschland und Ludwig VII. von Frankreich († 1180) gewinnen. In Europa kommt es zu Beginn dieses Kreuzzuges zu fürchterlichen Ausschreitungen gegen die Juden.

1147–1149 **II. Kreuzzug.** Die Kreuzfahrer erobern Lissabon, erleiden aber bei Dorylaion und Laodikaia schwere Niederlagen, und ihre Eroberungszüge gegen Damaskus und Askalon sind erfolglos. Der II. Kreuzzug endet als völliger Fehlschlag, große Enttäuschung macht sich breit, und es beginnt der Verfall der päpstlichen Autorität.

ab 1147 **Heinrich d. Löwe († 1195) und Albrecht d. Bär († 1170) unternehmen zusammen mit ande-**

Glaubensentfaltung

1123 18. März–6. April: IX. Ökumenisches Konzil im Lateran (I. Laterankonzil, erstes ökumenisches Konzil im Westen).

1139 April: X. Ökumenisches Konzil im Lateran (II. Laterankonzil).

1141 Die Synode von Sens verurteilt Peter Abaelard, den Begründer der scholastischen Methode **Sic et non** (Ja und Nein) († 1142), auf Betreiben des hl. Bernhard von Clairvaux als Irrlehrer.

1150 **Gründung der Pariser Universität, der bedeutendsten Lehrstätte der Philosophie und Theologie im Hoch- und Spätmittelalter.**

Orden, Heilige, Spiritualität	Kirche und Gesellschaft	Liturgie und kirchliches Leben	Christliche Kunst und Musik
mes, die stille Abgeschiedenheit, die Pflicht zur Handarbeit sowie die gegenseitige Visitation aller Klöster vorschreibt. In Jerusalem gründen acht französische Ritter den **Templerorden** zum Schutz und Geleit der Pilger des Heiligen Landes. **1120 Der hl. Norbert von Xanten, später Erzbischof von Magdeburg († 1134), gründet das Kloster Prémontré, aus dem als erster Seelsorgeorden der Orden der Prämonstratenser hervorgeht.** Die Prämonstratenser wirken hauptsächlich im Raum Brandenburg und Havelberg. Der Benediktiner Rupert von Deutz († 1135) wird Abt des Klosters Deutz, wo er geschichtsphilosophische Betrachtungen mit einer allegorisch-mystischen Exegese der Heiligen Schrift zu einer Theologie mystischer Innigkeit verbindet.	**1122 23. Sept.: Papst Kalixt II. († 1124) schließt mit Heinrich V. das »Wormser Konkordat (pactum Calixtinum)«; Heinrich V. verzichtet dabei auf die Laieninvestitur, gesteht freie Bischofswahlen durch das Domkapitel zu, behält sich aber einen in Deutschland und Oberitalien unterschiedlichen Einfluss auf die Bischofswahlen vor und gewährt den Bischöfen weiterhin ihre Regalien. Mit dem Wormser Konkordat endet der Investiturstreit.** **1123** Das I. Laterankonzil bestätigt das Wormser Konkordat.		**1122** Baubeginn des Freiburger Münsters. **1128** Fertigstellung von S. Clemente (Oberkirche) in Rom. **1129** Bau des Domes von Quedlinburg. **1130** Weihe des Chores der Kathedrale von Coventry in England sowie Baubeginn der Kathedrale von Chartres.
1146 Papst Eugen III. († 1153) spricht Kaiser Heinrich II. († 1024) heilig. **1148** Die hl. Hildegard von Bingen, die bedeutendste deutsche Mystikerin, Naturforscherin und Ärztin († 1179), gründet die Abtei Rupertsberg bei Bingen, der sie als Äbtissin vorsteht.	**1130** Beginn des römischen Papstschismas zwischen Papst Innozenz II. (1130–1143) und Papst Anaklet II. (1130–1138). **1139** Das II. Laterankonzil beendet das Papstschisma, indem es aufgrund der Autorität des hl. Bernhard von Clairvaux Papst Innozenz II. als rechtmäßig anerkennt und den bereits 1138 verstorbenen Papst Anaklet II. absetzt.	**1139** Das II. Laterankonzil erklärt die Ehe von Klerikern ab dem Subdiakonat sowie die Ehe von Mönchen für nichtig (c. 7) und gesteht den Domkapiteln das Bischofswahlrecht zu (c. 28). **um 1140** Der Camaldulensermönch **Gratian**, der **Vater der Kanonistik** († 1158), sammelt und ordnet die kirchlichen Rechtsnormen und schafft somit das sog. **Decretum Gratiani**, den Grundstock des bis 1918 maßgeblich geltenden Rechtsbuches der katholischen Kirche (Corpus iuris canonici).	**1137** Der romanische Kaiserdom in Mainz ist im Wesentlichen fertiggestellt. **Mit dem Bau der Kirche Saint Denis bei Paris tritt erstmals die französische Frühgotik hervor.** **um 1144** Bau des Domes in Lund im schwedisch-romanischen Stil.

Weltgeschichte	Glaubensverbreitung	Glaubensentfaltung
1152 15. Febr.: Friedrich I. Barbarossa († 1190) wird zum deutschen König gewählt. **1155 Dschingis Khan** († 1227) geboren; er einigt nach Unterwerfung der Tataren mongolische wie zentralasiatische Völker und errichtet ein über die Hälfte der Menschheit zählendes **Mongolisches Großreich** vom Pazifik bis zum Schwarzen Meer. **1158** Friedrich I. Barbarossa erobert Mailand und lässt es 1162 zerstören.	**ren deutschen Fürsten den sog. Wendenkreuzzug. Die Ostexpansion der deutschen Fürsten erreichte im Wendenkreuzzug ihren Höhepunkt.** Wiedererrichtung der Bistümer Brandenburg und Havelberg. **1160** Auf Betreiben Heinrichs d. Löwen wird das Bistum Schwerin gegründet.	**um 1155** Petrus Lombardus († 1160) verfasst seinen 4-bändigen Sentenzenkommentar (Sententiarum libri IV), das gängigste theologische Lehrbuch bis ins 16. Jh. **1167** Katharerkonzil in Toulouse: Verwerfung der reichen katholischen Kirche durch die Kirche der evangelischen Armen.
1171/1172 König Heinrich II. von England († 1189) erobert Irland; Irland wird englisches Lehnsgebiet. **1176** 29. Mai: Der **Lombardische Städtebund** besiegt Friedrich I. Barbarossa in der Schlacht bei Legano. In der Schlacht bei Myriokephalon besiegen die Seldschuken die Byzantiner; Ende der byzantinischen Großmachtstellung.	**1180** Erzbischof Wichmann von Magdeburg († 1192) gründet das Kloster Zinna.	**1173** Der Kaufmann Petrus Waldes aus Lyon († ca. 1184) gründet die Gemeinschaft der **Pauperes Christi** (die Armen von Lyon) und fordert für diese die Erlaubnis der Laienpredigt. Aus dieser Gemeinschaft entsteht später die Kirche der **Waldenser;** heute der Name für die italienischen Protestanten.
1187 2. Okt.: Sultan Saladin († 1193) erobert Jerusalem.	**1182–1192 III. Kreuzzug.**	

Orden, Heilige, Spiritualität

1151 Hildegard von Bingen schreibt ihre mystischen Visionen über die Heilsgeschichte in ihrem vielbeachteten **Liber Scivias** nieder.

1152 Elisabeth von Schönau, Priorin des Benediktinerinnenklosters Schönau in Hessen-Nassau († 1164), schreibt ihre Visionen im **Liber viarum Dei** nieder.

1162 Richard von St. Viktor, der Prior des Klosters St. Viktor († 1173), beschreibt in seinem Traktat **De quatuor gradibus violentae caritatis** den mystischen Aufstieg der Seele in der Kontemplation.

1170 29. Dez.: Der hl. Erzbischof Thomas Becket wird während der Vesper in seiner Kathedrale von Canterbury auf Betreiben König Heinrichs II. von England († 1189) erschlagen.

ab 1170 Im heutigen Belgien bildet sich die Vereinigung der **Beginen**, einer Gemeinschaft frommer Frauen, die auf sog. **Beginenhöfen** unter Leitung der Meisterin ohne jegliche Gelübde ein gemeinsames geistliches Leben führen.

1185 Der Kreuzfahrer Berthold von Kalabrien († 1195) gründet mit zehn Gefährten am Berge Karmel eine Einsiedlergemeinschaft, aus der später der **Karmelitenorden** hervorgeht.

Kirche und Gesellschaft

1155 18. Juni: Papst Hadrian IV. († 1159) krönt Friedrich I. Barbarossa zum Kaiser.

1167 1. Aug.: Friedrich I. Barbarossa erobert Rom und lässt sich von Papst Paschalis III. († 1168) erneut zum Kaiser krönen.

Liturgie und kirchliches Leben

1164 Erzbischof und Reichskanzler Rainald von Dassel († 1167) überführt die **Reliquien der Heiligen Drei Könige** als Geschenk Kaiser Friedrichs I. Barbarossa († 1190) von Mailand nach **Köln;** im Kölner Dom werden sie im sog. »Dreikönigsschrein« bis heute verehrt.

1179 5.–19. (20.) März: Das XI. Ökumenische Konzil im Lateran (III. Laterankonzil) ordnet für die gültige Papstwahl die Zweidrittelmehrheit an, untersagt den Besitz mehrerer kirchlicher Ämter oder Würden (Pfründenkumulation) und verbietet das Zinsnehmen.

Christliche Kunst und Musik

1152 Fertigstellung des Domes in Stavanger (Norwegen) im Stil des norwegisch-englischen Steinbaus.

1156 Weihe der Klosterkirche Maria Laach.

um 1160 Fertigstellung der Bronzetüren mit Darstellungen aus dem Leben Christi aus den Magdeburger Gießhütten für die Kathedrale von Nowgorod.

ab 1163 **Bau der Kathedrale Notre Dame in Paris.**

um 1170 Das **Antependium** mit der Kreuzigungsdarstellung aus der Walburgiskirche in Soest (Westfalen) gilt als das älteste deutsche **Tafelbild.**

um 1174 Bau der Liebfrauenkirche in Halberstadt.

um 1180 Bau der Stiftskirche in Jerichow.
Bau des ältesten erhaltenen Teils der Wartburg bei Eisenach.

1185 Bau des Domes von Palermo.

1187 Einweihung des Würzburger Domes.

1188 Gründung des Domes zu Stendal.

1190 Fertigstellung des Domes von Pisa und der St.-Godehards-Kirche in Hildesheim.

1190–1210

Weltgeschichte

1198 Doppelwahl in Deutschland. Am 8. März wird in Mühlhausen in Thüringen der Staufer Philipp von Schwaben, jüngster Sohn Friedrichs I. Barbarossa, zum König gewählt, am 9. Juni in Köln der Welfe Otto IV. von Braunschweig († 1218), dritter Sohn Heinrichs des Löwen († 1195). Diese Doppelwahl löst in Deutschland einen Bürgerkrieg aus.

um 1200 Zusammenschluss der Magister verschiedener Schulen in Paris zu einer **Universitas magistrorum.** Die Universitäten werden zu Stätten der Wissenschaft.
Gründung eines **Priesterstaates** der Inka in Cuzco in **Peru; Beginn der Inkakultur.**

1208 Philipp von Schwaben wird von Otto VII. von Wittelsbach, Pfalzgraf von Bayern († 1209), aus Privatrache ermordet, Otto IV. von Braunschweig erneut zum König gewählt und damit der Bürgerkrieg in Deutschland beendet.

Glaubensverbreitung

1191 12. Aug.: Die Könige Philipp II. von Frankreich († 1223) und Richard I. Löwenherz von England († 1199) erobern die Festung Akkon und schließen mit Sultan Saladin († um 1193) auf 10 Jahre einen Waffenstillstand; christlichen Pilgern wird der ungehinderte Besuch der heiligen Stätten gestattet.

1202 4. April: Papst Innozenz III. († 1216) ruft zum IV. Kreuzzug auf, der bis 1204 andauert.
Bischof Albert I. von Riga († 1229) gründet zur Mission Livlands den sog. **Schwertbrüderorden.**
1204 13. April: Die eigentlich zum IV. Kreuzzug ausgefahrenen **Venetianer** erobern aus eigennützigem Handelsinteresse Konstantinopel und errichten dort widerrechtlich das sog. **Lateinische Kaisertum;** dadurch erhält die Abneigung, das Misstrauen und der Hass der orientalischen Christen gegenüber der römisch-katholischen Kirche des Westens nur noch mehr Auftrieb und verhindert vorerst jegliches Bemühen um eine Wiedervereinigung beider Kirchen.

Glaubensentfaltung

1195 Der Zisterzienserabt Joachim von Fiore († 1202) entwickelt seine Geschichtstheologie der sog. **Drei-Zeiten-Lehre.**

um 1200 Die in Europa entstehenden Universitäten lösen allmählich die Dom- und Klosterschulen als Stätten der geistigen und geistlichen Wissenschaften ab.
1209 Papst Innorenz III. ruft zum **Bekehrungskreuzzug** gegen die **Albigenser** auf.

Orden, Heilige, Spiritualität	Kirche und Gesellschaft	Liturgie und kirchliches Leben	Christliche Kunst und Musik
1190 In Akkon wird eine deutsche Spitalbruderschaft zur Krankenpflege, der sog. **Deutsche Orden,** gegründet. **1199** Papst Innozenz III. († 1216) bestätigt den Deutschen Orden als anerkannten Ritterorden. **1200** 29. März: Papst Innozenz III. spricht die hl. Kunigunde, Gemahlin Kaiser Heinrichs II., heilig. **ab 1200** In der Mystik tritt immer mehr die sog. **Leidensmystik** hervor, in deren Mittelpunkt die Betrachtung des Leidens Christi und dessen persönliche Nachfolge steht. **1201** Papst Innozenz III. bestätigt die sich in Mailand zumeist aus Handwerkern gebildete geistliche Gemeinschaft der **Humiliaten,** zu welcher neben regulierten Chorherren sowie klösterlich vereinigten Brüdern und Schwestern auch in der Welt lebende Männer und Frauen als sog. **Tertiaren** gehören. **1209** 24. Febr.: Der hl. Franziskus erfährt beim Lesen der Heiligen Schrift (Mt 10,7 ff.) in der Portiunkula-Kirche bei Assisi seine Berufung zu einem Leben in apostolischer Armut und Wanderpredigt. **1209/1210 Papst Innozenz III. bestätigt den von Franziskus gegründeten Orden der Minderbrüder und erteilt ihnen die Predigterlaubnis.**	**1207 Papst Innozenz III. (1198 bis 1216) erkennt den Staufer Philipp von Schwaben als deutschen König an, da er ihm gehorsamer als der Welfe Otto IV. von Braunschweig erscheint.** **1208** Papst Innozenz III. verhängt über England das Interdikt, weil König Johann Ohneland den von ihm bestimmten Erzbischof von Canterbury, Kardinal Stephan Langton († 1228), nicht anerkennen will. **1209** 4. Okt: Papst Innozenz III. krönt den Welfen Otto IV. von Braunschweig, nachdem dieser im **Vertrag von Speyer** versprochen hatte, Sizilien und Unteritalien niemals mit dem Reich zu vereinen und auch nicht mehr den Bischofswahlen beizuwohnen. **1210** Papst Innozenz III. bannt Otto IV. von Braunschweig wegen des Versuchs, Sizilien und Unteritalien zu erobern; er designiert Friedrich II. von Sizilien zum künftigen deutschen König.	**ab 1200** Die Päpste beginnen, sich die Absolution von besonders schweren Sünden zu reservieren; daraufhin bilden sich eigene päpstliche Gerichtshöfe wie die **Apostolische Pönitentiarie** heraus. Für die bischöfliche Gerichtsbarkeit und Verwaltung entstehen die **Ämter des Generalvikars und des Offizials.**	**1192** Der 1185 abgebrannte Bamberger Dom wird teils romanisch, teils im Stil der französischen Frühgotik wiederaufgebaut. **1197** Fertigstellung der Demetrius-Kathedrale in Wladimir. **um 1200 Der lothringische Goldschmied Nikolaus von Verdun († ca. 1205) bearbeitet den Dreikönigsschrein für den Kölner Dom.** Die ersten Teile der Londoner Westminster-Abtei entstehen. In England beginnt die Frühgotik. Im christlichen Liedgut Deutschlands sind bereits die Lieder **Christ ist erstanden** und **In Gottes Namen fahren wir** verbreitet. **1209 Baubeginn des Magdeburger Domes, der als der älteste gotische Dombau Deutschlands gilt.**

Weltgeschichte	Glaubensverbreitung	Glaubensentfaltung
1213 In Bologna entwickelt sich neben der Rechtsschule die medizinische Fakultät. **1214** 27. Juli: Schlacht bei Bouvines, Philipp II. August von Frankreich († 1223) besiegt König Johann Ohneland († 1216) von England und Otto IV. von Braunschweig; England verliert seine Machtstellung und Frankreich beginnt, seine Vormachtstellung in Europa aufzubauen. **1215 15. Juni: König Johann Ohneland wird auf die »Magna Charta libertatum« verpflichtet, womit die Barone bei der Regierung Englands ein Mitspracherecht erhalten.** 9. Dez.: Friedrich II. von Sizilien († 1250) wird in Mainz zum deutschen König gekrönt. Dschingis Khan erobert Peking. Aufkommen der ersten Apotheken in den deutschen Städten.	**1212** Der unter Führung der beiden Hirtenjungen Stephan von Cloey und Nikolaus von Köln geleitete **Kinderkreuzzug** ohne jegliche Waffe endet in Marseille mit einem großen Fiasko; viele Kinder sterben auf dem Weg dorthin, die Überlebenden werden von den Muslimen als Sklaven verkauft.	**1215 11.–30. Nov.: Das XII. Ökumenische Konzil im Lateran (IV. Laterankonzil) verabschiedet das Glaubensbekenntnis gegen die Irrlehren der Albigenser und Katharer und definiert die Wesensverwandlung (Transsubstantiation) in der Eucharistie.**

1210–1220

Orden, Heilige, Spiritualität	Kirche und Gesellschaft	Liturgie und kirchliches Leben	Christliche Kunst und Musik
1212 Die hl. Klara († 1253) stellt sich unter die Führung des hl. Franziskus und begründet als weiblichen Zweig des Ordens der Minderbrüder (Franziskaner) den Orden der **Klarissen.**	**1213** König Johann Ohneland erhält von Papst Innozenz III. England als **Lehnsland** zurück.		**1212** Baubeginn der gotischen Kathedrale zu Reims.
1215 Der hl. Dominikus († 1221) gründet in Toulouse den Predigerorden zur Glaubensunterweisung und Volksseelsorge.		**1215 Das IV. Laterankonzil ordnet die jährliche Osterbeichte und Osterkommunion an (Kap. 21), untersagt das Eingehen einer geheimen Ehe (Matrimonium clandestinum) (Kap. 51) und verbietet den Kauf kirchlicher Ämter und Würden (Kap. 63).**	
1216 22. Dez.: Papst Honorius III. († 1227) bestätigt den Predigerorden und verpflichtet ihn als Gemeinschaft von Regularklerikern zur Annahme der Augustinerregel.			
1217 Als weiblicher Zweig des Predigerordens bildet sich der Orden der **Dominikanerinnen** heraus.			
1220 Der hl. Antonius von Padua († 1231) tritt in den Franziskanerorden ein. Auf dem ersten Generalkapitel des Predigerordens in Bologna konstituiert sich dieser nach dem Vorbild des Franziskanerordens durch Verzicht auf Besitz und Einkommen als **Bettelorden.** In den Niederlanden bildet sich als männlicher Zweig der **Beginen** die Gemeinschaft der **Begarden** heraus, deren Aufgabe neben dem gemeinsamen geistlichen Leben die Krankenpflege und die Totenbestattung ist.	**1219** Der hl. Sava († 1235) begründet die vom Patriarchat Konstantinopel unabhängige **serbisch-orthodoxe Nationalkirche.**		**um 1220** Baubeginn des Naumburger Domes und Fertigstellung der gotischen Kathedrale von Chartres, die den Höhepunkt der gotischen Glasmalerei darstellt. Fertigstellung der romanischen Triumphkreuzgruppe im Dom von Halberstadt.

Weltgeschichte	Glaubensverbreitung	Glaubensentfaltung
1221 Wien erhält Stadtrecht.		**1223** Der Franziskanertheologe Alexander von Hales, **Doctor irrefragabilis,** Begründer der älteren Franziskanerschule († 1245), beginnt, seinen **Sentenzenkommentar** zu schreiben, den er 1227 fertigstellt.
1224 Eike von Repgow († nach 1233) zeichnet das ostfälische Gewohnheitsrecht im **Sachsenspiegel** auf, der die Grundlage des deutschen Zivilrechtes wird.		
1227 18. August: Tod Dschingis Khans, des Begründers des mongolischen Großreiches. Walter von der Vogelweide († 1230) schreibt sein letztes Gedicht.	**1228–1229** Kaiser Friedrich II. († 1250) unternimmt als vom Papst Gebannter privat den V. Kreuzzug. **1229** 18. Febr.: Friedrich II. erhält durch einen Vertrag mit dem ägyptischen Sultan Malik-al-Kamil für 10 Jahre Jerusalem, Betlehem und Nazaret.	
1231 Friedrich II. erlässt gegen König Heinrich VII. († 1242) das »Statutum in favorem principum«. Die weltlichen Fürsten erhalten damit dieselben Rechte wie die geistlichen Reichsfürsten in der Confoederatio von 1220; damit wird die Stellung des Kaisers geschwächt. Erstmals tritt hierbei der Begriff »Territorialherr« auf.		**1231** Papst Gregor IX. († 1241) errichtet die **Römische Inquisition** zur Verfolgung von Irrlehren und überträgt sie dem Dominikanerorden; außerdem stattet er die theologischen Hochschulen, zumeist Universitäten, mit päpstlichen Privilegien aus und macht sie vom Ortsbischof unabhängig (exemt).
1237 **Berlin** (1244 erstmals urkundlich erwähnt) entsteht an der Handelsstraße Lebus-Magdeburg.		

1220–1240

Orden, Heilige, Spiritualität

1221 Gründung des sog. **Dritten Ordens** in der Ordensgemeinschaft der Minderbrüder, in dem verheiratete Männer und Frauen nach dem Vollkommenheitsideal des hl. Franziskus leben.
Franziskus selbst zieht sich von der Leitung des Ordens zurück und überträgt sie seinem Generalvikar Elias von Cortona († 1253).
1224 4. Sept.: Franziskus empfängt die Wundmale Christi (Stigmatisation).
1226 3. Okt.: Tod des hl. Franziskus. Nach dem Tod des hl. Franziskus fällt der Orden der Minderbrüder in die Richtung der **strengen Observanten** bzw. **Spiritualen** und die der **gemäßigten Konventualen** auseinander. Papst Honorius III. bestätigt die Regel des Karmelordens.
1228 Papst Gregor IX. († 1241) spricht Franziskus heilig. Die hl. Elisabeth von Thüringen († 1231) verlässt die Wartburg bei Eisenach und legt vor ihrem Beichtvater und Lehrmeister Konrad von Marburg († 1233) die Gelübde der franziskanischen Armut ab.
1229 Der Deutsche Orden beginnt mit der Mission der Preußen in Nordosteuropa.
1239 Die Karmeliten kommen aus dem Heiligen Land nach Europa.

Kirche und Gesellschaft

1220 26 April: Friedrich II. verzichtet in der **Confoederatio cum principibus ecclesiasticis** auf die Regalienrechte gegenüber den Reichsprälaten; diese werden von jetzt an voll und ganz **Landesherren.**
22. Nov.: Papst Honorius III. († 1227) krönt Friedrich II. in Rom zum Kaiser.

1228 Papst Gregor IX. († 1241) bannt Friedrich II. wegen seiner Sizilienpolitik.

Liturgie und kirchliches Leben

Christliche Kunst und Musik

1220 Entstehung des Knaben-Kreuzchores in Dresden.

um 1225 Baubeginn des Wiener Stephansdomes.
1226 Baubeginn der gotischen Marienkirche in Krakow.
1227 Bau der Kathedrale von Toledo im Stil der spanischen Gotik.
1229 Baubeginn des Domes von Siena.

1234 Der Kaiserdom in Worms wird fertiggestellt.
um 1237 Einweihung des Domes zu Bamberg und Fertigstellung des **Bamberger Reiters.**
1239 Die Passion Christi erscheint als Bildhauerarbeit in der Kathedrale von Amiens.

1240–1264

Weltgeschichte

1242 5. April: Fürst Alexander Newskij († 1263) schlägt in der Schlacht auf dem Peipussee das Heer des **Deutschen Ordens** und stoppt somit dessen weitere Invasion in den Osten.
1244 **Jerusalem kommt endgültig unter die Herrschaft des Islam.**

1250 13. Dez.: Tod Kaiser Friedrichs II.; Beginn des **Interregnums** in Deutschland; bis 1273.
1251 Batu Khan († 1256) begründet in Sarai an der Wolga die **Herrschaft der Goldenen Horde.**

1260 Kublai wird Groß-Khan der Mongolen († 1294), dehnt die Mongolenherrschaft über ganz China aus, fördert den Buddhismus und toleriert das Christentum.
1261 Kaiser Michael VIII. Paloiologos von Nizäa († 1282) erobert Konstantinopel zurück; damit endet das **Lateinische Kaisertum** und beginnt die **spätbyzantinische Zeit**.

Glaubensverbreitung

1248–1254 König Ludwig IX., d. Heilige, von Frankreich († 1270) unternimmt den VI. Kreuzzug.
1249 Ludwig IX. kann die Festung Damietta einnehmen, wird aber bei Masurah besiegt, gefangen genommen und gegen hohes Lösegeld wieder freigelassen.

Glaubensentfaltung

1248 Der hl. Albert d. Gr., **Doctor universalis,** Naturforscher, Bischof und Theologe († 1280), gründet nach seiner Lehrtätigkeit in Paris die Ordenshochschule der Dominikaner in Köln und wendet als erster die philosophische Methode des Aristoteles († 322 v. Chr.) in der Theologie an.
1252 Papst Innozenz VI. († 1254) ermächtigt die Inquisition, die Folter anzuwenden.
1257 Der hl. Bonaventura, **Doctor seraphicus,** Lehrer und zeitweiliger Ordensgeneral der Franziskaner († 1274), in seinem theologischen Denken anders als Albert d. Gr. und Thomas von Aquin († 1274) an der Denkweise Platons († um 347 v. Chr.) und des hl. Augustinus von Hippo orientiert, verfasst das bekannte **Breviloquium,** einen kurzen Grundriss der Glaubenslehre (Dogmatik).
1264 Der hl. Thomas von Aquin, **Doctor angelicus,** Schüler des hl. Albert d. Gr. und Magister an den Dominikanerhochschulen von Neapel, Paris und Rom, im theologischen Denken wie Albert d. Gr. an Aristoteles orientiert, verfasst sein großes theologisches Werk **Summa contra gentiles.**

Orden, Heilige, Spiritualität

1243 15. Okt.: Tod der hl. Hedwig von Andechs, der Gründerin des Klosters Trebnitz (Trzebnica).
1247 Papst Innozenz VI. († 1254) bestätigt die Karmeliten als Bettelorden.

1250 Die hl. deutsche Mystikerin Mechthild von Magdeburg († 1285) verfasst unter dem Titel **Das fließende Licht der Gottheit** das erste Buch der Mystik in deutscher Sprache.
1256 Papst Alexander IV. († 1261) vereinigt alle Eremitenkongregationen im Orden der **Augustiner-Eremiten** und bestätigt diesen Orden als Bettelorden.
1257 Der hl. Bonaventura († 1274) wird Ordensgeneral der Franziskaner.
1259 Bonaventura verfasst sein bedeutendes mystisches Werk **Itinerarium mentis ad Deum,** worin er den Weg der Gotteserkenntnis wie Gotteserfahrung aus der Schöpfung in ihrer ganzen Vielfältigkeit darlegt.

vor 1264 Der Dominikaner Jakob von Voraigne († 1298) verfasst die **Legenda Sanctorum** bzw. **Legenda aurea,** eine Beschreibung der Heiligen des Kirchenjahres in der religiösen Erbauungsliteratur.

Kirche und Gesellschaft

1241 Papst Innozenz IV. († 1254) bannt Friedrich II. nach dessen Rückkehr vom V. Kreuzzug erneut wegen der Sizilienpolitik.
1245 Friedrich II. wird von Papst Innozenz IV. auf dem I. Konzil von Lyon abgesetzt.

Liturgie und kirchliches Leben

1245 20. Juni–17. Juli: Das XIII. Ökumenische Konzil in Lyon (I. Konzil von Lyon) verfügt eine Neuordnung des kirchlichen Prozessrechtes sowie die Absetzung Kaiser Friedrichs II. († 1250).
1246 In Lüttich wird das Fronleichnamsfest eingeführt.

vor 1254 Papst Innozenz IV. († 1254) gewährt bestimmten Ordensleuten den vollkommenen Ablass ohne die bisher übliche Teilnahme an einem Kreuzzug.
1254 König Ludwig d. Hl. von Frankreich († 1270) lässt **Armenregister** zur Verpflegung Bedürftiger auf Kosten der Gemeinde erstellen.

1260 Das Umherziehen von sog. **Geißlern,** die durch öffentliche Bußübungen Genugtuung leisten und Gottes Barmherzigkeit erflehen, kommt immer mehr in Gebrauch, besonders in schweren Notzeiten.
1264 11. Aug.: Papst Urban IV. († 1264) dehnt mit der Enzyklika **Transiturus de hoc mundo** das Fronleichnamsfest auf die ganze Kirche aus.

Christliche Kunst und Musik

1240 Fertigstellung des sog. **Palas** der Wartburg bei Eisenach.
1248 Erzbischof Konrad von Hochstaden († 1261) legt den Grundstein für den Bau des **Kölner Domes.**
Bau der **Sainte Chapelle** in Paris mit hochgotischen Glasmalereien und Apostelwerken.
um 1250 In Deutschland beginnt die Kunstepoche der Hochgotik. Beginn der **Choralpassion** im gregorianischen Gesang und des Vortrags der Passionsgeschichte von drei Sängern.

1260 Der Meister des Naumburger Domes schafft die 12 lebensgroßen Stifterfiguren des Domes, u. a. **Ekkehard und Uta.**
Die Reliefs mit der Passionsgeschichte im Naumburger Dom gehören mit den Glasmalereien in der Kathedrale von Chartres zu den frühesten Passionsdarstellungen, die eine vollständige Bilderreihe zeigen.
um 1264 Der hl. Thomas von Aquin († 1274) schreibt die Fronleichnams-Sequenz »Lauda Sion salvatorem (Lobe, Zion, deinen Heiland)« sowie den eucharistischen Hymnus »Pange, lingua, gloriosi (Das Geheimnis lasst uns künden)«.

1264–1300

Weltgeschichte	Glaubensverbreitung	Glaubensentfaltung
		1267 Thomas von Aquin verfasst die **Summa theologica,** seine Gesamtdarstellung des christlichen Glaubens auf aristotelisch-philosophischer Grundlage.
um 1270 Lemberg (Lvov) wird von ukrainischen Fürsten gegründet. **1271** Marco Polo († 1324) reist mit seinem Vater nach China und kehrt 1295 wieder nach Venedig zurück. **1271** 1. Okt.: Ende des Interregnums in Deutschland; neuer König ist Rudolf von Habsburg († 1291).	**1270** 25. April: Ludwig IX. stirbt auf seinem zweiten Kreuzzug, dem VII. und letzten Kreuzzug, vor Tunis.	
		1274 7. Mai–17. Juli: Auf dem XIV. Ökumenischen Konzil in Lyon (II. Konzil von Lyon) kommt es zu einer zeitweiligen Union mit der griechischen Kirche, die das umstrittene »Filioque« im Glaubensbekenntnis der lateinischen Westkirche, die Lehre vom Fegefeuer sowie für kurze Zeit sogar den päpstlichen Primat anerkennt.
1283 Abschluss der Eroberung Preußens durch den Deutschen Orden. **1285** Philipp IV. der Schöne († 1314) wird König von Frankreich. **1291** Uri, Schwyz und Unterwalden schließen sich zum **Ewigen Bund** der drei **Urkantone** zusammen, woraus sich später die **Schweizer Eidgenossenschaft** bildet.		
um 1300 Beginn des Aufstiegs von Moskau und Begründung der Osmanen-Dynastie.		**nach 1300** Die erste hochdeutsche **Bibelübersetzung der Vulgata** wird herausgegeben.

Orden, Heilige, Spiritualität	Kirche und Gesellschaft	Liturgie und kirchliches Leben	Christliche Kunst und Musik
1275 Aufkommen der **Herz-Jesu-Brautmystik** in den weiblichen Ordensgemeinschaften. **1281** 27. Jan.: Die hl. deutsche Mystikerin Gertrud d. Gr. von Helfta († 1302) hat ihre erste Christusvision. **1289** Gertrud d. Große von Helfta schreibt ihre Visionen in verschiedenen Büchern nieder, u. a. in dem vielbeachteten **Legatus divinae pietatis.** **1292** Die deutsche Mystikerin Gertrud v. Hackeborn († 1299) schreibt ihr Buch **Von der besonderen Gnade.** **1297** 11. Aug.: Papst Bonifaz VIII. († 1303) spricht König Ludwig IX. von Frankreich († 1270) heilig. **1298** Meister Eckhart, der **Schöpfer der spekulativen deutschen Mystik** († 1328), schreibt als Prior des Dominikanerklosters in Erfurt sein Buch **Über die göttliche Tröstung.** **ab 1300** Aufkommen der religiösen Bewegung der sog. **Gottesfreunde** in Deutschland, vornehmlich im Rheingebiet.	**1296** 25. Febr.: Papst Bonifaz VIII. (1294–1303) verbietet in der Bulle **Clericos laicos** Steuerabgaben des Klerus ohne vorherige Zustimmung des Papstes und gerät damit in Konflikt mit König Philipp VI. d. Schönen von Frankreich († 1314).	**1274** 16. Juli: Das II. Konzil von Lyon verabschiedet die **Konklaveordnung** durch das Dekret **Ubi periculum,** wonach die Papstwahl unter Ausschluss der Öffentlichkeit erfolgen muss. **um 1279** In Köln wird die **Fronleichnamsprozession** urkundlich belegt. **1300** Papst Bonifaz VIII. († 1303) verkündet erstmals einen **Jubiläumsablass.** **nach 1300** Aufkommen der illustrierten **Armenbibel;** in Italien wird der **Angelus** gebetet.	**1265** Bau der Marienkirche in Berlin. **1273** Die Zisterzienser erbauen das Kloster Chorin im Stil der Backsteingotik. **1276** Baubeginn der St.-Nikolai-Kirche in Stralsund im Stil der norddeutschen **Backsteingotik.** **um 1277** Tiere und Fabelwesen werden als Wasserspeier an gotischen Kirchen verwendet. **1283** Vollendung der frühgotischen Elisabeth-Kirche in Marburg. **1295** Baubeginn der Klosterkirche in Doberan, des Repräsentativbaues **norddeutscher Backsteingotik.** Der italienische Maler Cenni di Pepo (Cimabue; † um 1302) malt die **Madonna mit dem hl. Franziskus** in der Kirche San Francesco in Assisi im Stil der spätbyzantinischen Ikonographie. **um 1300** Aus Frankreich kommend verbreiten sich die sog. **Bauhütten** in Deutschland. **Die hochgotische Plastik beginnt sich vom Bauwerk zu lösen und wird zum Andachtsbild bzw. Vesperbild in den Nebenkapellen.** In der russischen Kirchbauweise treten immer mehr farbige fünfkupplige Dächer hervor.

3. Das Spätmittelalter (1302 bis 1517)

1300–1326

Weltgeschichte	Glaubensverbreitung	Glaubensentfaltung
1306 4. Aug: König Wenzel III. von Böhmen wird ermordet; damit endet die Dynastie der Přemysliden.		**1307** **Johannes Duns Scotus, Doctor subtilis, die letzte große Gestalt der Hochscholastik** († 1308), wird nach seiner Lehrtätigkeit in Paris Magister an der Ordenshochschule der Franziskaner in Köln; er gibt in der Theologie u. a. mehrere marianische Anregungen, wie z. B. über die Unbefleckte Empfängnis Mariä.
1307 Der Dichter Dante Alighieri († 1321) beginnt sein Hauptwerk **Die göttliche Komödie** (La divina Commedia), ein die abendländische Literatur beeinflussendes Werk spätmittelalterlichen Denkens.	**1309** Der **Deutsche Orden** verlegt seinen Sitz nach Marienburg; der Johanniterorden gründet auf der Insel Rhodos einen **Ritterstaat.**	**1311** 16. Okt.: Eröffnung des **XV. Ökumenischen Konzils von Vienne,** auf welchem dem Templerorden der Prozess gemacht, der Armutsstreit der Franziskaner entschieden und die Reform der Kapitels- und Klosterexemptionen beschlossen wird.
1310 Johann von Luxemburg († 1346) begründet in Böhmen die Dynastie der Luxemburger (bis 1437).		**1312** 6. Mai: Beendigung des Konzils von Vienne.
1314 19. u. 20. Okt.: **Doppelwahl in Deutschland.** Der Wittelsbacher Ludwig IV. von Bayern († 1347) wird in Aachen vom Erzbischof von Mainz gekrönt; der Erzbischof von Köln krönt in Bonn Friedrich d. Schönen von Österreich († 1330) zum deutschen Gegenkönig.		**1324** Marsilius von Padua († 1343) verwirft in seinem Werk **Defensor pacis,** das später maßgeblich den sog. **Konziliarismus** beeinflusst, die hierarchische Verfassung der Kirche und fordert stattdessen eine demokratische Kirchenverfassung.
1320 Kraków (Krakau) wird Hauptstadt Polens, und Kiew kommt bis 1686 an Litauen.		**1326** Der sog. **Konzeptualistische Nominalismus** des englischen Franziskanertheologen Wilhelm von Ockham († 1349) wird als Irrlehre verurteilt. Dieser leugnet aufgrund der völligen Andersartigkeit von Gott und dem geschaffenen Menschen jegliche Möglichkeit eines Ähnlichkeitsvergleiches zwischen beiden

Orden, Heilige, Spiritualität

1303 Meister Eckhart wird Ordensprovinzial der Dominikaner in Sachsen.
1312 22. März: Papst Clemens V. († 1314) hebt auf dem Konzil von Vienne auf Betreiben des französischen Königs Philipp IV. d. Schönen († 1314) mit der Bulle **Vox in excelso** den **Templerorden** wieder auf.
6. Mai: Papst Clemens V. beendet mit dem Dekret **Exivi de paradiso** den sog. **Armutsstreit im Franziskanerorden,** indem er die gemäßigte Richtung der Konventualen bestätigt.
1315 Johannes Tauler († 1361) tritt in Straßburg in den Dominikanerorden ein; als mystisch begabter Seelsorger ist er zeitweilig der geistliche Mittelpunkt der Gottesfreunde.
1322 Das Generalkapitel der Franziskaner in Perugia entscheidet sich für die strenge Richtung der Observanten und lehrt dabei, Christus und die Apostel haben eine **absolute Armut** gelebt.
1323 Nov.: Papst Johannes XXII. († 1334) verurteilt mit der Bulle **Cum inter nonnullos** die auf dem Generalkapitel der Franziskaner in Perugia vertretene Lehre von der absoluten Armut Christi und der Apostel.
1326 Meister Eckhart schreibt sein **Rechtfertigungsbuch** hinsichtlich seiner mystischen Anschauungen.

Kirche und Gesellschaft

1302 8. Nov.: Papst Bonifaz VIII. erklärt in der Bulle »Unam Sanctam« die absolute Oberhoheit des Papstes, dem um ihres ewigen Heiles willen alle Menschen in allen Dingen Gehorsam schulden.
1303 7. Sept.: Papst Bonifaz VIII. wird in Anagni gefangen genommen und stirbt am 11. Okt. in Rom.
1305 Erzbischof Bertrand de Got von Bordeaux wird auf Betreiben Philipps IV. d. Schönen als Papst Clemens V. († 1314) gewählt und in Lyon gekrönt.
1309 Papst Clemens V. verlegt seine Residenz nach Avignon. Beginn des »Avignoner Exils« der Päpste (bis 1377).

1324 König Ludwig IV. der Bayer († 1347) appelliert gegen Papst Johannes XXII. († 1334) vergeblich an ein Allgemeines Konzil.

Liturgie und kirchliches Leben

1314 Die Synode von Ravenna ordnet an, dass die Priester wenigstens einmal im Jahr zelebrieren müssen (c. 13).

Christliche Kunst und Musik

1306 Tod des italienischen Dichters Jacapone da Todi, der die Marien-Sequenz »**Stabat mater dolorosa (Christi Mutter stand mit Schmerzen)**« schrieb.
1307 Der italienische Maler Giotto di Bondone († 1337) malt die Fresken **Das Leben Mariä und Christi** sowie **Das Jüngste Gericht** in der Arenakapelle von Padua.

1311 Der italienische Maler Duccio di Buoninsegna († 1319) malt die **Thronende Madonna (Maestà)** und fertigt den Tafelaltar für den Dom von Siena im Übergang vom sienesisch-byzantinischen Stil zur italienischen Gotik.
1317 Giotto di Bondone († 1337) malt für die Kirche San Croce in Florenz **Das Leben des hl. Franziskus und der beiden Johannes.**
1320 Die Sequenz der Totenmesse »Dies irae, dies illa (Der Tag des Zornes)«, möglicherweise von Thomas von Celano († 1255) stammend, wird niedergeschrieben; sie ist die letzte der vom Tridentinischen Konzil zugelassenen fünf Sequenzen.
um 1323 Aufführung der ersten mehrstimmig erhaltenen **Messe von Tournai.**

Weltgeschichte	Glaubensverbreitung	Glaubensentfaltung
1337 Beginn des Hundertjährigen Krieges zwischen Frankreich und England. **1338** 16. Juli: Der Kurverein von Rhense verkündet als neues Reichsrecht: Der von den Kurfürsten mit Mehrheit gewählte König bedürfe nicht mehr der päpstlichen Bestätigung, allein die Kaiserkrönung bleibe dem Papst vorbehalten. 6. Aug.: Kaisergesetz **Licet iuris:** Das Recht auf das Kaisertum leite sich allein aus der gültigen Königswahl ab; der Papst hat keinen Einfluss mehr darauf. **1341 Francesco Petrarca († 1374) wird in Rom zum Dichter gekrönt; er gilt als der erste Humanist.** **1348 Gründung der ersten deutschen Universität durch Kaiser Karl IV. († 1378) in Prag.** **1354** Die Osmanen erobern Gallipoli und greifen auf Europa über. **1356 10. Jan.: Kaiser Karl IV. erlässt die Goldene Bulle.** Als die sieben Kurfürsten erhalten die Erzbischöfe von Köln, Trier und Mainz, der König von Böhmen, der Pfalzgraf bei Rhein, der Herzog von Sachsen und der Markgraf von Brandenburg das ausschließliche Recht, den deutschen König zu wählen. Das **Erbkönigtum** geht damit in ein **Wahlkönigtum** über, das bis 1806 Reichsgesetz bleibt.	**1344** Prag wird böhmisches Erzbistum.	aufgrund des beiden zugrundeliegenden Seins (Analogia entis); die einzige Brücke zwischen Gott und Mensch ist aufseiten Gottes seine Gnade, aufseiten des Menschen der Glaube. Damit nimmt Wilhelm von Ockham Einfluss auf die Gnadentheologie Martin Luthers. **1336** 29. Jan.: Papst Benedikt XII. († 1342) definiert in der dogmatischen Konstitution **Benedictus Deus** gegen die persönliche Meinung Papst Johannes' XXII. († 1334) mit letztverbindlicher Lehrautorität, dass die Seelen der Gerechten schon vor dem Allgemeinen Gericht und der leiblichen Auferstehung von den Toten in den Himmel gelangen und der Anschauung Gottes teilhaftig werden. **1376** Der englische Theologe und Pfarrer von Lutterworth, John Wiclif († 1384), veröffentlicht seine ersten Schriften, in denen er den hierarchischen Charakter der Kirche leugnet, die Heilige Schrift als die einzige Glaubensquelle betrachtet sowie Zölibat, Ohrenbeichte und Heiligenverehrung verwirft.

Orden, Heilige, Spiritualität

1330 Der deutsche Mystiker Heinrich Seuse († 1366) schreibt sein **Büchlein der Wahrheit.**
1336 Der flämische Mystiker Johannes Ruysbroek († 1381) verfasst sein vielbeachtetes Werk **Die Zierde der geistlichen Hochzeit,** worin er ein tätiges, inniges und gottschauendes Leben unterscheidet; dieses Buch nimmt maßgeblichen Einfluss auf die Gemeinschaft der **Brüder vom gemeinsamen Leben oder Fraterherren.**
1346 Die hl. Birgitta von Schweden († 1373) gründet in Vadstena (Schweden) den **Erlöserorden (Birgittenorden),** der eine besondere Verehrung des Leidens Christi pflegt; Birgitta gründet auch sog. **Doppel-Klöster,** in denen die dort lebenden Klerikermönche der Äbtissin unterstehen.
1348 In den Niederlanden bildet sich die Gemeinschaft der **Alexianerbrüder,** eine Laienbruderschaft zur Krankenpflege und Totenbestattung.
1365 Die hl. Katharina von Siena († 1380) tritt in den Dominikanerorden ein.
1375 Katharina von Siena empfängt die Wundmale Christi.
1380 Der Niederländer **Gerhard Groote** († 1384) begründet in Deventer die sog. **»Devotio moderna«,** eine

Kirche und Gesellschaft

1327 17. Jan.: Ludwig IV. d. Bayer lässt sich in Rom vom Stadtpräfekten Sciarra Colonna († 1329) zum Kaiser krönen, setzt Papst Johannes XXII. ab, Nikolaus V. (1328–1330) als Gegenpapst ein und führt damit den **letzten Kampf zwischen dem Papsttum und dem deutschen Kaisertum.**
1377 17. Jan.: Papst Gregor XI. († 1378) kehrt auf Mahnung der hl. Katharina von Siena und der hl. Birgitta von Schweden aus dem Exil in Avignon nach Rom zurück.
1378 8. April: Der italienische Erzbischof Bartholomäus Prignano wird auf Druck der Römer **gleichsam gezwungen** zum Papst gewählt und nimmt den Namen Urban VI. (1378 bis 1389) an.
9. Aug.: 13 französische Kardinäle erklären in Anagni die Wahl Papst Urbans VI. für erzwungen und ungültig.
20. Sept.: Die französischen Kardinäle wählen in Fandi den französischen Kardinal Robert von Genf als Gegenpapst Clemens VII. (1378 bis 1394), der seine Residenz wieder in Avignon aufschlägt. Damit beginnt das **Abendländische Papstschisma,** die schwerste Krise der abendländischen Kircheneinheit vor der Reformation. Dieses Schisma dauert bis 1417.

Liturgie und kirchliches Leben

1330 Beginn planmäßiger Hexenverbrennungen in den Pyrenäen.
1331 Papst Johannes XXII. († 1334) errichtet mit der Bulle **Ratio iuris** den päpstlichen Gerichtshof, woraus später die **Sacra Romana Rota** hervorgeht.
1334 Papst Johannes XXII. führt für die ganze Kirche das **Dreifaltigkeitsfest** ein.

1349 Papst Clemens VI. († 1352) verbietet die **Geißlerzüge,** da sie inzwischen oft ihren eigentlichen Bußcharakter verloren haben und zu einer persönlichen Zurschaustellung geworden sind.
um 1350 Aufführungen der ersten niederländischen **Mysterienspiele** in Maastricht.

Christliche Kunst und Musik

nach 1320 Christus wird als **Der Schmerzensmann** dargestellt.
um 1330 Bau der Kirche St. Maria zur Wiese (Wiesenkirche) im westfälischen Soest.
Verfertigung der **Dienstbotenmadonna** für den Wiener Stephansdom.
1344 Baubeginn des Veits-Domes in Prag.

um 1350 Fertigstellung der Glasfenster im Kölner Dom; die deutsche Glasmalerei erreicht ihren Höhepunkt.
Entstehung des Vesperbildes im Erfurter Ursulinenkloster.
1351 Der schiefe Turm zu Pisa und die Marienkirche in Lübeck werden erbaut.
1356 Der Bildhauer und Steinmetz Peter Parler († 1399) baut den Chor des Prager St. Veits-Domes.
1359 7. April: Grundsteinlegung des Stephansdomes in Wien.
1363 Weihe des Magdeburger Domes.
1377 Baubeginn des Ulmer Münsters.

Weltgeschichte	Glaubensverbreitung	Glaubensentfaltung

1380–1415

Weltgeschichte

1386 Der litauische Großfürst Władisław II. Jagełło († 1434) heiratet die polnische Prinzessin Jadwiga († 1399) und begründet dadurch das Großreich **Polen-Litauen,** das nach 1401 ganz Litauen, Weißrussland und die Ukraine umfasst.

1394 Der mongolische Eroberer **Timur Leng (Tamerlan)** († 1405) erobert Moskau, 1398 Delhi und besiegt 1402 die Türken bei Ankara. **Seoul** als Hauptstadt von Korea gegründet.

1396 25. Sept.: Schlacht bei Nikopolis. Bulgarien wird bis 1878 osmanische Provinz.

1401 Die Mongolen zerstören Damaskus.

1409 9. Sept.: Gründung der Universität Leipzig.
1410 15. Juli: Władisław II. Jagełło von Polen-Litauen besiegt in der **Schlacht bei Tannenberg (Grunwald)** das Heer des Deutschen Ordens und leitet damit den Niedergang des Ordensstaates ein.

Glaubensverbreitung

Glaubensentfaltung

1400 1. Febr.: Papst Bonifaz IX. († 1404) verleiht durch die Bulle **Sacrae religionis** den Augustineräbten von St. Osytha in Essex (England) die Vollmacht, auch ohne Empfang der Bischofsweihe ihre Mönche gültig zu Diakonen und Priestern weihen zu dürfen.
1410 Der tschechische Priester Ján Hus, Prediger an der Betlehemskirche in Prag, verteidigt öffentlich die Lehren John Wiclifs und verbindet sie mit einer gegen die weitgehend von Deutschen besetzte Hierarchie in Böhmen gerichteten tschechischen Nationalbewegung.
1414 5. Nov.: Papst Johannes XXIII. (1410–1415) eröffnet auf Betreiben des deutschen Königs Sigismund († 1437) das XVI. Ökumenische Konzil in Konstanz.
1415 6. April: Das Konzil von Konstanz verabschiedet auf der Grundlage der sog. konziliaren Theorie, wonach für den Fall, dass ein Papst eine Irrlehre verkündet, dieser um des Heiles der ganzen Kirche willen von einem Ökumenischen Konzil abgesetzt werden könne, das umstrittene und später wieder zurückgenommene Dekret »Haec Sancta«, mit dem der sog. Konziliarismus lehramtlich sanktioniert wurde (kein Dogma!).

Orden, Heilige, Spiritualität

individuelle Frömmigkeit, welche die Lesung der Heiligen Schrift und die Betrachtung so sehr betont, dass die Mitfeier der heiligen Messe wie auch der Sakramentenempfang nur als ein Andachtsmittel angesehen wird und die damit einen wesentlichen Einfluss auf die Reformation im 16. Jh. ausübt.

1383 Gründung der **Brüder vom gemeinsamen Leben (Fraterherren),** die ohne Gelübde nach einer geistlichen Regel leben.

1393 16. Mai: Der hl. Johannes Nepomuk wird auf Betreiben des böhmischen Königs Wenzel (Václav) († 1419) in Prag ertränkt.

Kirche und Gesellschaft

1409 März–Juli: Konzil von Pisa. Der Avignoner Papst Benedikt XIII. (1394–1411 bzw. 1423) und der römische Papst Gregor XII. (1406 bis 1415) werden abgesetzt und der Erzbischof Peter Philargi von Mailand, ein gebürtiger Grieche, zum neuen Papst Alexander V. (1409 bis 1410) gewählt. Der Nachfolger von Papst Alexander V. ist der Kardinal Balthasar Cossa, ein ehemaliger Pirat, der den Namen Johannes XXIII. (1410–1415) annimmt. Da keiner der Päpste zurücktritt, ist aus der Papst-Zweiheit nun die Papst-Dreiheit geworden.

1415 29. Mai: Papst Johannes XXIII. wird auf dem Konzil von Konstanz aufgrund der **konziliaren Theorie** wegen Förderung des Schismas abgesetzt.
4. Juli: Papst Gregor XII. lässt seinen Rücktritt erklären.

Liturgie und kirchliches Leben

1386 Die Prager Synodalakten erwähnen bereits das **Angelus-Läuten.**

1392 Der katalanische Mönch Francesco Eiximenis († 1409) verfasst sein **Buch über die Engel** und verbreitet damit die Engelverehrung.

ab 1400 Aufkommen von Beicht- und Ablassbriefen.

Christliche Kunst und Musik

1381 Baubeginn der Nikolaikirche in Wismar.
1386 Baubeginn des Mailänder Domes in weißem Marmor.
1388 Bau des sog. **Konzilsgebäudes von Konstanz.**

1400 Neubau der Marienkirche in Danzig im spätgotischen Backsteinbau.

um 1400 In Deutschland und Frankreich setzt die Kunstperiode der **Spätgotik** ein, in Italien kommt allmählich die Frührenaissance auf. Der das **Kreuz tragende Christus** wie auch die **Schmerzensmutter** werden häufigere Motive für Andachtsbilder. Der russische Maler Andrej Rubljow († um 1430) malt die **Heilige Dreifaltigkeit;** damit ist der Höhepunkt der russischen Ikonenmalerei erreicht.

1415–1432

Weltgeschichte	Glaubensverbreitung	Glaubensentfaltung
1419 30. Juli: Der Prager Fenstersturz löst die bis 1436 andauernden Hussitenkriege aus.	**1419** Die von Ján Hus († 1415) entfachte kirchenreformatorische Bewegung der sog. **Hussiten** in Böhmen und Mähren nimmt immer mehr den Charakter einer revolutionären tschechischen Nationalbewegung an.	4. Mai: Die Lehren **John Wiclifs** werden verurteilt. 6. Juli: Das Konzil von Konstanz verurteilt ohne Beisein eines Papstes eigenständig **Ján Hus** als Irrlehrer und übergibt ihn den weltlichen Behörden zur Hinrichtung, nachdem er sich geweigert hatte, den Lehren John Wiclifs abzuschwören. **1418** 22. April: Beendigung des Konzils von Konstanz.
1421 Kaiser Ch'eng Tsu († 1425) der Ming-Dynastie verlegt die Residenz nach Peking und lässt die **Chinesische Mauer** ausbauen.	**1420 Papst Martin V. († 1431) ruft zu einem Kreuzzug gegen die Hussiten auf, der die bis 1436 andauernden Hussitenkriege auslöst, welche sowohl der katholischen wie der hussitischen Bevölkerung Böhmens viel Leid und Elend bringen und letztlich ergebnislos enden.** Der hussitische Heerführer Ján Zĭžka von Trocnov († 1424) besiegt in Prag das Heer König Sigismunds.	**1420** April: Verabschiedung der **Vier Prager Artikel,** welche die Predigtfreiheit, den Laienkelch, die Priesterarmut sowie die Bestrafung von Todsünden fordern. Damit werden die reformatorisch-theologischen Grundlagen der **Hussitenbewegung** gelegt und deren zwei Gruppen, die gemäßigten **Calixtiner** oder **Utraquisten** und die radikalen **Taboriten**, vereinigt.
1429 8. Mai: Jeanne d'Arc († 1431) befreit Orléans von der Belagerung durch die Engländer und führt damit die entscheidende Wende im **Hundertjährigen Krieg** herbei.	**1422** Das Heer König Sigismunds wird von Ján Zĭžka von Trocnov bei Deutsch Brod (Havlíčkův Brod) vernichtend geschlagen.	**1427** 16. Nov.: Papst Martin V. († 1431) verleiht mit der Bulle **Gerentes ad vos** dem Zisterzienserabt von Altzelle im Bistum Meißen auf fünf Jahre das Privileg, ohne vorherige Bischofsweihe seinen Mönchen gültig die Diakons- und Priesterweihe zu spenden. **1431** 23. Juli: Papst Eugen IV. (1431–1447) eröffnet das XVII. Ökumenische **Konzil von Basel-Ferrara-Florenz-Rom.**

Orden, Heilige, Spiritualität	Kirche und Gesellschaft	Liturgie und kirchliches Leben	Christliche Kunst und Musik
1417 Der hl. Bernhardin von Siena († 1444) sowie der hl. Johannes von Capistrano, genannt der »Apostel Europas« († 1456), beginnen ihr Wirken als **»Volksprediger«.**	**1417** Papst Benedikt XIII. wird auf dem Konzil von Konstanz wegen Förderung des Schismas abgesetzt. **11. Nov.: Die Wahl des Kardinals Odo Colonna als Papst Martin V. (1417–1431) beendet das Abendländische Papstschisma.**	**1418** Das Konzil von Konstanz ordnet an, dass künftighin die Bischofswahlen der päpstlichen Bestätigung bedürfen (c. 2).	**1418** Der italienische Architekt Filippo Brunelleschi († 1446) beginnt mit dem Bau der Kuppel des Domes von Florenz und begründet damit in der Baukunst die **italienische Frührenaissance.**
1420 Der Augustinerchorherr Thomas von Kempen († 1471) verfasst aus bereits vorliegenden Materialien die vier Bücher »Die Nachfolge Christi (De imitatione Christi)«, die zu den am häufigsten gelesenen geistlichen Andachtsbüchern geworden sind.			**1426** Die Brüder Hubert († 1426) und Jan von Eyck († 1441) vervollkommnen die im 14. Jh. aufgekommene **altniederländische Ölmalerei.**
1431 Papst Eugen IV. († 1447) gestattet den Karmeliten die Annahme einer milderen Regel, worauf es zu einer Spaltung des Ordens in die strenge Richtung der Observanten und die der gemäßigten Konventualen kommt.			**1432** Jan von Eyck vollendet den Genter Altar.

Weltgeschichte	Glaubensverbreitung	Glaubensentfaltung
1439 Die anonyme Flugschrift **Reformatio Sigismundi** fordert die Aufhebung der bäuerlichen Leibeigenschaft, eine Säkularisation der geistlichen Fürstentümer und die Adelsverleihung nach Verdienst.		**1437** 18. Sept.: Verlegung des Konzils von Basel nach Ferrara. **1439** 16. Jan.: Verlegung des Konzils von Ferrara nach Florenz. Mai: Die in Basel zurückgebliebene Konzilsmehrheit bestätigt erneut den **Konziliarismus** des Konzils von Konstanz. **6. Juni: Mit dem Dekret »Coeli laetentur« wird eine zeitweilige Union mit der griechischen Kirche geschlossen.** **22. Nov.: Union mit der armenischen Kirche durch das Dekret »Exsultate Deo«.**
1441 Die Portugiesen finden bei Kap Blanco in West-Afrika die ersten Neger und beginnen mit dem Negersklavenhandel. **1445** Der Mainzer Johannes Gutenberg († 1468) erfindet den Buchdruck mit beweglichen Lettern. **1447** Der litauische Großfürst Kasimir II. († 1492) wird König von Polen. **1448** Die Türken besiegen die Ungarn in der **Schlacht auf dem Amselfeld.** **1451** Der türkische Herrscher Mohammed II. d. Gr. († 1481) erobert Konstantinopel, Serbien, Bosnien, Albanien und Griechenland.		**1440** Kardinal Nikolaus von Kues († 1464) schreibt seine Betrachtungen über die menschliche Erkenntnis **De docta ignorantia.** **1442** 4. Febr.: Union mit der koptischen und äthiopischen Kirche auf dem Konzil von Florenz durch das Dekret **Cantate Domino.** **1443** 24. Febr.: Verlegung des Konzils von Florenz nach Rom und Beendigung des XVII. Ökumenischen Konzils.

1452 Entstehung des weiblichen Zweiges des Karmelitenordens, die Karmelitinnen.

1438 7. Juli: König Karl VII. von Frankreich († 1462) unterzeichnet die **Pragmatische Sanktion von Bourges** als Staatsgesetz; darin werden die päpstlichen Rechte bei der Stellenbesetzung und in der Gerichtsbarkeit beschnitten und so die Grundlage für den späteren **Gallikanismus** gelegt.

1439 25. Juni: Die in Basel zurückgebliebene Konzilsmehrheit des bereits nach Ferrara verlegten Konzils von Basel-Ferrara-Florenz setzt Papst Eugen IV. ab.

5. Nov.: Der verwitwete Herzog Amadeus VIII. von Savoyen wird von der Basler Konzilsmehrheit zum Gegenpapst Felix V. (1439-1449) gewählt, dem **letzten Gegenpapst in der Geschichte der katholischen Kirche.**

1448 17. Febr.: Papst Nikolaus V. († 1455) und der deutsche König Friedrich III. von Habsburg († 1493) regeln in dem bis 1806 geltenden **Wiener Konkordat** die Beziehungen zwischen der päpstlichen Kurie und dem Deutschen Kaiserreich hinsichtlich der Stellenbesetzungen und der Finanzzahlungen.

1452 19. Aug.: Papst Nikolaus V. krönt in Rom Friedrich III. von Habsburg zum Kaiser; die letzte Kaiserkrönung in Rom.

1440 Der Niederländer Rogier van der Weyden († 1464) malt **Der hl. Lukas malt die Madonna.**

1445 Fra Angelico (eigtl. Fra Giovanni da Fiesole) († 1455) malt die Fresken in der Nikolauskapelle des Vatikans mit strenger Zentralperspektive.

Der deutsche Maler Stephan Lochner († 1451) malt **Maria im Rosengarten.**

1446 Die **Berliner Passion** ist die älteste Datierung eines **Kupferstiches.**

1447 Fra Angelico malt **das Jüngste Gericht**.

1453 Nach der Eroberung Konstantinopels zieht sich die byzantinische Kunst in die Athosklöster sowie in die griechischen Werkstätten Venedigs zurück.

1453–1498

Weltgeschichte	Glaubensverbreitung	Glaubensentfaltung
1453 29. Mai: Die Osmanen nehmen Konstantinopel ein und beenden damit das **Byzantinische Reich.** Ende des **Hundertjährigen Krieges** zwischen England und Frankreich ohne förmlichen Friedensvertrag.	**1455** Johannes Gutenberg beendet den Druck der ersten Bibel.	
1466 19. Okt: Der **Zweite Thorner Friede** beendet den Krieg zwischen dem Deutschen Orden und Polen; Polen hat als Sieger die Oberhoheit über das ganze Ordensgebiet.		
1469 Lorenzo de Medici († 1492) wird Statthalter von Florenz und macht Florenz zur führenden Macht in Italien.	**1469** Gründung des Bistums Wien.	
1480 Großfürst Iwan III. von Moskau († 1505) stellt die Tributzahlungen an die **Goldene Horde** ein.		**1478** Papst Sixtus IV. († 1484) errichtet die sog. **Spanische Inquisition** zur Verfolgung der zum Schein getauften Juden (Marranos), wie auch der Mauren und der Anhänger von Sekten.
1492 12. Okt.: Christoph Kolumbus († 1506) entdeckt Amerika.		
1493 19. Aug.: Kaiser Maximilian I. († 1519) übernimmt die Regierung des Römischen Reiches Deutscher Nation.		
1494 7. Juni: **Vertrag von Tordesillas.** Durch Schiedsspruch Papst Alexanders VI. († 1503) grenzen Spanien und Portugal ihre Interessengebiete in Südamerika ab.		**1483 10. Nov.: Martin Luther wird in Eisleben geboren.**
1498 20. Mai: Der Portugiese Vasco da Gama († 1524) entdeckt den Seeweg nach Indien und landet in Calicut an der Malarbarküste.		

Orden, Heilige, Spiritualität

1467 16. Okt.: Der hl. Niklaus von der Flüe († 1487) verlässt als Fünfzigjähriger Familie und Hof und zieht in seine Einsiedlerklause nach Ranft bei Sachseln (Schweiz).

1474 Bekehrung der mystisch begabten heiligen Katharina von Genua († 1510).
1475 Der große Bußprediger Hieronymus Savonarola tritt in den Dominikanerorden ein.

1481 22. Dez.: Niklaus von der Flüe rettet durch seine Friedensvermittlung bei der **Tagsatzung** zu Stans die Einheit der Schweizer Eidgenossenschaft.

1498 23. Mai: Savonarola wird in Florenz mit Billigung Papst Alexanders VI. († 1503) als Ketzer verbrannt.

Kirche und Gesellschaft

1459 Die Synode von Moskau beschließt, dass der Metropolit von Kiew und ganz Russland nicht mehr der Zustimmung des Patriarchen von Konstantinopel bedarf, sondern nur der des Großfürsten von Moskau.

1471 9. Aug.: Der ehemalige General der Franziskaner, Kardinal Francesco Rovere, wird zum Papst Sixtus IV. († 1484) gewählt; mit ihm beginnt das **Renaissancepapsttum** und damit der Niedergang der päpstlichen Autorität. Er fördert die Kunst und die Wissenschaft und führt den **Nepotismus** als Instrument der kirchlichen Stellenbesetzung ein.
1474 Papst Sixtus IV. vermehrt durch das Dekret **Mare magnum** die Privilegien des Franziskanerordens.

1492 10. Aug.: Wahl des spanischen Kardinals Rodrigo de Borgia zum Papst Alexander VI. († 1503); mit ihm erreicht das Papsttum seinen religiösen und sittlichen Tiefstand.
Der Moskauer Metropolit Zosima erklärt **Moskau zum neuen Konstantinopel.**

Liturgie und kirchliches Leben

1456 Papst Kalixt III. († 1458) ordnet ein Mittagsläuten zum Angelus-Gebet in der Türkengefahr an.

1475 8. Sept.: Der Prior der Dominikanerkirche in Köln, Jakob Sprenger († 1495), errichtet die erste Rosenkranzbruderschaft in Deutschland.
1477 Papst Sixtus IV. († 1484) führt mit der Konstitution **Cum praeexcelsa** das Fest der **Unbefleckten Empfängnis Mariä** ein.
1478 Ausgabe der **Kölner-Bibel,** die auf die Vulgata zurückgeht.

1483 In Süddeutschland ist das Rosenkranzgebet in seiner heutigen Form mit insgesamt 15 Geheimnissen nachweisbar.
1484 5. Dez.: Papst Innozenz VIII. († 1492) gewährt in der sog. Hexenbulle **Summis desiderantes** den Inquisitoren umfangreiche Vollmachten bei der Hexenverfolgung.

Christliche Kunst und Musik

1463 Entstehung des Gemäldes **Der Totentanz** in der Marienkirche zu Lübeck, einige Teile gingen später in die Nikolaikirche nach Reval (Tallinn).

1475 In der sog. **Zweiten niederländischen Schule** bildet sich die **Motettenpassion** heraus, wo die Evangelienworte der Einzelpersonen vom mehrstimmigen Chor gesungen werden.
Entstehung des Gemäldes **Der Totentanz** in der Berliner Marienkirche.

1489 Veit Stoß († 1533) vollendet den Hochaltar der Marienkirche zu Kraków.

1490 Fertigstellung der Mariä-Verkündigungs-Kathedrale in Moskau.
1492 Fertigstellung des Domes zu Halberstadt.
1497 Leonardo da Vinci († 1519) vollendet »Das letzte Abendmahl«.

1498–1517

Weltgeschichte

1499 22. Sept.: Die Schweiz scheidet faktisch aus dem Reich aus, formell erst 1648.

1500 Der Portugiese Alvarez Cabral († 1526) entdeckt Brasilien.

1509 Beginn des Negersklavenhandels nach Amerika.
1510 Goa wird von den Portugiesen eingenommen und Zentrum der portugiesischen Herrschaft in Indien.

1513 Niccolò Machiavelli († 1517) verfasst sein staatspolitisches Werk **Der Fürst** (Il principe) und begründet damit die Machtpolitik.
1514 Jakob Fugger d. Jüngere († 1525) errichtet in Augsburg die **Fuggerei.**
1517 Die Osmanen erobern Ägypten und Syrien.

Glaubensverbreitung

1508 Spanien erhält vom Apostolischen Stuhl das Missionspatronat über die von ihm eroberten Gebiete Süd- und Mittelamerikas.
Santo Domingo wird erstes Bistum auf den westindischen Inseln.

um 1511 Auf den westindischen Antillen werden die ersten Bistümer errichtet.

1514 Der Apostolische Stuhl verleiht Portugal das Missionspatronat über die von ihm eroberten Gebiete Süd- und Mittelamerikas.

Glaubensentfaltung

1505 2. Juli: Martin Luther legt bei Stotternheim das Gelübde ab, in den Orden einzutreten.
17. Juli: Ordenseintritt Luthers bei den strengen Augustiner-Eremiten in Erfurt.
1507 3. April: Priesterweihe Martin Luthers in Erfurt.
1510/1511 Romreise und Doktorpromotion Martin Luthers.
1512 10. Mai: Papst Julius II. († 1513) eröffnet das XVIII. Ökumenische Konzil im Lateran (V. Laterankonzil).
Martin Luther wird Professor in Wittenberg.
1516 Der niederländische Humanist **Erasmus von Rotterdam († 1536) gibt das kritische Neue Testament in Griechisch** heraus.
1517 16. März: Beendigung des V. Laterankonzils.
Sommer: Turmerlebnis Martin Luthers: Aufgrund von Röm 1,17 rechnet der gerechte Gott dem wahrhaft Glaubenden durch das einmalige Verdienst Christi seine Sünden nicht an und macht ihn so gerecht.
31. Okt.: Martin Luther veröffentlicht seine 95 Thesen zum Ablass (sog. Thesenanschlag) und gibt damit den äußeren Anstoß zur Reformation in Deutschland.

Orden, Heilige, Spiritualität

1517 Papst Leo X. († 1521) teilt mit der Bulle **Ite vos in vineam** die Franziskaner endgültig in zwei selbständige Orden, die Observanten und die Konventualen.

Kirche und Gesellschaft

um 1510 Der russische Mönch Filofej aus Polozk entwickelt die These, dass **Moskau** nach dem Fall Konstantinopels 1453 das **Dritte Rom** sei.

1513 11. März: Kardinal Giovanni de Medici wird zum Papst Leo X. († 1521) gewählt.

1515 31. März: Papst Leo X. erlässt ein Ablassdekret zur Finanzierung des Neubaus der Peterskirche und eröffnet damit den in Deutschland mit zur Reformation führenden **Ablasshandel.**

1516 18. Aug.: Papst Leo X. und König Franz I. von Frankreich († 1547) heben in einem Konkordat die Pragmatische Sanktion von Bourges aus dem Jahre 1438 wieder auf.

Liturgie und kirchliches Leben

1517 Das V. Laterankonzil geht zu Ende, ohne dass die dort beschlossenen Reformen, besonders die der Residenzpflicht der Bischöfe, ernsthaft angegangen werden.

Christliche Kunst und Musik

1500 Fertigstellung der Schlosskirche in Wittenberg.
Albrecht Dürer († 1528) vollendet sein **Selbstbildnis.**
Michelangelo Buonarroti († 1564) stellt die **Pietà** in der Peterskirche in Rom fertig.

1501 Fertigstellung des Freiberger Domes mit seiner Tulpenkanzel.

1504 Albrecht Dürer malt **Adam und Eva** sowie **Die Anbetung der Heiligen Drei Könige.**

1506 Beginn des Neubaues der Peterskirche in Rom.

1511 Albrecht Dürer malt das **Wiener Allerheiligenbild.**

1512 Michelangelo vollendet die Deckengemälde in der Sixtinischen Kapelle.
Matthias Grünewald (eigtl. Niethardt) († 1528) vollendet den **Isenheimer Altar.**

1514 Raffaelo Santi (genannt Raffael; † 1520) übernimmt die Leitung des Neubaues der Peterskirche.

1516 Raffael malt die Sixtinische Madonna.

1517 Vollendung der Londoner **Westminster Abbay,** die sich seit dem 11. Jh. im Bau befindet.

III.

Die Kirche in der Epoche der Neuzeit (1517 bis 1789)

1. Das Zeitalter der Reformation, der Katholischen Reform und der Glaubenskämpfe (1517 bis 1648)

1517–1520

Weltgeschichte

1519 28. Juni: Wahl des Habsburgers Karl V. († 1558) zum deutschen Kaiser.
20. Sept.: Der portugiesische Seefahrer Fernão de Magalhães († 1521) startet zur ersten Weltumseglung.
Der Spanier Fernando Cortez († 1547) beginnt mit der Eroberung des Aztekenreiches in Mexiko.

1520 23. Oktober: Karl V. wird in Aachen zum Kaiser gekrönt.
Suleiman d. Prächtige († 1566) wird Sultan des Osmanischen Reiches.

Glaubensentfaltung

1518 Juni: In Rom wird gegen Martin Luther der Prozess auf Häresieverdacht eröffnet.
12.–14. Okt.: Martin Luther wird auf dem Reichstag zu Augsburg vom Kardinallegaten Jakob Cajetan de Vio († 1534) vernommen. Martin Luther verweigert jeglichen Widerruf.
28. Nov.: Martin Luther appelliert an ein Allgemeines Konzil.

1519 27. Juni–16. Juli: Auf der Leipziger Disputation mit dem Ingolstädter Theologen Johannes Eck († 1543) verwirft Martin Luther die Lehre vom Primat des römischen Papstes, die sakramentale Ordnung der Kirche wie die Irrtumslosigkeit der Ökumenischen Konzile.
Der Züricher Reformator **Ulrich Zwingli** (1484–1531) lernt Luthers Schriften kennen.

1520 15. Juni: Papst Leo X. († 1521) verurteilt in der Bulle **Exsurge Domine** 41 Sätze Martin Luthers als Irrlehre und droht ihm den Bann an.
August: Martin Luther veröffentlicht seine erste Streitschrift **An den christlichen Adel deutscher Nation von des christlichen Standes Besserung.** Der Kaiser und die Fürsten sollen die Reform in die Hand nehmen; Forderung einer vom Papst unabhängigen deutschen Kirchenleitung und ein deutsches Konzil.
Okt.: Martin Luther verfasst seine Streitschrift **Von der babylonischen Gefangenschaft der Kirche.** Er erkennt darin nur die Taufe und das Abendmahl – die Beichte nur bedingt – als Sakramente an, leugnet aber das Amtspriestertum und verwirft den hierarchischen Charakter der Kirche.
Nov.: In seiner Streitschrift **Von der Freiheit eines Christenmenschen** fasst Martin Luther seine Lehre über den Glauben, die Rechtfertigung und die Verdienstlichkeit der guten Werke zusammen. Dabei ist der Christ **jeder Dinge Herr, aber auch jedermanns Knecht.**
10. Dez.: Martin Luther verbrennt vor dem Elstertor in Wittenberg die Bannandrohungsbulle Papst Leos X. sowie die kirchlichen Rechtsbücher damit sagt er sich öffentlich von der römisch-katholischen Kirche los.

1521 3. Jan.: Papst Leo X. verhängt mit der Bulle »Decet Romanum Pontificem« über Martin Luther den Bann.
6. März: Kaiser Karl V. zitiert Martin Luther zum Reichstag nach Worms und sichert ihm freies Geleit zu.
16. April: Martin Luther trifft in Worms ein.

1520 Die Bautzener Kollegiatskirche (Domkirche) wird fortan bis heute als sog. **Simultankirche** sowohl von Katholiken als auch von Protestanten benutzt.

1520 Lucas Cranach d. Ältere († 1553) verfertigt sein **Lutherbildnis** als Kupferstich.

1520–1529

Weltgeschichte

1521 Kaiser Karl V. tritt in den I. Krieg mit König Franz I. von Frankreich († 1547).
1523 König Gustav I. Vasa († 1560) befreit Schweden von der dänischen Vorherrschaft und gründet den schwedischen Nationalstaat.
1524 Beginn des Deutschen Bauernkrieges unter der Führung u. a. von Thomas Müntzer († 1525), Florian Geyer († 1525) und Götz von Berlichingen († 1562).
1525 15. Mai: Nach der Niederlage der aufständischen Bauern in der **Schlacht bei Frankenhausen** wird Thomas Müntzer gefangen genommen und hingerichtet; damit ist der Bauernkrieg beendet.
1526 29. Aug.: Die Osmanen besiegen unter Sultan Suleiman d. Prächtigen († 1558) in der Schlacht bei Mohács König Ludwig II. von Böhmen und Ungarn († 1526).
Mit dem Frieden von Madrid wird der I. Krieg zwischen Karl V. und Franz I. beendet.
1526–1529 II. Krieg zwischen Karl V. und Franz I.
1527 6. Mai: **Sacco di Roma:** Die Soldaten Karls V. verwüsten Rom und führen das Ende des Renaissancepapsttums herbei.
1529 Sept.: Die türkischen Osmanen rücken bis vor Wien vor.

Glaubensverbreitung

1521 Weihe des ersten einheimischen Bischofs von Afrika.
1526 Markgraf Philipp I., der Großmütige († 1567) führt auf der Synode von Homburg in Hessen die Reformation ein.
1527 Kurfürst Johann Friedrich von Sachsen († 1554) führt die Reformation in Kursachsen ein; König Gustav I. Vasa führt sie in Schweden ein.

Glaubensentfaltung

17./18. April: Martin Luther verteidigt sich auf dem Reichstag zu Worms vor dem Kaiser.
8. Mai: Karl V. unterzeichnet das **Wormser Edikt,** mit dem über Martin Luther und seine Anhänger die **Reichsacht** verhängt wird.
25. Mai: Beendigung des Reichstags zu Worms.
Martin Luther hält sich bis März 1522 als **Junker Jörg** auf der Wartburg auf und übersetzt die Bibel ins zeitgemäße Deutsch. Beginn der ersten Klosteraustritte und Priesterehen.
1523 29. Jan./26.–29. Okt.: Der Stadtrat von Zürich veranstaltet eine Disputation Ulrich Zwinglis mit den **Altgläubigen,** nimmt daraufhin das Reformprogramm Zwinglis an und führt so die Reformation in Zürich ein.
1524 Martin Luther legt das Ordensgewand ab.
Erasmus von Rotterdam trennt sich von Luther.
1525 Juni: Martin Luther heiratet die ehemalige Zisterziensernonne Katharina von Bora († 1552).
1527 Markgraf Philipp I. von Hessen gründet die erste protestantische Universität in Marburg.
1529 1.–4. Okt.: Bei den Marburger Religionsgesprächen zwischen

Orden, Heilige, Spiritualität	Kirche und Gesellschaft	Liturgie und kirchliches Leben	Christliche Kunst und Musik
1521 20. Mai: Der hl. Ignatius von Loyola († 1556) wird bei der Verteidigung Pamplonas (Spanien) verwundet und erfährt auf dem Krankenlager in Manresa seine **Bekehrung.**			
	1522/1523 Auf den beiden **Reichstagen zu Nürnberg** entschuldigt sich **Papst Hadrian VI.,** der bis dahin letzte Nicht-Italiener als Papst († 1523), in einem **»Sündenbekenntnis«** für die Missstände an der Kurie und bietet Reformen an, die aber an der Kurialbürokratie scheitern.		
1523 Ignatius von Loyola beginnt mit der Aufzeichnung seiner **Exercitia spiritualia.**			
		1524 Frühjahr: Der II. Fürstentag zu Nürnberg setzt die Zahl der arbeitsfreien kirchlichen Feiertage auf insgesamt 35 fest. **1526 In Kursachsen wird die Deutsche Messe eingeführt.**	**1524** Tilman Riemenschneider († 1531) schnitzt die **Rosenkranz-Madonna** in Volkach. **1525** Hans Holbein der Jüngere († 1543) malt den **Totentanz von Reval.**
	1525 Mit dem Deutschen Bauernkrieg wird die Reformation immer mehr eine Angelegenheit der weltlichen Obrigkeit, welche faktisch die Kirchenleitung als **Notbischof** übernimmt; es kommt zur Bildung **lutherischer Landeskirchen.** **1525** 27. Aug.: Der **I. Reichstag zu Speyer** überlässt einstweilen die Regelung der Kirchenfragen den jeweiligen Landesherren. In Hessen und Sachsen werden lutherische Landeskirchen errichtet.		
			1528 Martin Agricola († 1556) verfasst mit seinem Werk **Eyn kurtz deudsche Musica** eine deutsche protestantische Musiklehre.
	1529 10. April: Auf dem II. Reichstag zu Speyer protestieren die lutherischen Landesfürsten gegen die beabsichtigte Aufhebung der Beschlüsse des I. Speyerer Reichstages und werden aufgrund dessen fortan »Protestanten« genannt.		

Weltgeschichte	Glaubensverbreitung	Glaubensentfaltung
		Luther und Zwingli kommt es zu keiner Einigung über das Abendmahlsverständnis.
		1530 25. Juni: Um die zwischen beiden Konfessionen strittigen Fragen zu beseitigen, wird die von Philipp Melanchthon, dem bedeutsamsten Berater Martin Luthers († 1560), ausgearbeitete »Confessio Augustana« auf dem Reichstag zu Augsburg verlesen. Sie stellt die wichtigste Bekenntnisschrift der Lutheraner dar und dient in der Gegenwart weitgehend als Grundlage für interkonfessionelle Gespräche.
1532 Das meistzitierte Werk des ital. Staatstheoretikers **Niccolò Machiavelli** († 1527), **Il principe** (Der Fürst), wird herausgegeben; mit der darin entfalteten **Machttheorie** wird die Moral der Politik untergeordnet, der Machtmissbrauch gerechtfertigt und damit eine Grundlage für den späteren Nationalsozialismus, Faschismus und Stalinismus geschaffen.		**Die zwinglianisch reformierten Reichsstädte Straßburg, Konstanz, Lindau und Memmingen verfassen wegen der Lehrunterschiede in der Abendmahlslehre ihre eigene Bekenntnisschrift, die sog. »Confessio Tetrapolitana«.** **3. Aug.: Als Antwort auf die Confessio Augustana wird die von Johannes Eck, Johannes Cochläus († 1552) und Johannes Fabri († 1541) ausgearbeitete katholische »Confutatio Pontificia« verlesen.**
1533 Der spanische Eroberer Francisco Pizzaro († 1541) zerstört das **Inkareich** Perus.	**1534** Goa wird als portugiesisches Bistum in Indien gegründet.	**1533–1534** Johannes Calvin († 1564) wendet sich der Reformation zu. **1534/1535 Johannes Calvin verfasst in Basel die »Institutio religio-**

1529–1534

Orden, Heilige, Spiritualität	Kirche und Gesellschaft	Liturgie und kirchliches Leben	Christliche Kunst und Musik
1530 Die Johanniter siedeln nach Malta über und nennen sich fortan **Malteser;** der einstige Ritterorden bleibt weiterhin eine geistliche Gemeinschaft von Laien, deren Hauptaufgabe die Krankenpflege ist.	**1530 30. Sept.: Beendigung des Reichstages zu Augsburg, ohne dass die strittigen Fragen zwischen beiden Konfessionen beigelegt werden können.** 20. Nov.: Der **Zweite Landfrieden von Kappel** schreibt die zwinglianische Reformation in der Schweiz fest.		
	1531 23. Febr.: Die protestantischen Reichsstände schließen sich gegen den Kaiser und die katholischen Stände zum **Schmalkaldischen Bund** zusammen.	**1531** In Loreto wird bereits die **Lauretanische Litanei** gebetet.	**1531** Antonio Allegri da Corregio († 1534), der von der Renaissance zum Barock überleitet, malt **Die Heilige Nacht.**
	1532 23. Juli: Im **Nürnberger Religionsfrieden** erhalten die Protestanten wegen der akuten Türkengefahr bis zur Einberufung eines Ökumenischen Konzils vorläufig freie Religionsausübung.	**1532** Kaiser Karl V. († 1556) verfügt, künftig Zauberei und Hexerei notfalls unter Anwendung der Folter als Kriminaldelikt zu verfolgen.	
	1533 25. Jan.: Erzbischof Thomas Cranmer von Canterbury († 1556) traut König Heinrich VIII. von England († 1547) mit dessen Hofdame Anna Boleyn († 1536). 23. Mai: Erzbischof Thomas Cranmer löst eigenmächtig die Ehe Heinrichs VIII. mit Katharina von Aragón († 1536). 11. Juni: Papst Clemens VII. († 1534) droht Heinrich VIII. die Exkommunikation an.		**1533** Michelangelo malt **Das Jüngste Gericht.** Der französische Komponist Clément Janequin († um 1560) vertont seine Motetten **Sacrae canones,** die später gedruckt werden.
1534 15. Aug.: Ignatius von Loyola legt auf dem Montmartre in Paris die ewigen Gelübde ab.	**1534 3. Nov.: König Heinrich VIII. von England erlässt die Supremats-**	**1534 Ausgabe der ersten vollständigen Luther-Bibel.**	

Weltgeschichte	Glaubensverbreitung	Glaubensentfaltung
1536 Die Spanier gründen Buenos Aires in Argentinien. **1536–1544** III. und IV. Krieg zwischen Karl V. und Franz I. **1538** Beginn der Eroberung Boliviens durch die Spanier.	**1535** Herzog Ulrich von Württemberg († 1550) führt die Reformation in Württemberg ein. **1536** König Christian III. von Dänemark († 1559) führt mit der von Johannes Bugenhagen († 1558) verfassten Kirchenordnung die Reformation in Dänemark ein.	**nis Christianae als Grundlage der reformierten Konfession« (Calvinismus).** **1536** Juli/Aug.: Der Reformator Wilhelm Farel († 1565) bittet Johannes Calvin, die Reformation in Genf zu unterstützen. Calvin wird Pfarrer und Prediger der Stadt.
1541 Der franz. Seefahrer Jacques Cartier († 1557) führt Kolonisten an den St. Lorenz-Strom in Kanada.		**1537** 16. Jan.: Johannes Calvin legt dem Genfer Stadtrat seine Gemeindeordnung vor und verfasst einen Katechismus. **1541** Johannes Calvin verfasst die sog. **Ordonnances ecclesiastiques** (Calvinische Kirchenordnung), die presbyteranisch-demokratischen Charakter trägt und die Ämter des Pastors, Lehrers, Ältesten und Diakons für die Gemeinde vorsieht.
1542 König Heinrich VIII. von England († 1547) nimmt den Titel eines **Königs von Irland** an.	**1542** Der hl. Franz Xaver kommt als päpstlicher Legat nach Indien.	
1543 Der niederländische Arzt Andreas Vesalius († 1564) begründet mit seinem Buch **De humani corporis fabrica** die medizinische Anatomie der Neuzeit. Der polnische Astronom und Domherr von Frauenburg (Frombork), **Nikolaus Kopernikus († 1543)**, legt in seinem Buch **De revolutionibus orbium coelestium** das **heliozentrische Weltbild** dar.	**1543** Gründung eines Priesterseminars zur Ausbildung eines einheimischen Klerus in Goa.	**1542** 21. Juli: Papst Paul III. († 1549) richtet als Maßnahme der sog. **Gegenreformation** mit der Bulle **Licet ab initio** das **Heilige Offizium** als römische Kardinalskommission ein. **1545 13. Dez.: Auf Betreiben Kaiser Karls V. eröffnet Papst Paul III. das XIX. Ökumenische Konzil in Trient mit der Ersten Sitzungsperiode bis 1548.**
1544 18. Sept.: Der **Friede von Crépy** beendet den letzten Krieg zwischen Karl V. und Franz I.	**1546** Lima wird Erzbistum und Zentrum der Südamerikamission.	**1546** 18. Febr.: Martin Luther stirbt in Eisleben.

1534–1546

Orden, Heilige, Spiritualität

1535 6. Juli: Der hl. Thomas Morus, englischer Lordkanzler König Heinrichs VIII. († 1547), wird wegen Verweigerung des sog. Suprematseides hingerichtet.
2. Nov.: Die hl. Teresa von Ávila, auch Theresia von Jesus, († 1582) tritt in das Karmelitinnenkloster **De la Incarnación** in Ávila (Spanien) ein.
Die hl. Angela Merici († 1540) gründet in Brescia (Oberitalien) die Gemeinschaft der **Ursulinen.**

1537 24. Juli: Ignatius von Loyola und Franz Xaverius († 1552) werden in Venedig zu Priestern geweiht.

1540 27. Sept.: Papst Paul III. († 1549) bestätigt mit der Bulle »Regimini militantis Ecclesiae« den Orden der Gesellschaft Jesu (Societas Jesu) oder auch Jesuitenorden genannt.
Der hl. Johannes von Gott († 1550) gründet in Granada (Spanien) die Gemeinschaft der **Barmherzigen Brüder** zur Krankenpflege.
1543 Mai: Der **hl. Petrus Canisius († 1597)** tritt als erster Deutscher in den Jesuitenorden ein.
1544 Mit Petrus Canisius wird in Köln die erste deutsche Niederlassung der Jesuiten gegründet.

Kirche und Gesellschaft

akte, wodurch er sich zum Oberhaupt der Kirche von England macht; die Glaubenslehre bleibt unangetastet katholisch.
Aus den Niederlanden kommen die ersten **Wiedertäufer** nach Münster.

1535 25. Juni: Vernichtung der Wiedertäufer in Münster.

1536 Säkularisierung der Klöster in England.

1541 Calvins Kirchenordnung wird in Genf Stadtgesetz; damit wird die Reformation in Genf offiziell eingeführt.

1546 Kaiser Karl V. eröffnet zur Niederwerfung der verbündeten protestantischen Reichsstände gegen Kurfürst Johann Friedrich von Sachsen († 1554) und Markgraf Philipp von Hessen († 1567) den sog. **Schmalkaldischen Krieg.**

Liturgie und kirchliches Leben

1539 Im Straßburger Münster wird erstmals der **Weihnachtsbaum** aufgestellt.

1541 Herausgabe der schwedischen Bibelübersetzung des lutherischen Erzbischofs Laurentius Petri von Uppsala († 1573).

1544 Martin Luther gibt seine Predigten in Form der **Hauspostille** heraus.
Martin Luther weiht als erste protestantische Kirche die Schlosskapelle Hartenfels in Torgau ein.

Christliche Kunst und Musik

1538 Baubeginn der Kathedrale von Málaga im Stil der spanischen Hochrenaissance.

1543 Tizian (eigtl. Tiziano Vecelino) († 1576) malt **Ecce homo** und das **Bildnis Papst Pauls III.**

1545 Martin Luther gibt seine **Kirchenlieder – Ausgabe Letzter Hand** heraus.
1546 Lucas Cranach d. Ältere († 1553) porträtiert Martin Luther und schafft damit ein **authentisches Lutherbildnis.**

Weltgeschichte	Glaubensverbreitung	Glaubensentfaltung
		8. April: Das Konzil von Trient verabschiedet das Dekret über die Schrift und die Tradition als die beiden Quellen des Glaubens. 17. Juni: Verabschiedung des Erbsündendekretes.
1547 16. Jan.: Iwan IV., der Schreckliche († 1584), wird zum **ersten russischen Zaren** gekrönt.		**1547** 13. Jan.: Verabschiedung des Rechtfertigungsdekretes. 3. März: Verabschiedung des Dekretes über die Sakramente im Allgemeinen, über die Taufe und die Firmung. 11. März: Verlegung des Konzils von Trient nach Bologna.
	1549 Der hl. Franz Xaver reist nach Japan. Die Jesuiten beginnen ihre Mission in Brasilien und wirken dabei auch zum Schutz der dortigen Indianer; als Ersatz werden Negersklaven eingeführt.	**1549** 14. Sept.: Papst Paul III. suspendiert das Konzil. Das unter Anleitung des von König Eduard VI. († 1553) nach England gerufenen Straßburger Reformators Martin Butzer († 1551) von Erzbischof Thomas Cranmer von Canterbury († 1558) für die anglikanische Kirche verfasste **Book of Common Prayer** enthält weder den katholischen Opfercharakter der Messe, noch das Weihepriestertum im Ordinationsritus.
	1551 Gründung des Bistums Salvador de Bahia für die portugiesische Mission Brasiliens.	**1551** 1. Mai: Papst Julius III. († 1555) eröffnet die **Zweite Sitzungsperiode** des Konzils wieder in Trient. 11. Okt.: Verabschiedung des Eucharistiedekretes. 25. Nov.: Verabschiedung des Dekretes über das Bußsakrament und die Krankensalbung.

Orden, Heilige, Spiritualität	Kirche und Gesellschaft	Liturgie und kirchliches Leben	Christliche Kunst und Musik
	1547 24. April: Karl V. und der protestantische Herzog Moritz von Sachsen († 1553), der Schwiegersohn des Markgrafen Philipp I. von Hessen († 1567), besiegen in der **Schlacht bei Mühlberg an der Elbe** den **Schmalkaldischen Bund.** Herzog Moritz von Sachsen erhält daraufhin die Kurwürde.	**1547** In Spanien wird erstmals das **Rosenkranzfest** gefeiert.	**1547** Michelangelo wird Baumeister der Peterskirche in Rom. Die Anzahl der Kirchentonarten wird von acht auf zwölf erhöht.
1548 Ignatius von Loyola gibt seine endgültig überarbeiteten **Exercitia spiritualia** heraus, die von Papst Paul III. († 1549) bestätigt werden.	**1548** 30. Juni: Den Protestanten wird auf dem **Geharnischten Reichstag zu Augsburg** einstweilen der **Laienkelch und die Priesterehe** zugestanden.		
	1549 Durch den sog. **Consensus Tigurinus** schließt sich die zwinglianische Kirchenleitung Zürichs unter Heinrich Bullinger († 1575) dem Calvinismus an; die Kirchenverfassung der deutschsprachigen Schweiz bleibt aber weiterhin zwinglianisch.	**1549** In Paris wird die erste Generalsynode der **Reformierten Kirche** abgehalten.	**1550** In der deutschen Musik ist die mehrstimmige Choralmotette bereits weit verbreitet.

1552–1555

Weltgeschichte	Glaubensverbreitung	Glaubensentfaltung
	1552 3. Dez.: Der hl. Franz Xaver stirbt auf der Insel Sanchian vor China.	**1552** 21. Jan.: Die auf dem Konzil erschienenen protestantischen Abgesandten aus Sachsen, Brandenburg, Württemberg und der Stadt Straßburg fordern die Rücknahme der bisher erlassenen Dekrete sowie die Loslösung des Konzils vom Papst. 28. April: Der sog. Fürstenaufstand in Deutschland bringt das Konzil von Trient vorläufig zum Erliegen.
	ab 1553 Beginn der Zwangsrekatholisierung Englands unter Königin Maria Tudor († 1558), die 273 Hinrichtungen vollstrecken ließ.	**1553 Die von Erzbischof Thomas Cranmer verfassten 42 Glaubensartikel der anglikanischen Kirche enthalten katholische (Credo, Heiligenverehrung, Zeremonien), calvinisch-reformierte (Abendmahls- und Prädestinationslehre) und mit der Beibehaltung des bischöflichen Amtes auch eigenständige Elemente.**
um 1555 Spanien steigt zur führenden Kolonialmacht auf.		**1555 25. Sept.: Der Abschiedsbeschluss des Reichstages zu Augsburg, der sog. »Augsburger Religionsfrieden«, beendet den Glaubenskrieg der Reformationszeit und schreibt in Deutschland die Glaubensspaltung fest.** Der hl. Petrus Canisius, der **erste deutsche Jesuit** und **zweite Apostel Deutschlands** († 1597), gibt seinen **gegenreformatorischen Katechismus** heraus.

Orden, Heilige, Spiritualität	Kirche und Gesellschaft	Liturgie und kirchliches Leben	Christliche Kunst und Musik
1552 Der hl. Philipp Neri († 1592) gründet in Rom das Oratorium als Priestergemeinschaft für die Seelsorge.	**1552** Aug.: König Ferdinand, der Bruder des Kaisers († 1564) und dessen Nachfolger, kommt mit den protestantischen Reichsständen im **Passauer Vertrag** überein, ihnen bis zum nächsten Reichstag die freie Religionsausübung zu gestatten. Nachdem sich Kurfürst Moritz von Sachsen († 1553), der als Protestant im Schmalkaldischen Krieg (1546 bis 1547) auf Seiten Karls V. gegen die protestantischen Reichsstände gekämpft hat, nun zusammen mit König Heinrich II. von Frankreich († 1549) gegen den Kaiser verbündet, erhebt sich die protestantische Fürstenopposition im sog. **Fürstenaufstand** gegen Karl V. und zwingt ihn zur Flucht nach Innsbruck.		
1553 Die hl. Teresa von Ávila hat ihre ersten mystischen Visionen.	**1553** König Eduard VI. von England († 1553) führt das **Book of Common Prayer** als offizielles Gebetbuch der anglikanischen Kirche ein und erklärt die 42 Glaubensartikel zum Staatsgesetz. Damit ist die Reformation in England abgeschlossen.		
	1555 25. Sept.: Der sog. »Augsburger Religionsfrieden« erkennt die Lutheraner (Protestanten) offiziell als die zweite christliche Konfession in Deutschland an. Der Landesherr bestimmt nach dem Prinzip »Cuius regio, eius religio« die jeweilige Konfession in seinem Gebiet.		**1555** Beginn des Baus der **Basilius-Kathedrale** in Moskau. Tizian malt **Die Jünger von Emmaus.** Giovanni Pierluigi da Palestrina († 1594) komponiert die **Missa Papae Marcelli.** Valentin Triller († 1573) gibt das **Schlesische Singbüchlein,** eine Sammlung protestantischer Kirchenlieder in mehrstimmigem Satz, heraus.

Weltgeschichte

1556 12. Sept.: Karl V. dankt als deutscher Kaiser ab. Nachfolger wird sein Bruder Ferdinand I. († 1564).
1557 China tritt offiziell die Herrschaft über **Macao** an Portugal ab.

1559 30. März: Tod des deutschen Mathematikers Adam Riese (eigtl. Ries), des Verfassers der ersten deutschen Rechenbücher.

1564 25. Juli: Tod Kaiser Ferdinands I.; sein Nachfolger wird Maximilian II. († 1576).
1566 Aufstand der Niederlande unter Lamoraal Graf von Egmont und Wilhelm von Oranien († 1584) gegen die spanische Vorherrschaft.
1568 19. Mai: Königin Maria Stuart von Schottland wird wegen ihres Anspruchs auf die englische Krone von Königin Elisabeth I. von England († 1603) gefangen genommen.
5. Juni: Graf Egmont wird in Brüssel hingerichtet.

Glaubensverbreitung

1559 Beginn der calvinistischen Reformation Schottlands unter John Knox († 1572).

1560 John Knox gründet die calvinistisch ausgerichtete **Schottische Nationalkirche.**

nach 1564 Der Protestantismus erlangt mit 70 % der Gesamtbevölkerung seine größte Ausbreitung in Deutschland und Österreich.

1566 Der hl. Papst Pius V. († 1572) gibt für die Pfarrer den **Catechismus Romanus** heraus.

Glaubensentfaltung

1559 5. April: Johannes Calvin gründet in Genf die theologische Hochschule der reformierten Konfession.
1562 18. Jan.: Papst Pius IV. († 1565) eröffnet die **Dritte Sitzungsperiode** des Konzils von Trient.
16. Juli: Verabschiedung des Dekretes über die heilige Kommunion unter einer Gestalt und der Kinderkommunion.
17. Sept.: Verabschiedung des Messopferdekretes.
1563 15. Juli: Verabschiedung des Dekretes über das Weihesakrament.
11. Nov.: Verabschiedung des Dekretes über das Ehesakrament **Tametsi.**
3. Dez.: Verabschiedung der Dekrete über das Fegefeuer, die Anrufung und Verehrung der Heiligen, der Reliquien- und Bilderverehrung.
4. Dez.: Abschluss des Konzils von Trient.
1564 26. Jan.: Papst Pius IV. bestätigt sämtliche Dekrete des Trienter Konzils mit der Bulle **Benedictus Deus.** Das Heilige Offizium gibt einen **Index** der sog. **verbotenen Bücher** heraus.

1555–1570

Orden, Heilige, Spiritualität	Kirche und Gesellschaft	Liturgie und kirchliches Leben	Christliche Kunst und Musik
	1559 Juni: Königin Elisabeth I. von England († 1603) erlässt die **Uniformitätsakte,** schafft dabei die katholische Messe ab und stellt die Kirchenordnung König Eduards VI. wieder her. **1560** Das Parlament Schottlands errichtet die **Schottische Nationalkirche.** **1562 1. März: Das Blutbad von Vassy löst die bis 1598 andauernden acht Hugenottenkriege aus.**	**1557 Erscheinen des ersten »Päpstlichen Index«.** **1563** Das Konzil von Trient erlässt in der III. Sitzungsperiode wichtige Reformdekrete, u. a. über die Residenz- und Visitationspflicht der Diözesanbischöfe, die Residenzpflicht der Pfarrer sowie die Errichtung **bischöflicher Priesterseminare. Im Dekret »Tametsi« vom 11. Nov. 1563 wird künftig eine katholische Ehe nur dann als rechtsgültig geschlossen anerkannt, wenn sie vor dem Pfarrer und zwei Zeugen geschlossen wird.**	**1563** Bei Madrid beginnt der Bau des Kloster-Schlosses **El Escorial.**
1563 7. Dez.: Der hl. Karl Borromäus († 1591) wird zum Erzbischof von Mailand geweiht und gilt wegen seiner zukunftsweisenden Pastoral als der **große Tridentinische Reformbischof.**	**1563** Die auf 38 Artikel reduzierten anglikanischen Glaubensartikel werden erneut Staatsgesetz und der Suprematseid verpflichtend. **1564** Der dem Protestantismus nahestehende deutsche Kaiser Maximilian II. († 1576) lässt die Beschlüsse des Konzils von Trient nicht im Reich veröffentlichen.	**In Rom entstehen die ersten Marianischen Kongregationen.** **1567** Der Dekan des Bautzener Kollegiatstiftes und Geistliche Generalkommissar für die Lausitz, Johann Leisentrit († 1586), gibt ein katholisches Gebet- und Gesangbuch in deutscher Sprache heraus, womit die katholische Volksfrömmigkeit nach der Reformation nachhaltig beeinflusst wird.	
	1570 8. Aug.: Durch das **Edikt von St. Germain-en-Laye** erhalten die Hugenotten in Frankreich eine auf zwei Jahre befristete und in ihrer Ausübung begrenzte Religionsfreiheit.	**1568 Papst Pius V. († 1572) gibt das vom Trienter Konzil beschlossene »Römische Brevier« heraus.** **1570 Papst Pius V. gibt mit der Bulle »Quo primum« das bis zum II. Vatikanischen Konzil weitgehend gebräuchliche »Missale Romanum« heraus.**	**um 1570** Höhepunkt der **A-cappella-Vokalpolyphonie.**

Weltgeschichte

1571 **7. Okt.: Die Heilige Liga vernichtet in der Seeschlacht bei Lepanto die osmanische Flotte.**
1573 Spanien beendet die Eroberung der Philippinen.
1579 23. Jan.: Bildung der Generalstaaten der Niederlande in der Union von Utrecht.

1580 Durch die Vereinigung von Spanien und Portugal zur Personalunion erlangt Spanien den Höhepunkt seiner Macht.
1581 Die Niederlande sagen sich endgültig von der Vorherrschaft Spaniens los.
Beginn der Kolonisierung Sibiriens.
1584 Der englische Seefahrer Walter Raleigh († 1618) gründet **Virginia** als die erste englische Kolonie in Nordamerika.
1587 8. Febr.: Hinrichtung der schottischen Königin Maria Stuart.
In Venedig wird mit der **Rialto-Bank** die erste öffentliche Girozentrale eröffnet.

Glaubensverbreitung

1576 Errichtung des Bistums **Hongkong** für China und Japan; ebenso wird **Macao**, das bereits seit 1557 ein Stützpunkt für die Mission im Fernen Osten ist, durch die Abtrennung von Malakka zum Bistum der portugiesischen Überseekolonie erhoben.

1580 Der italienische Jesuit und Chinamissionar Matteo Ricci († 1610) wird in Goa zum Priester geweiht.

1582 Matteo Ricci reist nach Macao ab.
Buenos Aires wird Bistum.

1588 Funay wird als erstes japanisches Bistum gegründet.

1593 Der Hugenottenkönig von Frankreich, Heinrich IV. von Navarra († 1610), tritt wieder zum katholischen Glauben über.

Glaubensentfaltung

1576 Der hl. Robert Bellarmin († 1621) lehrt auf Wunsch Papst Gregors XIII. († 1585) in Rom Kontroverstheologie und verfasst seine **Disputationen über die Kontroversen des christlichen Glaubens.**

1588 Juni: Der spanische Jesuit Luis de Molina († 1600) beendet sein Werk **Über den freien Willen des Menschen und die göttliche Vorsehung,** womit er das Gnadensystem des sog. **Molinismus** begründet und den sog. **Gnadenstreit** mit veranlasst.
ab 1588 Beginn der Herausgabe der von Kardinal Caesar Baronius († 1607) zusammengetragenen 12-bändigen **Annales ecclesiastici**, der bis dahin umfangreichsten quellenmäßigen Darstellung der Kirchengeschichte.
1590 1. März: Papst Sixtus V. († 1590) erklärt die vom hl. Hieronymus übersetzte Bibel in revidierter Fassung als den einzig authentischen Bibeltext **(Vulgatatext)**.
1592 Der spanische Jesuit Francisco de Suárez († 1617) schreibt seine geschlossene Darstellung der **Metaphysik**, die auch auf die großen protestantischen Hochschulen in Deutschland und Holland großen Einfluss ausübt.

Orden, Heilige, Spiritualität

1572 Der hl. Johannes vom Kreuz, der **maßgebliche Lehrer der mystischen Theologie** († 1591), beginnt seine Tätigkeit als Spiritual im Karmelitinnenkloster der hl. Teresa von Ávila und betreibt mit ihr zusammen die Reform des Karmelordens.
1578 Karl Borromäus gründet die Priestergemeinschaft der sog. **Oblaten.**

1580 22. Juni: Papst Gregor XIII. († 1585) erkennt mit dem Breve **Pia Consideratione** die von Johannes vom Kreuz und Teresa von Ávila durchgeführte Reform des Karmelordens an und trennt als neuen strengen Ordenszweig die sog. **Unbeschuhten Karmeliten** von den **Beschuhten Karmeliten.**
1584 2. Nov.: Der hl. Aloysius von Gonzaga (Spanien) († 1619) verzichtet feierlich auf seinen Erbbesitz wie auf seine adligen Erbrechte und tritt in Rom in den Jesuitenorden ein.
Der hl. Kamillus von Lellis († 1614) gründet die Gemeinschaft der **Kamillianer** zur Pflege Schwerkranker und Sterbender.

Kirche und Gesellschaft

1572 23./24. Aug.: In der sog. »Bartholomäusnacht« gibt die französische Königinmutter Katharina von Medici († 1589) mit Zustimmung ihres Sohnes, König Karls IX. († 1574), den Befehl, ca. 3000 Hugenotten einschließlich ihrer Führer, u. a. Admiral Coligny, zu ermorden.

1589 Moskau wird unter der Regierung des noch nicht zum Zaren gewählten Boris Godunow († 1605) ein von Konstantinopel unabhängiges Patriarchat.

Liturgie und kirchliches Leben

1571 Auf den am 7. Okt. bei Lepanto errungenen Seesieg der Heiligen Liga über die Osmanen geht im Wesentlichen das Rosenkranzfest am 7. Okt. zurück.
1572 Die kursächsisch-protestantische Gerichtsordnung verfügt die Verbrennung von Personen, die mit dem Teufel im Bunde stehen.

1580 Papst Gregor XIII. († 1585) leitet die vom Trienter Konzil angeregte Sammlung des bis dahin vorhandenen Kirchenrechts im **Corpus Iuris Canonici** ein.
1582 Papst Gregor XIII. reformiert den bis dahin gültigen Julianischen Kalender, indem er anordnet, dass in diesem Jahr auf den 4. Okt. unmittelbar der 15. Okt. folgt, und schafft damit den heute weitgehend auch im zivilen Bereich gültigen **Gregorianischen Kalender**. Die Ostkirche richtet sich weiterhin nach dem Julianischen Kalender.

Christliche Kunst und Musik

1573 Fertigstellung der römischen Jesuitenkirche al Gesù im italienischen Barockstil.

1577 Eröffnung der **Academia di San Luca** in Rom, der ältesten noch bestehenden Malerakademie.

1584 Der niederländische Komponist Orlando di Lasso († 1592) vertont sieben fünfstimmige **Bußpsalmen**
1586 Lucas Osiander († 1604) fördert mit seinem Buch **50 geistliche Lieder also gesetzt, dass ein gantz christliche Gemein daraus mitsingen kann** den evangelischen Gemeindegesang.

1590 Vollendung der Kuppel der Peterskirche in Rom.

1594 – 1610

Weltgeschichte

1595 Beginn der niederländischen Kolonisation in Ostindien.

1598 13. Sept.: Mit dem Tod König Philipps II. beginnt der Niedergang Spaniens als Weltmacht.
Boris Godunow († 1605) wird zum russischen Zaren gewählt.

1600 31. Dez.: Mit der Gründung der **East-India-Company** entwickelt sich England zur Kolonialmacht.
1601 England unterwirft Irland.
1602 Die Niederländer gründen die Kapkolonie in Südafrika, die 1806 an die Engländer übergeht.
1603 Frankreich etabliert sich in Kanada.

1608 Gründung der französischen Kolonie Quebec in Kanada;
in Deutschland gehört die Prügelstrafe mit zur Schulordnung;
in den Niederlanden kommen die als »Kassiererbriefe« deklarierten Schecks als Zahlungsmittel in Umlauf.

Glaubensverbreitung

1595 Gründung des Erzbistums Manila auf den Philippinen.
1597 In Nagasaki werden 26 Christen durch Kreuzigung hingerichtet.
1599 Die sog. **Thomas-Christen** Indiens schließen sich der römisch-katholischen Kirche an.

1606 Der italienische Jesuit Robert de Nobili († 1656) bringt in China das sog. **Akkomodationssystem** zur Anwendung, wonach es den Christen gestattet ist, u.a. die Ahnen und den chinesischen Religionsphilosophen Konfuzius († um 479 v. Chr.) zu verehren.
1609 In Paraguay wird der sog. **Jesuitenstaat** gegründet; die dort lebenden Indianer erhalten eine begrenzte Autonomie und wenden in der Wirtschaft bereits sozial ausgerichtete Produktionsweisen und Organisationsformen an.

1610 Südamerika zählt 5 Erzbistümer, 27 Bistümer und ca. 400 Klöster.

Glaubensentfaltung

ab 1594 Der französische Rechtsgelehrte Pierre Pithou († 1596) gibt sein Werk **Über die Freiheiten der gallikanischen Kirche** heraus und schafft damit die Grundlage für den späteren **Gallikanismus,** der die päpstliche Gewalt für Frankreich beschneidet.
1597 Robert Bellarmin gibt seinen kleinen Katechismus heraus.
1598 Robert Bellarmin gibt seinen großen, für Katecheten bestimmten Katechismus heraus.
1599 Mit der Errichtung eines Lehrstuhles für **Gewissensfälle** beim Studium der Jesuiten in Rom beginnt sich die **Moraltheologie** zu einer eigenen theologischen Disziplin zu entwickeln.

1607 5. Sept.: Papst Paul V. († 1621) beendet den sog. »Gnadenstreit« zwischen den Dominikanern und den Jesuiten über die Freiheit des Menschen und das Vorhersehen und Vorherwirken des allmächtigen Gottes, indem er beide Erklärungsversuche, den Thomismus der Dominikaner und den Molinismus der Jesuiten, zulässt.

Orden, Heilige, Spiritualität	Kirche und Gesellschaft	Liturgie und kirchliches Leben	Christliche Kunst und Musik

Orden, Heilige, Spiritualität

1606 Der strenggläubige Lutheraner und spätere Generalsuperintendent Johann Arndt († 1621) verfasst seine berühmten **Vier Bücher vom wahren Christentum,** worin er in Rückgriff auf die Mystik des hl. Bernhard von Clairvaux, Johannes Tauler sowie Thomas von Kempen den **Pietismus,** eine gegenüber der strengen lutherischen Orthodoxie mehr gefühlsbetonte, biblisch ausgerichtete und sozialtätige **Frömmigkeitsform des Protestantismus,** vorbereitet.

1608 Der hl. Franz von Sales, Bischof von Genf-Annecy († 1622), verfasst sein berühmtes Buch »Philothea« über die Einführung in das geistliche Leben und zeigt darin erstmalig das Heiligkeitsideal für den Weltlaien auf.

1609 Die Engländerin Mary Ward († 1645) gründet nach dem Vorbild der Jesuiten in Saint Omer die Gemeinschaft der **Englischen Fräulein,** die nach einer festen Regel ohne Klausur und ohne eigentliche Ordenstracht mitten in der Welt leben.

1610 Die hl. Johanna Franziska von Chantal († 1641) gründet die Gemeinschaft **Von der Heimsuchung Mariens,** die späteren **Salesianerinnen,** zur Krankenpflege wie zur Mädchenerziehung.

Kirche und Gesellschaft

1595 23. Dez.: In der **Union von Brest-Litowsk** tritt ein Teil der Ukrainer unter Beibehaltung des byzantinischen Ritus und des Ostkirchenrechtes zur katholischen Kirche über.

1598 30. April: Der Bourbonen-König Heinrich IV. von Navarra († 1610) gesteht im **Toleranzedikt von Nantes** den Hugenotten wieder eine begrenzte Religionsfreiheit zu.

1608 14. Mai: Gründung der **Protestantischen Union** als Verteidigungsbündnis der süddeutschen protestantischen Reichsstände unter Führung der Kurpfalz.

1609 10. Juli: Gründung der **Katholischen Liga** unter Führung Herzog Maximilians v. Bayern († 1651).

Liturgie und kirchliches Leben

1601 Papst Clemens VIII. († 1605) beschränkt die vorhandenen Litaneien auf die Allerheiligenlitanei und die Lauretanische Litanei.

1603 Gründung der **Päpstlichen Akademie (Accademia dei Lincei)** in Rom.

Christliche Kunst und Musik

1600 Der spanische Maler griechischer Herkunft Dominikos Theotokópulos, genannt »El Greco« († 1614) malt **Die Auferstehung**; er gilt als der **letzte Gotiker.**
Emilio de Cavallieri († 1602) schafft mit seinem Werk **Ansprache der Seele an den Körper** das **erste Oratorium.**

1610 Der Niederländer Peter Paul Rubens († 1640) gestaltet das dreiteilige Altargemälde **Die Kreuzerhöhung** im Dom von Antwerpen.
Claudio Monteverdi († 1643) komponiert die **Marienvesper,** eine italienische Kirchenmusik im Stil der florentinischen Oper.

Weltgeschichte	Glaubensverbreitung	Glaubensentfaltung
1613 Michael Romanow († 1645) wird zum russischen Zaren gewählt. William Shakespeare, der **größte europäische Dramatiker seit der Antike** († 1616), schreibt sein Stück **Heinrich VIII.**	**1614** Beginn der Christenverfolgung in Japan unter Shogun Tokugawa leyasu († 1616).	
1618 **23. Mai: Der Zweite Prager Fenstersturz löst den Dreißigjährigen Krieg aus.**	**1615** Papst Paul V. († 1621) erlaubt für die Feier der heiligen Messe in China den Gebrauch der chinesischen Sprache.	**1616** Das Hl. Offizium verurteilt die von Nikolaus Kopernikus († 1543) vertretene Lehre über die Bewegung der Erde um die Sonne und indiziert dessen Werke.
1620 16. Sept.–21. Nov.: Auswanderung der **Puritaner** (Pilgrim Fathers) nach Nordamerika.	**1622** **22. Juni: Papst Gregor XV. († 1623) errichtet für die Weltmission die »Congregatio de propaganda fide« (die sog. Missionskongregation).**	
1624 Kardinal Armand Jean du Richelieu († 1642) übernimmt die Regierungsgeschäfte in Frankreich und baut den **französischen Absolutismus** auf.	**1622** Paris wird zum Erzbistum erhoben.	**1624** Der englische Philosoph Herbert von Cherbury († 1648) begründet in seinem Werk **De veritate** den sog. **Deismus** als eine natürlich moralische Vernunftreligion, nach der Gott ohne Offenbarung und ohne jeglichen Bezug zur Welt lediglich als **Produkt der menschlichen Vernunft** existiert.
1625 König Christian IV. von Dänemark († 1648) greift in den Dreißigjährigen Krieg ein und löst den **Niedersächsisch-Dänischen Krieg** aus. Der niederländische Rechtsgelehrte Hugo Grotius († 1645) begründet mit seinem Werk **De iure belli et pacis** das **Völkerrecht.**		
1627 Heinrich Schütz († 1672) komponiert die erste deutsche Oper **Daphne.**	**1627** Papst Urban VIII. († 1644) fügt der Missionskongregation das sog. **Collegium Urbanum** als eigenes, zur Ausbildung von Missionaren bestimmtes Priesterseminar hinzu.	
1630 König Gustav II. Adolf von Schweden greift in den Dreißigjährigen Krieg ein und löst so den **Schwedischen Krieg** aus.		

1610–1631

Orden, Heilige, Spiritualität

1611 Der französische Priester Pierre de Bérulle († 1629 als Kardinal) gründet das **Französische Oratorium**, das sich besonders der Erziehung des Klerus widmet; auf Pierre Bérulle geht fernerhin auch die Gründung der sog. **École Française** zurück, eine priesterliche Spiritualität, die hauptsächlich vom Geheimnis des Mensch gewordenen Christus geprägt ist.
1617 24. Aug.: Tod der hl. Rosa von Lima, der **ersten Heiligen Südamerikas.**
1618 Der hl. Josaphat († 1623), der sich sehr um einen Dialog zwischen der römisch-katholischen und der russischen orthodoxen Kirche bemüht hat, wird Erzbischof von Polozk.
1623 Der evangelische Schuster, Denker und Theosoph Jakob Böhme aus Görlitz († 1624) schreibt seine religiösen Erbauungsbücher **Von der Gnadenwahl** und **Großes Geheimnis (Mysterium Magnum).**

1631 13. Jan.: Papst Urban VIII. († 1644) verbietet mit der Bulle **Pastoralis Romani Pontificis** das Institut der Englischen Fräulein.
1632 Papst Urban VIII. gestattet wieder die Gemeinschaft der Englischen Fräulein.

Kirche und Gesellschaft

1628 Okt.: Kardinal Richelieu hebt nach der Eroberung von La Rochelle die Rechte der Hugenotten wieder auf.
1629 Juli: Im **Gnadenakt von Nîmes** erhalten die Hugenotten ihre früheren religiösen und bürgerlichen Rechte zurück.

Liturgie und kirchliches Leben

1621 Papst Gregor XV. († 1623) erhebt das Fest des hl. Josef am 19. März zum gebotenen Feiertag.

Christliche Kunst und Musik

1616 Der flämische Maler Peter Paul Rubens († 1640) vollendet das **Jüngste Gericht.**

1625 Heinrich Schütz († 1672) komponiert seine geistlichen Lieder **Cantiones sacrae.**
1626 **Einweihung der Peterskirche in Rom.**
1628 Der Salzburger Dom wird im barocken Jesuitenstil vollendet.
Anthonis van Dyck, der Meister der flämischen Barockmalerei († 1641), malt **Die Beweinung Christi.**
Diego Rodriguez de Silva y Velázquez († 1660), der Porträtist des spanischen Hofes, malt **Christus am Kreuz.**
1630 Martin Rinkart († 1636) komponiert das Kirchenlied **Nun danket alle Gott** zur Erinnerung an die **Confessio Augustana.**

Weltgeschichte	Glaubensverbreitung	Glaubensentfaltung
1632 16. Nov.: König Gustav II. Adolf von Schweden fällt in der **Schlacht bei Lützen.**		**1633** Das Hl. Offizium verurteilt die Lehre des italienischen Mathematikers Galileo Galilei († 1642) von der Sonne als dem Mittelpunkt der Welt und indiziert dessen Werke.
1632 Gründung der religiös toleranten Kolonie **Maryland** in Nordamerika.		**1637** Der französische Philosoph **René Descartes** († 1650) entwickelt in seinem Werk **Discours de la methode** den **wissenschaftlichen Kritizismus** und den **kritischen Rationalismus**, indem er den **methodischen Zweifel** als Ausgangspunkt und Grundlage der menschlichen Erkenntnis und Existenz annimmt (cogito, ergo sum); damit wird er zum **Vater der neuzeitlichen Philosophie**.
1635 Frankreich greift in den Dreißigjährigen Krieg ein und eröffnet den **Französisch-Schwedischen Krieg.**		
1638 In England wird die Folter abgeschafft.	**1638** Kein Missionar darf mehr nach Japan hinein.	
		1640/1641 Veröffentlichung des vom belgischen Bischof Cornelius Jansens d. Jüngeren von Ypern († 1638) verfassten Buches **Augustinus,** worin er eine strenge, an der Prädestinationslehre Calvins orientierte Auffassung des katholischen Glaubens und Sittenlebens vertritt und damit die Grundlage für den später nach ihm benannten **Jansenismus** schafft.
1642 4. Dez.: Tod Kardinal Richelieus; die Regierungsgeschäfte übernimmt Kardinal Jules Mazarin († 1661).	**1645** Der Kölner Jesuit und Chinamissionar Adam Schall von Bell († 1666) erlangt die Würde eines Mandarins und wird Direktor am kaiserlichen astronomischen Institut in Peking.	
1647 In Berlin entsteht die Straße **Unter den Linden** zwischen Schloss und Tiergarten		

1631–1648

Orden, Heilige, Spiritualität	Kirche und Gesellschaft	Liturgie und kirchliches Leben	Christliche Kunst und Musik
1633 Der hl. Vinzenz von Paul († 1660) gründet die caritative Gemeinschaft der sog. Töchter der Nächstenliebe (Filles de la Charité), die späteren Vinzentinerinnen, zur Krankenpflege wie caritativen Seelsorge und begründet somit die neuzeitliche Caritas.	**1638** Schottland verteidigt mit einem Aufstand seine presbyterianische Kirchenverfassung gegenüber den Anglikanisierungsversuchen des die Kirchenpolitik Englands bestimmenden Erzbischofs William Laud von Canterbury († 1645).	**1635** Der deutsche Jesuit Friedrich von Spee († 1635) verfasst sein Liederbuch **Trutz - Nachtigall,** das einen großen Einfluss auf die katholische Volksfrömmigkeit des Barockzeitalters ausübt. Auf Weisung des Heiligen Offiziums muss die Anwendung der Folter bei sog. Hexenprozessen eingeschränkt werden.	**1636** Der niederländische Maler Rembrandt, eigentlich: Hermensz von Rijn, († 1669) malt **Die Rückkehr des verlorenen Sohnes.** **1639** Heinrich Schütz († 1672) komponiert **Die kleinen geistlichen Konzerte.**
1644 Der Zisterzienserabt Armand Jean Le Bouthiller de Rancé († 1700) begründet mit der Reform des Klosters **La Trappe** in Frankreich den strengen **Trappistenorden.**	**1642** Der **Katholikenaufstand von Irland** führt in England zum Bürgerkrieg zwischen der Krone und dem Parlament.	**1642** 24. Sept.: Papst Urban VIII. († 1644) legt mit der Bulle **Universa per orbem** die Zahl der kirchlichen Feiertage auf insgesamt 31 fest.	**1645** Heinrich Schütz komponiert **Die sieben Worte Jesu am Kreuz.**
1648 Der englische Wanderprediger George Fox († 1691) begründet die religiöse protestantische Gemeinschaft der **Quäker,** die ein strenges Leben in praktischer Frömmigkeit führen.			

2. *Die Zeit des Absolutismus und der Aufklärung (1648 bis 1789)*

1648–1674

Weltgeschichte	Glaubensverbreitung	Glaubensentfaltung
1648 29. Okt.: Abschluss des Westfälischen Friedens zwischen dem Kaiser und den Reichsständen mit Frankreich in Münster und mit Schweden in Osnabrück. Damit geht der Dreißigjährige Krieg zu Ende. Die Schweiz und die Niederlande werden selbständige Staaten, Frankreich erlangt die Vormachtstellung in Zentraleuropa, Schweden in Nordeuropa.		**1648 24. Okt.: Im Westfälischen Frieden werden die reformatorischen Calvinisten als dritte christliche Konfession in Deutschland anerkannt.**
	1650 Adam Schall von Bell erbaut die erste öffentliche Kirche in Peking.	
1653 Oliver Cromwell († 1658) wird Lordprotektor Englands.		**1653** 31. Mai: Papst Innozenz X. († 1655) verurteilt mit der Konstitution **Cum occasione** den Jansenismus, der den allgemeinen Heilswillen Gottes einschränkt und ein überstrenges sittliches Leben fordert.
	1658 Errichtung des Apostolischen Vikariats Québec als Ausgangspunkt der französischen Mission in Kanada.	
1661 9. März: Tod Kardinal Mazarins. Die Regierung Frankreichs übernimmt König Ludwig XIV., der **Sonnenkönig** († 1715).		
		1672 Der deutsche Rechtsgelehrte Samuel Freiherr von Pufendorf († 1692) begründet in seinem Werk **De iure naturae et gentium libro octo** eine außerhalb der Ethik und der christlichen Offenbarung stehende **Naturrechtslehre.**

Orden, Heilige, Spiritualität

1652 Gründung der Gemeinschaft der **Barmherzigen Schwestern vom hl. Karl Borromäus (Borromäerinnen)** in Nancy (Frankreich) zur Pflege verlassener Kranker.

1653 Der Arzt und spätere Priesterdichter Angelus Silesius († 1677) konvertiert in Breslau (Wrocław) zur katholischen Kirche.

1654 23. Nov.: Der französische Naturphilosoph und Mathematiker Blaise Pascal († 1662) hat seine mystische Erleuchtung.

1659 Jaques Bénigne Bossuet († 1700) wird berühmter Kanzelredner in Paris; er zählt zusammen mit François Fénelon († 1715) zu den bedeutendsten katholischen Theologen und Seelsorgern Frankreichs Ende des 17. Jh.

1661 Angelus Silesius empfängt in Neiße (Nysa) die Priesterweihe.

1668 Papst Clemens IX. († 1669) hebt die geistliche Gemeinschaft der Humiliaten wieder auf.

1670 Blaise Pascals Werk **Gedanken über die Religion (pensées sur la réligion),** worin er eine persönliche Gotteserfahrung bekundet, wird posthum herausgegeben.

Kirche und Gesellschaft

1648 24. Okt.: Der Westfälische Friede bestätigt unter Einbeziehung der reformatorischen Calvinisten die Bestimmungen des Augsburger Religionsfriedens von 1555 und grenzt mit der Festlegung des Normaljahres 1624 das Reformationsrecht der Landesherren ein.
Die reformatorischen Calvinisten stellen von nun an die dritte anerkannte christliche Konfession in Deutschland dar.

1673 21. März: König Karl II. von England († 1685) verfügt in der **Testakte,** dass alle Nichtanglikaner von der militärischen und zivilen Laufbahn ausgeschlossen werden.

Liturgie und kirchliches Leben

1653 Patriarch Nikon von Moskau († 1681) reformiert die liturgischen Bücher der russischen orthodoxen Kirche und führt damit die Abspaltung der sog. **Altgläubigen (Starovery oder Raskolniki)** herbei.

1657 Der zum Katholizismus konvertierte Arzt und spätere Priester Angelus Silesius († 1677) veröffentlicht seine in fünf Büchern verfassten geistlichen Lieder unter dem Titel **Heilige Seelenlust;** 1674 schreibt er sein bekanntes Dichtwerk **Cherubinischer Wandersmann.**

1667 Der bekannte Dichter des protestantischen Liedgutes, Paul Gerhardt († 1676), gibt seine **Geistlichen Andachten** heraus.

1670 Papst Clemens X. († 1676) schreibt das **Schutzengelfest** für den 2. Okt. allgemein vor.

1674 Die 1655 zum katholischen Glauben übergetretene Königin Christine von Schweden († 1689) stiftet in Rom eine Akademie, die spätere **Accademia clementina.**

Christliche Kunst und Musik

1650 Samuel Scheidt († 1654) gibt das erste deutsche Choralbuch für den Gemeindegesang der evangelischen Kirche heraus.

1661 Der italienische Architekt und Bildhauer Giovanni Lorenzo Bernini († 1680) erbaut die **Scala regia** (Die Königstreppe) im Vatikan.

1664 Heinrich Schütz komponiert **Das Weihnachtsoratorium.**

1665 Giovanni Lorenzo Bernini vollendet den Hochaltar in der Peterskirche von Rom.

1668 Dietrich Buxtehude († 1707) komponiert die Cantate **Der verlorene Sohn.**

1674–1701

Weltgeschichte	Glaubensverbreitung	Glaubensentfaltung
1675 28. Juni: Kurfürst Friedrich Wilhelm von Brandenburg († 1688) besiegt die Schweden in der Schlacht bei Fehrbellin und erobert Schwedisch-Pommern; damit beginnt der Aufstieg Brandenburg-Preußens.		
	1682 William Penn († 1718) gründet in Nordamerika den **Quäkerstaat Pennsylvania.**	**1682** 19. März: Mit der Verabschiedung der vier Artikel der **Declaratio cleri Gallicani de ecclesiastica potestate** auf der Pariser Generalversammlung des französischen Klerus wird der **Gallikanismus** in Frankreich offiziell sanktioniert.
1683 14. Juli–12. Sept.: Belagerung Wiens durch die Türken infolge des 1683 ausgebrochenen **Großen Türkenkrieges.**		
	1685 König Karl II. von England († 1685) tritt auf dem Sterbebett zum katholischen Glauben über; sein Nachfolger König Jakob II. († 1701) ist nach Königin Maria Tudor wieder der erste katholische König in England.	
1687 12. Aug.: Österreich besiegt die Türken in der **Schlacht bei Mohács.**		
1688 Der niederländische Statthalter Wilhelm III. von Oranien († 1702) landet in England und wird dort 1689 englischer König.		
1689 13. Febr.: Wilhelm von Oranien und Maria II. Stuart († 1694) besteigen den englischen Thron; damit vereinigen sich Holland und England zur Personalunion, und England steigt zur ersten Kolonial- und Handelsmacht der Welt auf.		
	1692 Kaiser K'ang-hi († 1722) duldet durch ein Toleranzedikt die christliche Mission in China. Die Akkomodationstheorie in der Chinamission wird von Rom verurteilt.	
		1693 König Ludwig XIV. von Frankreich († 1715) muss auf Protest von Papst Innozenz XII. († 1700) die **Gallikanischen Artikel** von 1682 **formell** wieder zurücknehmen.
1699 26. Jan.: Nach dem **Frieden von Karlowitz** steigt Österreich zur Großmacht auf.		
1701 18. Jan.: Kurfürst Friedrich III. von Brandenburg krönt sich als Friedrich I. zum König in Preußen († 1713); Preußen wird damit Königreich. Beginn des **Spanischen Erbfolgekrieges** (bis 1714).		

Orden, Heilige, Spiritualität

1675 16. Juni: Die hl. Margaretha Maria Alacoque († 1690) erfährt im Kloster Paray-le-Monial (Frankreich) ihre **Herz-Jesu-Vision** und wird dadurch zur großen Förderin der Herz-Jesu-Verehrung.
Der evangelische Theologe Philipp Jakob Spener († 1705) verbreitet mit seinem Buch **Pia Desideria** den protestantischen Pietismus.

1681 Der hl. Jean Baptist de la Salle († 1719) gründet in Reims die Gemeinschaft der **Christlichen Schulbrüder**.
Jaques Bénigne Bossuet († 1704) wird Bischof von Meaux.

1689 Abraham a Sancta Clara wird Provinzial der böhmisch-deutschen Augustinerprovinz.

1695 Der bedeutende französische Kanzelredner, Seelenführer und Seelsorger François Fénelon († 1715) wird Erzbischof von Cambrai; er übt einen großen Einfluss auf die Pastoraltheologie Deutschlands im 19. Jh. aus.
1701 Der armenische Mönch Petrus Mechitar von Sebaste († 1749) gründet den Seelsorgeorden der **Mechitaristen.**

Kirche und Gesellschaft

1682 19. März: König Ludwig XIV. von Frankreich († 1715) verpflichtet auf der Generalversammlung des Klerus in Paris den gesamten französischen Klerus auf die **vier »Gallikanischen Artikel«,** wonach der Papst in der Ausübung seiner Primatsgewalt durch die Bestimmungen der Allgemeinen Konzile (auch des Konstanzer Konzils!) und die Gewohnheiten der gallikanischen Kirche eingeschränkt, und der französische König in der Ausübung seiner weltlichen Gewalt dem Papst nicht untergeben ist; so kommt es zum Konflikt mit Papst Innozenz XI. († 1689).
1684 Österreich, Polen und Venedig schließen unter Papst Innozenz XI. ein Bündnis gegen die Türken, dem Russland 1686 beitritt.
1685 18. Okt.: König Ludwig XIV. von Frankreich hebt das Toleranzedikt von Nantes von 1598 wieder auf. Viele Hugenotten wandern nach Brandenburg-Preußen und Holland aus.
1697 Kurfürst August II. d. Starke von Sachsen († 1733) wird katholisch und so als August II. König von Polen.
1700 Einführung des Gregorianischen Kalenders von 1582 in den protestantischen deutschen Staaten.

Liturgie und kirchliches Leben

1680 In England wird die Sonntagsruhe gesetzlich eingeführt.

1682 Abraham a Sancta Clara († 1709) wird Hofprediger Kaiser Leopolds I. († 1705) in Wien.
1683 Abraham a Sancta Clara erhält die Aufgabe, gegen die Türken zu predigen.

1690 16. Okt.: In Besançon wird die erste **Herz-Jesu-Fest-Feier** begangen.

um 1700 Aufkommen der ersten Maiandachten zu Ehren der Muttergottes in Italien.

Christliche Kunst und Musik

1675 Fertigstellung der barocken Theatinerkirche in München.

Weltgeschichte

1707 England und Schottland werden zu einer Realunion vereinigt; das Vereinigte Königreich von England und Schottland trägt von da ab die Bezeichnung **Großbritannien.**
1709 Juni/Juli: Zar Peter I. von Russland († 1725) besiegt in der **Schlacht bei Poltawa** die Schweden unter König Karl XII. († 1718) und beendet damit die Vormachtstellung Schwedens in Nordeuropa.
1712 St. Petersburg wird anstelle Moskaus Hauptstadt Russlands.
1713 19. April: Der deutsche Kaiser Karl VI. aus dem Hause Habsburg verfügt in der **Pragmatischen Sanktion** beim Ausbleiben eines männlichen Nachfolgers die weibliche Thronfolge für das Haus Habsburg, um die habsburgischen Erblande zu sichern.
1740 31. Mai: Tod König Friedrich Wilhelms I. von Preußen; Nachfolger ist sein Sohn Friedrich II. († 1786).
20. Okt.: Tod Kaiser Karls VI.; Maria Theresia, die Königin von Böhmen und Ungarn, Erzherzogin von Österreich († 1780), erhält gemäß der Pragmatischen Sanktion von 1713 die habsburgischen Erblande. Bayern, Spanien, Preußen und Sachsen sowie andere Staaten fechten die Pragmatische Sanktion an.
16 Dez.: König Friedrich II. von Preußen fällt in Schlesien ein und eröff-

Glaubensverbreitung

1705 Beginn der evangelischen Missionsarbeit durch den Theologen und Pädagogen August-Hermann Francke († 1727).

1710 Ende der von Kaiser K'anghi geduldeten christlichen Chinamission, zum Teil wegen des Akkomodationsverbotes.

1722 Wien wird zum Erzbistum erhoben.
1723 Papst Innozenz XIII. († 1724) gestattet in bestimmtem Umfang wieder die Akkomodation in der Chinamission.

Glaubensentfaltung

1717 24. Juni: Gründung der Londoner **Freimaurerloge.**

1722 Nikolaus Ludwig Graf von Zinzendorf († 1760) gründet die pietistische **Herrenhuter Brüdergemeine,** zu deren Bischof er 1737 bestellt wird.

1701–1740

Orden, Heilige, Spiritualität

1717 Der Mechitaristenorden lässt sich auf der Insel Lazzaro bei Venedig nieder und gilt damit als die erste armenische Ordensniederlassung auf westeuropäischem Boden.
1719 Die Jesuiten werden in Russland verboten.

1725 Der hl. Volksmissionar Paul vom Kreuz († 1775) gründet die Ordensgemeinschaft der **Passionisten** für die innere und äußere Mission.

1729 Der anglikanische Geistliche John Wesley († 1791) begründet in Oxford eine Gemeinschaft zur Förderung der Frömmigkeit, aus welcher später die **Methodistische Kirche** hervorgeht.

1731 Gründung des Ordens der **Frauen vom allerheiligsten Erlöser,** der weibliche Zweig des noch nicht offiziell gegründeten Redemptoristenordens.
1732 9. Nov.: Der hl. Alfons Maria von Liguori († 1787) gründet in Scala bei Amalfi den **Redemptoristenorden** zur **Volksmission.**

Kirche und Gesellschaft

1721 Zar Peter I. († 1725) hebt das russische orthodoxe Patriarchat von Moskau auf; die Leitung der russischen Kirche übernimmt der **Heilige Synod** mit dem Zaren an der Spitze.

ab 1740 Mit dem Regierungsantritt von Kaiserin Maria Theresia († 1780) werden einige staatliche Kirchenreformen in Deutschland und Österreich durchgeführt, u. a. die staatliche Verwaltung des Klosterbesitzes, das Professverbot vor dem 24. Lebensjahr, die Reduzierung kirchlicher Feiertage, die vorherige Zustimmung des Staates bei der Verkündigung päpstlicher Erlasse und die Aufhebung der Steuerfreiheit für den Klerus.

Liturgie und kirchliches Leben

1708 Papst Clemens XI. († 1721) führt das Fest der **Unbefleckten Empfängnis Mariä** am 8. Dez. für die ganze Kirche ein.

1714 Aufhebung der Hexenprozesse in Preußen.

1728 Papst Benedikt XIII. († 1730) gestattet für Spanien, an 18 kirchlichen Feiertagen nach Anhören der heiligen Messe zu arbeiten.

Christliche Kunst und Musik

1704 Kaspar Moosbrugger († 1723) beginnt mit dem Bau des Klosters und der Klosterkirche im schweizerischen **Einsiedeln.**
1710 Bau der nach dem Vorbild der Peterskirche in Rom konzipierten Saint Paul's Cathedral in London.
1712 Barocker Neubau des Domes zu Fulda.
1714 Gottfried Silbermann († 1753) baut die Orgel für den Freiberger Dom.

1723 **Johann Sebastian Bach** († 1750) wird **Kantor an der Thomaskirche in Leipzig** und komponiert bis 1731 die **Johannes-, Matthäus- und Markuspassion.**
1729 Erstaufführung der **Matthäuspassion** von Johann Sebastian Bach in der Leipziger Thomaskirche.
1733 Bau der St.-Johannes-Nepomuk-Kirche in München im Stil des **Rokoko.**
1734 Johann Sebastian Bach komponiert das **Weihnachtsoratorium.**
1736 **Johann Sebastian Bach komponiert das Osteroratorium.**
1737 Vollendung der Wiener Karlskirche.
1738 **Baubeginn der Dresdener Hofkirche.**

1740–1763

Weltgeschichte	Glaubensverbreitung	Glaubensentfaltung

Weltgeschichte

net damit den **Ersten Schlesischen Krieg** bis 1742 und den **Österreichischen Erbfolgekrieg** bis 1748.

1744 König Friedrich II. rückt in Böhmen ein und löst damit den **Zweiten Schlesischen Krieg** aus, der bis 1745 dauert.

1745 13. Sept.: Franz I., der Gemahl Maria Theresias († 1765), wird zum deutschen Kaiser gewählt.
25. Dez.: Der **Friede zu Dresden** beendet den Zweiten Schlesischen Krieg; Friedrich II. von Preußen erhält Schlesien und erkennt Franz I. als deutschen Kaiser an.

1750 29. Juli: Benjamin Franklin († 1790) erfindet den elektrischen Blitzableiter.

1755 1. Nov.: Lissabon wird durch ein Erdbeben völlig zerstört.

1755 Gründung der Lomonossowuniversität in Moskau.

1756 29. Aug.: Friedrich II. von Preußen fällt in Sachsen ein und löst den **Siebenjährigen Krieg** aus.

1763 15. Febr.: **Der Friede zu Hubertusburg** beendet den **Siebenjährigen Krieg** zwischen Österreich, Preußen und Sachsen;
Preußen steigt zur **fünften europäischen Großmacht** auf, und es beginnt der Machtdualismus zwischen Preußen und Österreich.

Glaubensverbreitung

1742 Papst Benedikt XIV. († 1758) verbietet mit der Bulle **Ex quo singulari** jegliche Akkomodation.

1763 Für das Kurfürstentum bzw. **Königreich Sachsen** wird ein **Apostolisches Vikariat** in Dresden errichtet.

Glaubensentfaltung

1762 Der französische Philosoph Jean Jacques Rousseau († 1778) gibt seinen Bildungsroman **Emile ou de l'éducation** und sein staatsphilosophisches Werk **Du contrat social** heraus; in beiden vertritt er ein zwar zum Menschen notwendig gehörendes, aber dennoch undogmatisches Christentum, welches letztlich in der Liebe und dem Schönen gründet.

1763 Der Trierer Weihbischof Johann von Hontheim († 1790) verfasst seine 5-bändige Pseudonymschrift **Justinus Febronius**, worin er ähnlich dem Konziliarismus des Konstanzer Konzils die oberste Kirchenleitung einem **Generalkonzil** zuweist, welches alle autonomen Nationalkirchen repräsentiert.
Diese Auffassung, **Febronianismus** genannt, verbreitet sich in Deutschland einhergehend mit dem sog. **Episkopalismus,** der am Gallikanismus orientiert die Eigenständigkeit der Diözesanbischöfe gegenüber dem Apostolischen Stuhl überbetont.

Orden, Heilige, Spiritualität	Kirche und Gesellschaft	Liturgie und kirchliches Leben	Christliche Kunst und Musik
			1742 Georg Friedrich Händel († 1759) komponiert den **Messias.**
		1754 Mit Erlaubnis Papst Benedikts XIV. († 1758) werden in Österreich 24 Feste zu sog. **Halbfeiertagen** erklärt, an denen nur der Messbesuch verpflichtend ist, nicht aber die Arbeitsruhe.	**1754** Vollendung der sog. **Wieskirche** in Steingaden (Oberbayern) im repräsentativen deutschen Barockstil.
1759 Vertreibung der Jesuiten aus Portugal und den portugiesischen Kolonien.			
			1762 Fertigstellung der Pariser Pfarrkirche **Saint Sulpice,** die eine der größten Orgeln der Welt besitzt.

Weltgeschichte	Glaubensverbreitung	Glaubensentfaltung
1764 In Russland entsteht die 1941 aufgelöste deutsche **Wolgakolonie.** **1765 James Watt († 1815) baut die erste praktisch verwendbare Dampfmaschine und legt damit die Grundlage für die technisch-industrielle Revolution.** **1770** Juli: Die russische Flotte besiegt bei Tscheschme die Osmanen und leitet damit den **Niedergang des Osmanischen Reiches** ein. Der Seefahrer **James Cook** († 1779) entdeckt **Australien** und nimmt es für England in Besitz. **1775** James Watt († 1819) gründet die ersten Fabriken zur Produktion von Dampfmaschinen. **1776 4. Juli: Verkündigung der von Thomas Jefferson († 1826) ausgearbeiteten Unabhängigkeitserklärung der Vereinigten Staaten von Amerika.** **1780** 29. Nov.: Nach dem Tod von Kaiserin Maria Theresia wird ihr Sohn Joseph II. († 1790), seit 1765 bereits römisch-deutscher Kaiser, auch Alleinregent in den österreichischen Erblanden. **1787** Der amerikanische Konvent verabschiedet in Philadelphia die **Verfassung der Vereinigten Staaten von Amerika.** **1788** An den preußischen Gymnasien wird das **Abitur** eingeführt.	**1784** Gründung eines Apostolischen Vikariats für **Schweden.** Papst Pius VI. († 1799) ernennt auf Empfehlung von Benjamin Franklin († 1790) den amerikanischen Jesuiten John Caroll († 1815) zum Apostolischen Präfekten für **Nordamerika.** Durch die koreanische Gesandschaft in Peking gelangen christliche Schriften an den koreanischen Kaiserhof, wo sich eine christliche Gemeinde bildet.	**1779** Der deutsche Dichter Gotthold Ephraim Lessing († 1781) vertritt in seinem Stück **Nathan der Weise** eine Toleranz allen Religionen gegenüber (Ringparabel); echte Religion ist reine Nächstenliebe. **1785** Der deutsche Philosoph Immanuel Kant († 1804) vertritt in seinem Werk **Grundlagen der Metaphysik der Sitten** wie auch im 1788 herausgegebenen Werk **Kritik der praktischen Vernunft** die Existenz Gottes, die Unsterblichkeit der Seele und das Vernunftwesen des Menschen als notwendige Forderungen (Postulate) der praktischen Vernunft. **1786** 25. Aug.: Auf der Grundlage des **Febronianismus** vereinbaren die Erzbischöfe von Trier, Köln, Mainz und Salzburg in der **Emser Punktation** ein gemeinsames Vorgehen gegen die 1785 errichtete Münchener Nuntiatur, um die päpstliche Gewalt gegenüber der eigenen bischöflichen Gewalt einzudämmen. **1788** Der Dillinger Theologieprofessor Michael Sailer († 1832 als Bischof von Regensburg) gibt seine Vorlesungen in **Pastoraltheologie** heraus, welche die Seelsorge im Deutschland des 19. Jh. maßgeblich beeinflussen.

1763–1789

Orden, Heilige, Spiritualität

ab 1767 In Frankreich werden einige Gesetze erlassen, welche die Tätigkeit mancher Orden, u. a. der Jesuiten, stark einschränken, worauf einige Orden sogar völlig eingehen.

1769 Tod des Mystikers und Dichters Gerhard Tersteegen, der die **pietistische Erweckungsbewegung** im deutschen Protestantismus beeinflusste.

1773 21. Juli: Auf Druck des französischen Parlaments hebt Papst Clemens XIV. († 1774) mit dem Breve »Dominus ac Redemptor noster« den Jesuitenorden auf.

1787 Der hl. Klemens Maria Hofbauer, der erste deutsche Redemptorist († 1820), wird Volksmissionar in Warschau (Warszawa).

Kirche und Gesellschaft

1774/1776 Das Theologiestudium wird in Deutschland und Österreich von Staats wegen neu geordnet und bringt eine Anhebung der Fächer Kirchengeschichte, Patrologie und Pastoraltheologie.

1781 Dez.: Kaiser Joseph II. von Deutschland und Österreich, der **Erzsakristan des Heiligen Römischen Reiches** († 1790), gewährt in einem **Toleranzpatent** den Lutheranern, Calvinisten und Orthodoxen freie Religionsausübung, ordnet aber gleichzeitig die vorherige staatliche Zustimmung bei der Verkündigung bischöflicher Erlasse an, verbietet die Appellation nach Rom und reduziert die Priesterseminare.

1782 Joseph II. hebt ca. 600 Klöster auf.

Frühjahr: Papst Pius VI. († 1799) reist zu Kaiser Joseph II. nach Wien, um die kirchliche Lage in Deutschland und Österreich zu verbessern, kann aber nichts erreichen.

1783 Kaiser Joseph II. hebt die religiösen Bruderschaften auf.

Dez.: Der Gegenbesuch Kaiser Josephs II. bei Papst Pius VI. bringt keine Besserung der kirchlichen Lage.

Liturgie und kirchliches Leben

1765 Papst Clemens XIII. († 1769) ordnet für den Freitag nach dem Fronleichnamsfest ein **Herz-Jesu-Offizium** an.

1772 Papst Clemens XIV. († 1774) gestattet für Bayern die Reduzierung kirchlicher Feiertage auf Halbfeiertage.

1775 Papst Pius VI. († 1799) gestattet für Preußen die Reduzierung kirchlicher Feiertage auf Halbfeiertage.

1779 Der evangelische Pfarrer Johann Friedrich Oberlin († 1826) gründet in Waldersbach eine Kinderbewahranstalt.

1781 Für Österreich wird an manchen Tagen der Fastenzeit der Genuss von Fleisch erlaubt.

1783 In Posen findet die letzte Hexenverbrennung statt.

Christliche Kunst und Musik

1766 Vollendung der barocken Kreuz-Kirche in Ottobeuren.

Franz Joseph Haydn († 1809) komponiert das **Te Deum** und die **Große Orgelmesse.**

1772 Fertigstellung der barocken Wallfahrtskirche **Vierzehnheiligen** in Oberfranken.

1773 1. Nov.: Einweihung der Berliner St.-Hedwigs-Kirche im Stil des aufkommenden Klassizismus.

1779 Wolfgang Amadeus Mozart († 1791) komponiert die Krönungsmesse in C-Dur.

1780 Bau des Pantheons in Paris im Stil des Klassizismus.

IV.

Die Kirche im 19. und 20. Jahrhundert (1789 bis 1962)

1. Die Zeit der Französischen Revolution, der Säkularisation und der kirchlichen Restauration (1789 bis 1870)

1789–1791

Weltgeschichte	Glaubensverbreitung	Glaubensentfaltung

Weltgeschichte

1789 4. März: Proklamation der Verfassung der Vereinigten Staaten von Amerika; **George Washington** († 1799) wird erster Präsident der USA.

5. Mai: Die Generalstände treten in Frankreich seit 1614 erstmals wieder in Versailles zusammen.
17. Juni: Der **Dritte Stand** erklärt sich zur **französischen Nationalversammlung** und zur **Verfassunggebenden Versammlung.**
14. Juli: Sturm auf die Bastille.
4./5. Aug.: Die französische Nationalversammlung beschließt durch Verzichterklärung des Adels und der höheren Geistlichkeit die Aufhebung der Feudalrechte und damit der mittelalterlichen Ständeordnung.
26. Aug: Erklärung der Bürger- und Menschenrechte durch die französische Nationalversammlung.

1791 Washington wird als Hauptstadt der USA gegründet.

Glaubensverbreitung

1789 John Caroll wird von Papst Pius VI. zum ersten Bischof von Baltimore ernannt und wird damit der Begründer der einheimischen Hierarchie in den Vereinigten Staaten von Amerika.

Orden, Heilige, Spiritualität	Kirche und Gesellschaft	Liturgie und kirchliches Leben	Christliche Kunst und Musik
	1789 2. Nov.: Auf Antrag des ehemaligen Bischofs von Autun und späteren Außenministers, Charles Maurice de Talleyrand-Perigord († 1838), wird das gesamte Kirchengut in Frankreich der **Nation** zur Verfügung gestellt, jedoch für die Kosten des Kultes, des Klerus und der Armenpflege von Staats wegen aufgekommen.		**1789** Franz Joseph Haydn komponiert **Die Sieben Worte Jesu am Kreuz.**
	1790 13. Febr.: Mit der Aufhebung der nicht caritativen Orden in Frankreich beginnt der eigentliche Kampf gegen die Kirche. 14. April: Alle Kirchengüter werden enteignet. **12. Juli: Mit dem Erlass der »Zivilkonstitution des Klerus« wird die katholische Kirche Frankreichs auf den Gallikanismus verpflichtet, die Diözesen entsprechend der Departementseinteilung reduziert und die Bistümer und Pfarreien vom Staat personell besetzt.** Nov.: Von allen Klerikern wird der Eid auf die Zivilkonstitution des Klerus verlangt; wer sich weigert, wird verfolgt. 26. Dez.: König Ludwig XVI. († 1792) bestätigt entgegen allen Abmachungen mit Papst Pius VI. († 1799) die Zivilkonstitution des Klerus.		
	1791 13. April: Papst Pius VI. verwirft die Zivilkonstitution des Klerus.		**1791** Wolfgang Amadeus Mozart komponiert das unvollendet gebliebene **Requiem.**

1791–1800

Weltgeschichte	Glaubensverbreitung	Glaubensentfaltung
1792 21. Sept.: In Frankreich wird das Königtum abgeschafft und die **Erste Republik** proklamiert.		
1793 21. Jan.: König Ludwig XVI. von Frankreich wird hingerichtet. 6. April: Gründung des sog. **Wohlfahrtsausschusses.** 24. Juli: Maximilian Robespierre übernimmt den Vorsitz im Wohlfahrtsausschuss. 30. Okt.: Errichtung der Diktatur der Jakobiner.		
1794 28. Juli: Hinrichtung Maximilian Robespierres.		
1798 Aus dem Bund der Eidgenossen wird die **Helvetische Republik.** **1799** 9. Nov.: Napoleon I. Bonaparte (1769–1821) gelangt aus Ägypten kommend durch einen Staatsstreich an die Macht. 15. Dez.: Napoleon erlässt für Frankreich eine **Konsularverfassung.** **1800** Entstehung der **Bürgerschule,** der späteren **Realschule.**		**1799** Der ev. Theologe Friedrich Ernst Schleiermacher († 1834) bestimmt unter dem Einfluss der Romantik gegenüber der Aufklärung in seinem Werk **Über die Religion. Reden an die Gebildeten unter ihren Verächtern** die christliche Religion als ein mehr emotionales als rationales Bewusstsein der Abhängigkeit des Menschen vom Unendlichen; **Religion ist Gefühl.**

Orden, Heilige, Spiritualität	Kirche und Gesellschaft	Liturgie und kirchliches Leben	Christliche Kunst und Musik
	Herbst: Beginn der Verfolgung der eidverweigernden Priester. **1793** 3. Okt.: Auf Beschluss des Nationalkonventes unter Maximilian Robespierre und den Jakobinern wird der Sonntag abgeschafft und durch den sog. **Dekadi** (10. Tag) ersetzt sowie die christlichen Feiertage durch republikanische Feiertage ersetzt. 7./10. Nov.: Der Nationalkonvent schafft offiziell das Christentum ab und ersetzt es durch den atheistischen **Kult der Vernunft.** **1794** 8. Mai: Die Anerkennung eines höchsten Wesens wie der Unsterblichkeit der Seele wird vom Nationalkonvent vorgeschrieben. 28. Juli: Nach der Hinrichtung Maximilian Robespierres hört die Kirchenverfolgung in Frankreich allmählich auf. **1795** 21. Febr.: Das Christentum wird als Religion wieder geduldet, doch Kirche und Staat werden voneinander getrennt.		
1800 Die hl. Magdalena Sophie Barat († 1865) gründet für die Erziehung der Mädchen, vornehmlich aus höheren Ständen, die **Gemeinschaft der Frauen vom heiligsten Herzen Jesu (Dames du Sacré-Cœur).**	**1798** Febr.: Die Franzosen marschieren in Rom ein und lassen die **Römische Republik** ausrufen. Papst Pius VI. wird für abgesetzt erklärt und verbannt. **1799** 9. Aug.: Papst Pius VI. stirbt in Valence an der Rhône.		**1798** Franz Joseph Haydn komponiert das Oratorium **Die Schöpfung.**

Weltgeschichte

1804 21. März: Napoleon führt, den Neuerungen der Französischen Revolution Rechnung tragend, für Frankreich den im Wesentlichen bis heute geltenden **Code civil** als grundlegendes Gesetzbuch ein.
10./11. Aug.: Kaiser Franz II. († 1835) legt den deutschen Kaisertitel ab, nennt sich fortan Franz I. von Österreich und begründet damit das **Österreichische Kaisertum.**
2. Dez.: Napoleon krönt sich und seine Gemahlin Josephine Beauharnais († 1814) in Anwesenheit von Papst Pius VII. in Notre Dame zum Kaiser und begründet damit das **Französische Kaisertum.**
1805 21. Okt.: Horatio Viscount Nelson († ebd.) besiegt bei **Kap Trafalgar** die französisch-spanische Flotte und sichert damit England die Vorherrschaft im Mittelmeer.
2. Dez.: **Dreikaiserschlacht bei Austerlitz:** Napoleon besiegt die vereinigten Russen und Österreicher.
1806 6. Aug.: Kaiser Franz II. (Franz I. von Österreich) legt auf Druck Kaiser Napoleons die kaiserliche Reichskrone nieder und beendet damit das Heilige Römische Reich Deutscher Nation.
14. Okt.: In der **Doppelschlacht bei Jena und Auerstedt** besiegen die Franzosen die Preußen.

Glaubensverbreitung

1808 In den USA wird Baltimore zum Erzbistum, New York und Philadelphia zu Bistümern erhoben.

Glaubensentfaltung

1807 Georg Wilhelm Friedrich Hegel († 1831) entwirft in seinem Werk **Phänomenologie des Geistes** sowie in dem 1812/1816 herausgegebenen Werk **Wissenschaft der Logik** die Philosophie des **Idealismus** mit der **dialektischen Methode,** wonach der absolute Geist die Grundlage alles Seins ist, sich bewegt und stets höher entwickelt. Auf dieser didaktischen Methode baut später Karl Marx († 1883) auf und verändert sie materialistisch.

Orden, Heilige, Spiritualität	Kirche und Gesellschaft	Liturgie und kirchliches Leben	Christliche Kunst und Musik
	1801 15. Juli: Napoleon Bonaparte und der im Namen Papst Pius VII. (1800–1823) handelnde Kardinalstaatssekretär Ercole de Consalvi († 1824) schließen ein Konkordat, das erste neuartige in der Geschichte der päpstlichen Diplomatie. Darin wird die christliche Religion wieder anerkannt, der Sonntag wieder eingeführt, 60 Bistümer für Frankreich errichtet, die Bischöfe von Napoleon, die Pfarrer aber vom Bischof ernannt, der Klerus vom Staat besoldet und die Ziviltrauung verpflichtend vorgeschrieben.	**1802** 9. April: Durch Erlass des Kardinallegaten Giovanni Battista Caprara († 1810) werden in Frankreich die kirchlichen Feiertage auf Weihnachten, Christi Himmelfahrt, Mariä Aufnahme in den Himmel und Allerheiligen reduziert; alle anderen Feiertage, soweit sie nicht sowieso auf einen Sonntag fallen, werden auf den folgenden Sonntag verlegt.	
	1803 25. Febr.: Im »Reichsdeputationshauptschluss zu Regensburg« werden der Besitz wie die Besitzrechte von 22 Bistümern, 80 Abteien, 18 Universitäten und ca. 200 Klöstern in Deutschland dem Staat übereignet und so die deutsche Reichskirche säkularisiert und die mittelalterliche Ordnung der Kirche beendet.		
	1805 Napoleon stellt den alten christlichen Kalender wieder her.	**1806** Der evangelische Theologe Friedrich Ernst Schleiermacher († 1834) schreibt eine religiöse Betrachtung über die **Weihnachtsfeier.**	**1807** Ludwig van Beethoven († 1827) komponiert die **C-Dur-Messe.**
1808 Der hl. Klemens Maria Hofbauer wird Seelsorger und **Großstadtapostel Wiens.**	**1808** 2. Febr.: Die Franzosen besetzen Rom.		**1808** Caspar David Friedrich, Landschaftsmaler der Romantik († 1840), malt **Das Kreuz im Gebirge,** worüber 1809 ein Kunststreit entsteht.

Weltgeschichte	Glaubensverbreitung	Glaubensentfaltung
1809 Gründung der Universität Berlin. **1812** 24. Juni: Mit der Überschreitung des Njemen durch napoleonische Truppen beginnt der Krieg Napoleons gegen Russland. 7. Sept.: Die Franzosen siegen in der **Schlacht bei Borodino** und rücken nach Moskau vor. 15.-20. Sept.: Brand Moskaus. 19. Okt.: Da Zar Alexander I. († 1825) auf keine Verhandlungen eingeht, muss Napoleon den Rückzug aus Russland antreten. **1813 16.–19. Okt.: Österreich, Preußen und Russland besiegen als Verbündete in der Völkerschlacht bei Leipzig die Franzosen; Napoleon muss sich über den Rhein zurückziehen.** **1814 18. Sept.: Eröffnung des Wiener Kongresses zur politischen Neugestaltung Europas.** George Stephenson († 1848) konstruiert die Dampflokomotive.		
1815 8. Juni: Gründung des **Deutschen Staatenbundes** unter Führung Österreichs. 26. Sept.: Zar Alexander I. von Russland, Kaiser Franz I. von Österreich und König Friedrich Wilhelm III. von Preußen († 1840) schließen sich zur **Heiligen Allianz** zusammen, der später außer Papst Pius VII. († 1823)	**1815** Gründung der evangelischen **Baseler Missionsgesellschaft.**	

1808–1815

Orden, Heilige, Spiritualität	Kirche und Gesellschaft	Liturgie und kirchliches Leben	Christliche Kunst und Musik
	1809 17. Mai: Napoleon verfügt im **Dekret von Schönbrunn** die Vereinigung des Kirchenstaates mit dem französischen Kaiserreich. 10. Juni: Papst Pius VII. verhängt wegen der verfügten Annexion des Kirchenstaates über Napoleon den Bann. Darauf wird Pius VII. von den Franzosen gefangen genommen und nach Savona gebracht. 17. Aug.: Ankunft Papst Pius' VII. in Savona.	**1809** Professor Michael Sailer († 1832) schreibt sein religionspädagogisches Werk **Über Erziehung und Erzieher.**	**1810** Gründung der christlich romantischen Malervereinigung der **Nazarener** in Rom.
1814 7. Aug.: Papst Pius VII. († 1823) stellt mit der Bulle »Sollicitudo omnium ecclesiarum« den Jesuitenorden wieder her.	**1814** 10. März: Napoleon gibt Papst Pius VII. seine Freiheit zurück. 24. Mai: Papst Pius VII. zieht nach fünfjähriger Verbannung unter großem Jubel wieder in Rom ein.		
	1815 9. Mai: Kardinalstaatssekretär Ercole de Consalvi († 1824) erreicht auf dem **Wiener Kongress,** dass der Kirchenstaat dem Papst wieder zurückgegeben wird.	**1815** Papst Pius VII. († 1823) empfiehlt der Weltkirche die Maiandachten zu Ehren der Gottesmutter.	

1815–1833

Weltgeschichte	Glaubensverbreitung	Glaubensentfaltung
und dem osmanischen Sultan Machmud II. († 1839) alle europäischen Mächte beitreten.		
1816 Argentinien wird von Spanien unabhängig.		
1817 18./19. Okt.: **Wartburgfest** der deutschen Burschenschaft.	**1817 Papst Pius VII. (1800 bis 1823) erneuert das römische Institut der Propaganda fide.**	**1817** Professor Michael Sailer gibt sein pastoral-praktisches Handbuch der christlichen Moral heraus.
1821 Mexiko wird von Spanien unabhängig.		
1822 Brasilien wird von Portugal unabhängig; Gründung Liberias durch freigelassene USA-Neger.	**1822** Maria-Pauline Jaricot († 1862) gründet den ersten Missionsverein Frankreichs in Lyon.	
1823 Mexiko wird Republik.		
1824 **Simón Bolívar** († 1830) befreit Peru von den Spaniern.	**1824** Gründung der Berliner **Evangelischen Missionsgesellschaft.**	
1825 Bolivien wird unter Simon Bolívar unabhängige Republik: Ende des spanischen Kolonialimperiums in Südamerika.		
1828 Uruguay wird mit argentinischer Hilfe eigene Republik.		
	1829 I. Provinzialkonzil der USA in Baltimore.	
1830 27.–29. Juli: **Julirevolution** der Bürger und Arbeiter in Paris. 18. Nov.: Belgien wird von den Niederlanden unabhängig.	**1830** Joe Schmith († 1844) gründet die Religionsgemeinschaft **Kirche Jesu Christi der Heiligen der Letzten Tage (Mormonen)** und gibt für sie das Buch **Mormon** heraus.	
	1831 Errichtung des Apostolischen Vikariats Korea. William Miller († 1849) predigt für 1844 die Wiederkunft Christi und begründet die christliche Religionsgemeinschaft der **Adventisten.**	
1832 27. Mai: Auf dem **Hambacher Fest** kommt es zu Massenkundgebungen süddeutscher Demokraten und daraufhin zur Aufhebung der Presse- und Versammlungsfreiheit.		**1832** Der Tübinger Theologieprofessor Johann Adam Möhler († 1838) gibt seine wissenschaftliche Abhandlung über die dogmatischen Gegensätze zwischen Katholizismus und Protestantismus heraus, worin die katholische Glaubenslehre kontroverstheologisch verteidigt wird.
		1833 In England beginnt die **Oxfordbewegung,** die durch die Entdeckung der altkirchlichen katholischen Wurzeln im Anglikanismus zur äußeren Rekatholisierung der anglikanischen Kirche wie zu vielen Konversionen zur römisch-katholischen Kirche führt.

Orden, Heilige, Spiritualität	Kirche und Gesellschaft	Liturgie und kirchliches Leben	Christliche Kunst und Musik

Orden, Heilige, Spiritualität

1816 Charles Joseph Eugéne de Mazenod († 1861) gründet in Aix (Frankreich) die Gesellschaft der **Oblaten der Unbefleckten Jungfrau Maria** zur Volksmission, besonders unter der ärmeren Bevölkerung Frankreichs.

1818 13. Febr.: Der hl. Johannes Maria Vianney, der **Beichtvater Frankreichs** († 1859), übernimmt die Seelsorge in der Pfarrei Ars.

1820 Die Jesuiten werden aus Russland ausgewiesen.

1833 Die sel. Mutter Theresia von Jesu Gerhardinger († 1879) gründet in Neunburg vorm Wald das erste Kloster der Gemeinschaft der **Armen Schulschwestern von Unserer Lieben Frau.**

Abt Prosper Guéranger OSB († 1875) eröffnet das alte Maurinerpriorat **Solesmes** neu und begründet durch einen festen Anschluss an Rom das benediktinische Mönchtum in Frankreich wieder neu.

Kirche und Gesellschaft

1817 König Friedrich Wilhelm III. dekretiert in Preußen die **Kirchenunion zwischen Lutheranern und Reformierten.**

1821 16. Juli: Papst Pius VII. stellt durch die Zirkumskriptionsbulle »De salute animarum« die kirchliche Organisation in Preußen wieder her und errichtet dabei die Kirchenprovinzen Köln und Gnesen; Breslau und Ermland werden exemte Bistümer.

16. Aug.: Mit der Zirkumskriptionsbulle »Provida sollersque« wird die oberrheinische Kirchenprovinz Freiburg i. Br. errichtet und damit die kirchliche Organisation in Hessen, Baden und Württemberg wiederhergestellt.

1824 24. März: Papst Leo XII. († 1829) verändert mit der Zirkumskriptionsbulle **Impensa Romanorum Pontificum** das Bistum Hildesheim im Königreich Hannover.

1829 Mit der Aufhebung der **Testakte** beginnt die **Katholikenemanzipation** in England.

1830 25. März: Papst Pius VIII. († 1830) gestattet mit dem Breve **Litteris altero abhinc anno** bei solchen Mischehen, wo keine Bürgschaft für die katholische Kindererziehung übernommen werden kann, nur die **passive Eheassistenz.**

Liturgie und kirchliches Leben

Christliche Kunst und Musik

1818 Das Weihnachtslied »Stille Nacht, heilige Nacht« kommt von Österreich nach Leipzig.

1824 Ludwig van Beethoven komponiert die »Missa solemnis«.

1828 Fertigstellung der Werderschen Kirche in Berlin im Stil des **Eklektizismus.**

1829 Wiederaufführung der Matthäuspassion von Johann Sebastian Bach durch die Berliner Singakademie unter Felix Mendelssohn-Bartholdy († 1847).

Weltgeschichte	Glaubensverbreitung	Glaubensentfaltung
1835 7. Dez.: Inbetriebnahme der ersten deutschen Eisenbahn von Nürnberg nach Fürth.	**1834** Errichtung des Bistums Sydney für die Mission in Australien.	**1834** Gegen die 1817 von König Friedrich Wilhelm III. dekretierte Kirchenunion zwischen Lutheranern und Reformierten bilden sich in Preußen die **Altlutheraner.**
1838 Groß-Britannien beginnt den bis 1842 dauernden **Opiumkrieg** gegen China. **1840** Die Briten erobern **Hongkong.**	**1838** Errichtung des Bistums Algier für die französischen Einwanderer und die Nordafrikamisson.	

1833–1840

Orden, Heilige, Spiritualität

1835 Der hl. Vinzenz Pallotti († 1850) gründet in Rom die **Missionsgesellschaft des katholischen Apostolates** oder **Pallottiner** genannt.

1836 Theodor Fliedner († 1864) gründet in Kaiserswerth das erste evangelische **Diakonissen-Mutterhaus.**

Kirche und Gesellschaft

1834 Juni: Der Kölner Erzbischof Ferdinand August Graf Spiegel († 1835) und der preußische Gesandte in Rom, Christian Josias Ritter von Bunsen († 1860), kommen in Rom überein, in Preußen auch weiterhin, ohne vorheriges Versprechen, die Kinder katholisch zu erziehen, Mischehen **aktiv** zu assistieren. Diese Vereinbarung wird als **Pastoralinstruktion** in den Bistümern Trier, Münster und Paderborn veröffentlicht.

1837 20. Nov.: Der neue Erzbischof von Köln, Clemens August von Droste-Vischering († 1845), weigert sich, den Mischehen ohne vorheriges Versprechen der katholischen Kindererziehung aktiv zu assistieren und wird von der preußischen Regierung wegen angeblicher revolutionärer Umtriebe verhaftet und auf die Festung Minden gebracht. Dieses sog. »Kölner Ereignis« ruft unter der katholischen Bevölkerung Erregung und nachhaltigen Protest gegenüber der preußischen Regierung hervor.

1839 Erzbischof Clemens August von Droste-Vischering wird aus der Haft entlassen, aber nicht wieder als Erzbischof von Köln eingesetzt.
Im **Osmanischen Reich** erhalten die Christen volle **Religionsfreiheit**.

Liturgie und kirchliches Leben

1833 Der evangelische Theologe und Pfarrer Johann Hinrich Wichern († 1881) begründet in Hamburg zur Rettung der sozial verelendeten und gefährdeten Jugend das **Rauhe Haus.**

1840 Abt Prosper Guéranger OSB von Solesmes gibt seine Monographie **Institutions liturgiques** heraus und leitet mit einer allmählichen Abschaffung der gallischen Sonderriten die liturgische Erneuerungsbewegung in Frankreich ein.
In Trier wird die **Elisabeth-Konferenz** zur caritativen Hilfe für Bedürftige gegründet.

Christliche Kunst und Musik

1835 Felix Mendelssohn Bartholdy († 1847) komponiert das **Paulus-Oratorium.**

1837 Fertigstellung der Nikolaikirche in Potsdam, gebaut nach den Plänen von Karl Friedrich Schinkel († 1841) im Stil des **Klassizismus.**
Bau der Allerheiligen-Hofkirche in München.

Weltgeschichte	Glaubensverbreitung	Glaubensentfaltung
1842 China tritt im Frieden von Nanking Hongkong an England ab. Die **Buren** gründen den **Oranje-Freistaat** in Südafrika. **1844** 4.–6. Juni: Aufstand der schlesischen Weber wegen unzumutbarer Lohnverhältnisse. **1848 Febr.: Das von Karl Marx (1818–1883) und Friedrich Engels (1820–1895) verfasste »Kommunistische Manifest« wird in London veröffentlicht.** **13.–15. März: Revolution in Wien.** **18. März: Revolution in Berlin.** **20. März: Revolution in Bayern.** **18. Mai: Eröffnung der Deutschen Nationalversammlung in der Frankfurter Paulskirche.** **23. Aug.–3. Sept.: In Berlin findet der Erste Allgemeine Deutsche Arbeiterkongress statt.** **1849** Febr.: Französische Truppen besetzen die **Römische Republik.** 28. März: Die Deutsche Nationalversammlung verabschiedet die deutsche Reichsverfassung. Das Deutsche Reich wird ein erbliches Kaisertum ohne Österreich; König Friedrich Wilhelm IV. von Preußen († 1861) wird zum deutschen Kaiser gewählt. 28. April: Friedrich Wilhelm IV. lehnt die Kaiserwürde ab.	**1841 Gründung des deutschen Franz-Xaverius-Vereins für die Weltmission in Aachen.** **Nach Verhandlungen zwischen England und Preußen wird in Jerusalem ein anglikanisch-lutherisches Bistum gegründet.** **1842** Errichtung des australischen Erzbistums Sydney. **1843** Gründung des **Kindheit-Jesu-Vereins** zur Unterstützung der Weltmission in Paris. Neubeginn der Mission in China. **1844** I. Provinzialkonzil Australiens in Sydney. **1846** Die ersten Schweizer Benediktiner gehen nach Nordamerika. Benediktiner aus der bayerischen Abtei Metten gehen nach Nordamerika. **1847** Gründung der **Mormonensiedlung** in **Salt Lake City** im USA-Staat Utah. **1850** Papst Pius IX. (1846–1878) errichtet die katholische Hierarchie in England neu.	**1841** Ludwig Feuerbach († 1872) veröffentlicht sein Werk **Wesen des Christentums,** wonach das Christentum nichts anderes ist als die religiös idealistische Vorstellung vom Menschen selbst. Damit wird eine weitere Grundlage für den **dialektischen Materialismus** von Karl Marx gelegt. **1845** Ludwig Feuerbach veröffentlicht sein Werk **Wesen der Religion:** Jede Religion ist eine Selbstentfremdung des Menschen. Søren Kierkegaard († 1855) überwindet in seinem Werk **Philosophische Brocken** die Dialektik Hegels und setzt ihr die **individuelle Dialektik** entgegen, wonach sich der Mensch in freier Entscheidung dem **Paradoxen des Christentums** stellt und es in persönlicher Glaubensüberzeugung bejaht. Der anglikanische Theologe John Henry Newman († 1890 als Kardinal), der zusammen mit John Keble († 1866) und Edward Bouverie Pusey († 1882) die Oxfordbewegung leitete, konvertiert zur römisch-katholischen Kirche. **1850** Søren Kierkegaard begründet in seinem Buch **Einübung ins Christentum** den neuen **christlichen Existentialismus;** das Christentum ist **persönliche Entscheidung.**

1840–1850

Orden, Heilige, Spiritualität	Kirche und Gesellschaft	Liturgie und kirchliches Leben	Christliche Kunst und Musik
1841 8. Dez.: Der hl. Johannes Bosco († 1888) nimmt seine Seelsorgsarbeit unter der männlichen Arbeiterjugend Turins auf. **1842** In Neiße (Nysa) wird die Kongregation der **Grauen Schwestern von der hl. Elisabeth** zur Krankenpflege gegründet.	**1841** 23. Sept.: Durch Verhandlungen zwischen dem Apostolischen Stuhl und Preußen wird der **Kölner Kirchenstreit** beendet.	**1844** Gründung des **Borromäusvereins** in Bonn zur Förderung der religiösen Bildung durch Verbreitung guter Bücher. **1846 6. Nov.: In der St.-Laurentius-Gemeinde in Wuppertal-Elberfeld wird der Katholische Gesellenverein gegründet.** **1847** Mai: Kaplan Adolph Kolping († 1865) wird Präses des Katholischen Gesellenvereins in Wuppertal-Elberfeld.	
	1848 14. März: Papst Pius IX. gibt auf Verlangen des Volkes dem Kirchenstaat eine halbwegs liberale Verfassung. 29. April: Papst Pius IX. weigert sich in einer Konsistorialansprache, am Befreiungskampf Italiens teilzunehmen und verliert damit an Popularität in Italien. 15. Nov.: Der **päpstliche Ministerpräsident** Pellegrino Rossi wird ermordet und der Papst im Quirinal belagert. 24. Nov.: Papst Pius IX. muss aus Rom nach Gaeta fliehen. **1849** 9. Febr.: Proklamation der **Römischen Republik.** 3. Juli: Die Franzosen erobern Rom und stellen die päpstliche Herrschaft wieder her. Dänemark gewährt den Katholiken volle Religionsfreiheit.	**1848 Okt.: In Mainz wird der erste deutsche Katholikentag abgehalten.** Okt./Nov.: In Würzburg tagt die erste deutsche Bischofskonferenz. 19. Nov.: Pfarrer Emmanuel von Ketteler († 1877 als Bischof von Mainz) hält seine erste der insgesamt sechs bedeutsamen sozialen Adventspredigten im Mainzer Dom. In Regensburg wird der erste **Katholische Arbeiterverein Deutschlands** gegründet. Johann Hinrich Wichern gründet für die evangelische Sozialarbeit die **Innere Mission.**	
1849 Der hl. Antonio Maria Claret y Clará († 1870 als Erzbischof von Santiago de Cuba) gründet die Missionsgesellschaft der **Claretiner** zur Heidenmission.	**1850** Jan.: Die preußische Verfassung räumt den Katholiken das Recht ein, ihre Angelegenheiten selbst zu regeln und zu verwalten. 12. April: Papst Pius IX. kehrt nach Rom zurück.	**1849** Jan.: Kettelers Adventspredigten erscheinen in Buchform unter dem Titel **Die großen sozialen Fragen der Gegenwart** und begründen seinen späteren Ruf als **sozialer Bischof.**	

1850–1865

Weltgeschichte

1851 I. Weltausstellung im Londoner Kristallpalast.

1852 Gründung der südafrikanischen Buren-Republik Transvaal.

1853 Beginn des **Krimkrieges** Russlands gegen die Türkei, Frankreich und Großbritannien.

1856 **30. März: Der Friede von Paris** beendet den Krimkrieg; Russland verliert seine südosteuropäische Vorherrschaft an Frankreich und der Balkan wird zum Konfliktherd zwischen Russland und Österreich.

1860 **Abraham Lincoln** († 1865) wird Präsident der USA.

1861 14. März: Proklamation des national geeinten Königreiches Italien mit der Hauptstadt Florenz; Viktor Emanuel II. († 1878) wird König von Italien.
18. Okt.: Wilhelm I. von Preußen († 1888) wird zum König gekrönt.
Aufhebung der Leibeigenschaft in Russland.

1862 23. Sept.: Otto von Bismarck († 1898) wird preußischer Ministerpräsident.

1864 27. März: Das italienische Parlament erklärt Rom zur Hauptstadt Italiens.
28. Sept.: Gründung der **Ersten Internationale** in London.

Glaubensverbreitung

1853 Papst Pius IX. errichtet die katholische Hierarchie in den Niederlanden neu.

1854 Benediktiner der Abtei Einsiedeln in der Schweiz gehen nach Nordamerika.

1865 17. März: Im japanischen Oura bei Nagasaki werden die ersten sog. **Altchristen,** die ca. 250 Jahre ohne Priester und Sakramente lebten, entdeckt.

Glaubensentfaltung

1853 Ferdinand Christian Baur († 1860), der Begründer der ev. theol. **Tübinger Schule,** schreibt seine Kirchengeschichte **Das Christentum und die christliche Kirche der ersten drei Jahrhunderte;** beeinflusst von der Dialektik Hegels wendet er den **Entwicklungsgedanken** kritisch auf die Kirchen- und Dogmengeschichte an und legt damit zusammen mit der Theologie Schleiermachers die Grundlage für die spätere sog. **liberale protestantische Theologie.**

1854 8. Dez.: Papst Pius IX. († 1878) dogmatisiert mit der Bulle »Ineffabilis Deus« erstmals als Ex-Cathedra-Entscheidung die Unbefleckte Empfängnis Mariä.

1855 Karl Joseph von Hefele († 1893 als Bischof von Regensburg) beginnt mit der Abfassung seiner großen **Konziliengeschichte.**

1864 8. Dez.: Papst Pius IX. veröffentlicht zusammen mit der Enzyklika »Quanta cura« den sog. Syllabus, worin er 80 Zeitirrtümer u. a. den Pantheismus, den Fortschrittsglauben, den Rationalismus, Kapitalismus, Liberalismus und den Sozialismus als mit dem katholischen Glauben nicht vereinbar verurteilt.
John Henry Newman schreibt seine

Orden, Heilige, Spiritualität

1852 Der hl. Konrad von Parzham († 1893) legt im Kapuzinerkloster St. Anna bei Altötting in Bayern die ewige Profess ab und versieht fortan bis zu seinem Tod den Dienst des Klosterpförtners.

1858 11. Febr.–16. Juli: Die Muttergottes erscheint der hl. Bernadette Soubirous († 1879) in 18 Visionen in der Grotte von Massabielle bei Lourdes in Südfrankreich.
1859 Johannes Bosco gründet in Turin die Weltpriesterkongregation der **Salesianer** für das Seelsorgeapostolat unter der männlichen Jugend.

1862 8. Juni: Papst Pius IX. spricht die 26 Märtyrer von Nagasaki in Japan († 1597) heilig.

Kirche und Gesellschaft

1852 Erstmals schließen sich die katholischen Abgeordneten im Preußischen Landtag zur **Katholischen Fraktion** zusammen, um ihre Rechte besser verteidigen zu können.

1855 18. Aug.: Das Konkordat zwischen Österreich und dem Apostolischen Stuhl beendet den sog. »Josephinismus« in Österreich.

1857 In **Mexiko** werden durch die Verfassung Kirche und Staat voneinander getrennt, der Kirchenbesitz enteignet, die Orden aufgehoben und die Zivilehe obligatorisch eingeführt.
1858 Gründung der katholischen »Zentrumspartei« in Deutschland.

Liturgie und kirchliches Leben

1849 6. Mai: Domvikar Adolph Kolping gründet in Köln einen katholischen Gesellenverein, aus dem später das Kolpingwerk hervorgeht.
In Wittenberg wird der erste Evangelische Kirchentag begangen.
1852 In Eisenach findet die erste Konferenz der evangelischen Kirchenleitungen in Deutschland statt.

1856 Papst Pius IX. († 1878) dehnt das **Herz-Jesu-Fest** auf die ganze Kirche aus.

1858 Nach den Muttergottesvisionen der hl. Bernadette Soubirous († 1879) beginnen die ersten Volkswallfahrten nach Lourdes (Frankreich).
1859 In Italien wird die Inquisition endgültig beseitigt.
1861 1. Juli: Die erste Ausgabe des **L'Osservatore Romano,** der Zeitung des Papstes erscheint.
1862 Die Wallfahrten nach Lourdes werden von der Kirche offiziell gebilligt.
1864 Emmanuel von Ketteler schreibt sein Buch **Die Arbeiterfrage und das Christentum**, worin er sich mit der damaligen kapitalistischen Wirtschaftsordnung auseinandersetzt.

Christliche Kunst und Musik

1854 Anton Bruckner († 1896) komponiert die **Missa solemnis.**

1857 Einweihung der **Isaak-Kathedrale** in St. Petersburg.

Weltgeschichte	Glaubensverbreitung	Glaubensentfaltung
1866 3. Juli: Mit dem Sieg über Österreich in der **Schlacht bei Königgrätz (Hradec Králove)** übernimmt Preußen die Führung im Deutschen Bund. **1867** 19. Nov.: Rücktritt des letzten Shoguns in Japan. Mit Kaiser Mutsuhito († 1912) wird Japan zu einem modernen Industriestaat nach europäischem Vorbild umgestaltet. 21. Dez.: Der österreichische Kaiser Franz Joseph I. († 1916) wird König von Ungarn und begründet damit die **Doppelmonarchie Österreich-Ungarn.** Karl Marx veröffentlicht den I. Teil des **Kapitals.** **1869** 7.–9. Aug.: August Bebel († 1913) und Wilhelm Liebknecht († 1900) gründen die **Sozialdemokratische Arbeiterpartei Deutschlands.** 17. Nov.: Eröffnung des Suezkanals. **1870** 19. Juli: Beginn des bis 1871 dauernden **Deutsch-Französischen Krieges.**		berühmte **Apologia pro vita sua**, in der er seine Konversion begründet. **1869** Juli: Der Münchner Kirchenhistoriker Ignaz von Döllinger († 1880) bestreitet in seinem Buch **Der Papst und das Konzil** aus historischen Gründen die Primatialgewalt wie die Unfehlbarkeit des Papstes und entfacht damit eine gegen das bevorstehende I. Vatikanische Konzil gerichtete Kampagne. 8. Dez.: Papst Pius IX. eröffnet das XX. Ökumenische Konzil im Vatikan (I. Vatikanisches Konzil).

1865–1870

Orden, Heilige, Spiritualität	Kirche und Gesellschaft	Liturgie und kirchliches Leben	Christliche Kunst und Musik
1868 Charles Lavigerie († 1892 als Kardinal und Erzbischof von Algier und Tunis) gründet die Missionsgesellschaft der **Weißen Väter** für die Mission der Muslime in Nordafrika.	**1867** Der als Nationalheld gefeierte Freiheitskämpfer Giuseppe Garibaldi († 1882) fällt im Zuge der italienischen Einigungsbewegung in den Kirchenstaat ein und versucht, ihn zu erobern.	**1868** Pfarrer Franz Xaver Witt († 1888) gründet zur Pflege des Kirchengesangs den **Cäcilienverein.**	**1868** Johannes Brahms († 1897) komponiert das **Deutsche Requiem.**
	1870 20. Sept.: Piemontesische Truppen besetzen Rom; damit geht der Kirchenstaat unter. 9. Okt.: Der ehemalige Kirchenstaat wird nach einer Volksabstimmung mit dem Königreich Italien vereinigt und Rom wird die Hauptstadt des italienischen Königreiches, der Quirinalpalast die königliche Residenz. 1. Nov.: Papst Pius IX. exkommuniziert alle Urheber und Teilnehmer an der Eroberung und Besetzung Roms.		

2. Die Jahrhundertwende (1870 bis 1914)

1870–1875

Weltgeschichte	Glaubensverbreitung	Glaubensentfaltung
1871 18. Jan.: Gründung des Deutschen Reiches; der preußische König Wilhelm I. wird deutscher Kaiser, Otto von Bismarck Reichskanzler. 28. März: Proklamierung der Pariser Kommune. 10. Mai: Mit dem **Frieden von Frankfurt** wird der Deutsch-Französische Krieg beendet. **1873** 22. Okt.: **Dreikaiserabkommen** zwischen dem Deutschen Reich, Russland und Österreich zum gegenseitigen Militärbeistand im Angriffsfall. **1875 22.–27. Mai: Auf dem Gothaer Kongress vereinigen sich die von Ferdinand Lassalle († 1864) ausgehende deutsche Arbeiterbewegung und die 1869 in Eisenach gegründete Arbeiterpartei unter Führung von August Bebel († 1913) und Wilhelm Liebknecht († 1900) zur Sozialistischen Arbeiterpartei Deutschlands (seit 1890: Sozialdemokratische Partei Deutschlands).**		**1870 24. April: Das I. Vatikanische Konzil verabschiedet die dogmatische Konstitution über den katholischen Glauben »Dei Filius«, worin gelehrt wird, dass Gott aus der Natur erkennbar ist und so der Agnostizismus verurteilt wird.** **18. Juli: Verabschiedung der I. dogmatischen Konstitution über die Kirche »Pastor aeternus«, worin die Primatialgewalt des Papstes und seine Unfehlbarkeit bei »Ex-Cathedra-Entscheidungen« lehramtlich definiert werden.** 20. Okt.: Infolge des ausgebrochenen Deutsch-Französischen Krieges wird das I. Vatikanische Konzil auf unbestimmte Zeit vertagt. **1871** 22.–24. Sept.: Auf dem **Altkatholikenkongress** in München kommt es zur Gründung der **Altkatholischen Kirche,** welche die Dekrete des I. Vatikanischen Konzils nicht anerkennt und später die Ohrenbeichte und den Priesterzölibat abschafft sowie die Zweitehe gestattet. **1873** 11. Aug.: Professor Josef Hubert Reinkens von Breslau († 1896) lässt sich in Deventer vom jansenistischen Bischof Johannes Heykamp nach dem vom Pontificale Romanum vorgeschriebenen Ritus gültig zum Bischof für die Altkatholische Kirche weihen.

Orden, Heilige, Spiritualität	Kirche und Gesellschaft	Liturgie und kirchliches Leben	Christliche Kunst und Musik
	1871 **8. Juli: In Preußen wie auch im gesamten Deutschland beginnt der sog. »Kulturkampf« zwischen dem Reichskanzler Otto von Bismarck und der katholischen Kirche als Reaktion auf das I. Vatikanische Konzil mit der Aufhebung der katholischen Abteilung im preußischen Kultusministerium.** 10. Dez.: Mit dem **Kanzelparagraph** wird die freie Verkündigung eingeschränkt.		
1872 Die Jesuiten werden aus Deutschland vertrieben.	**1872** 11. März: Erlass des **Schulaufsichtsgesetzes** über die katholischen Schulen. 4. Juli: Mit dem **Jesuitengesetz** werden die Jesuiten und ihnen verwandte Ordensgemeinschaften aus Deutschland ausgewiesen.		
	1873 11.–14. Mai: Die sog. **Maigesetze** regeln die Bildung und Anstellung der Geistlichen, beschneiden die innerkirchliche Disziplinargewalt wie die Gerichtsbarkeit und erleichtern den Kirchenaustritt.		**1873** Beginn der Abschlussarbeiten am Prager Veits-Dom.
	1874 Mai: In Preußen wird die **Zivilehe obligatorisch** eingeführt.		**1874** Giuseppe Verdi († 1901) komponiert das **Requiem.** In Regensburg wird die älteste deutsche katholische Kirchenmusikschule gegründet.
1875 8. Sept.: Arnold Janssen († 1909) gründet in Steyl in den Niederlanden die **Gesellschaft des göttlichen Wortes (Steyler Missionare).**	**1875** 5. Febr.: Papst Pius IX. erklärt mit der Enzyklika **Quod nunquam** die Kulturkampfgesetzgebung im innerkirchlichen Bereich für nichtig. 6. Febr.: Die Zivileheschließung wird für das ganze Reich verpflichtend. 22. April: Mit dem **Brotkorbgesetz**		

Weltgeschichte	Glaubensverbreitung	Glaubensentfaltung
1878 13. Juni–13. Juli: Auf dem **Berliner Kongress** wird der **Balkan** neu geordnet; u.a. erhalten **Serbien** und **Rumänien** die Unabhängigkeit; das **Osmanische Reich** verliert damit an Einfluss. 21. Okt.: Otto von Bismarck erlässt das **Sozialistengesetz** gegen die Sozialdemokratie in Deutschland. **1879** Werner Siemens († 1892) baut die Elektrische Eisenbahn. **1882** Robert Koch († 1910) entdeckt den Tuberkelbazillus. **1883** Für Arbeiter wird in Deutschland die Krankenversicherung eingerichtet. **1888** **Dreikaiserjahr** in Deutschland: 9. März: Tod Wilhelms I. 15. Juni: Tod seines Sohnes und Nachfolgers Friedrich III.; dessen Nachfolger wird Wilhelm II. († 1941). **1889** **1. Mai: »Erste Maifeier« in Paris.** **1890** 20. Mai: Otto von Bismarck wird von Kaiser Wilhelm II. aus dem Staatsdienst entlassen. **1893** Rudolf Diesel († 1913) baut den Wärmemotor. **1896** Bau der Transsibirischen Eisenbahn. **1898** 10. Dez.: Im **Pariser Frieden** erlangt Kuba seine Unabhängigkeit und das **spanische Kolonialreich**	**1879** Ein Teil der Chaldäer und Armenier kehrt zur katholischen Kirche zurück. **1880** Papst Leo XIII. (1878–1903) erhebt den armenischen Patriarchen Antonius Hassun von Cilicien († 1884) als ersten Orientalen zum Kardinal. **1886** Papst Leo XIII. errichtet die katholische Hierarchie in Indien. **1889** Gründung der katholischen **Georgetown - Universität** in Washington. **1891** Errichtung des japanischen Erzbistums Tokio.	**1885** Der Philosoph Friedrich Nietzsche († 1900) nimmt in seinem Werk **Also sprach Zarathustra** eine **Umwertung aller Werte** vor, indem er den Tod Gottes sowie das Bild vom **Übermenschen** propagiert. **1886** Der ev. Kirchenhistoriker Adolf von Harnack († 1930) bestimmt in seinem **Lehrbuch der Dogmengeschichte** sowie in dem 1900 veröffentlichten Werk **Wesen des Christentums** das Dogma als **Hellenisierung des Christentums** und propagiert damit einen antidogmatischen Protestantismus. **1891** **15. Mai: Papst Leo XIII. († 1903) veröffentlicht die erste Sozialenzyklika »Rerum novarum«.** **1893** 18. Nov.: Papst Leo XIII. regt mit der Enzyklika **Providentissimus Deus** zur intensiveren Beschäftigung mit der Heiligen Schrift an. **1896** 29. Juni: Papst Leo XIII. veröffentlicht sein erstes Lehrschreiben über die Einheit der Kirche **Satis cognitum,** worin er alle Kirchen zur Rückkehr zur katholischen Mutterkirche einlädt. 13. Sept.: Mit dem Schreiben **Apostolicae curae et caritatis** erklärt Papst Leo XIII. die anglikanischen Weihen wegen eines Intentionsmangels für ungültig.

Orden, Heilige, Spiritualität	Kirche und Gesellschaft	Liturgie und kirchliches Leben	Christliche Kunst und Musik

1877 Papst Pius IX. († 1878) bestätigt endgültig die Englischen Fräulein.
1881 8. Dez.: Franziskus Maria Jordan († 1918) gründet in Rom die **Gesellschaft des göttlichen Heilands (Salvatorianer)** zur Volksmission.
1886 Okt.: Charles de Foucauld, suspendierter Leutnant, späterer Afrikaforscher und zeitweiliger Trappistenmönch († 1916), erfährt seine **Bekehrung** und legt seine Lebensbeichte ab.
1888 9. April: Die hl. Theresia vom Kinde Jesus (Thérèse von Lisieux, † 1897) tritt in den Karmel von Lisieux (Frankreich) ein.
8. Dez.: Gründung des Ordens der **Salvatorianerinnen** durch Franziskus Maria Jordan und die sel. Theresia Freiin von Wüllenweber († 1907)
1895 9. Juni: Theresia vom Kinde Jesus empfiehlt sich Gott als **Ganzopfer der erbarmungsvollen Liebe.**
1896 Sept.: Theresia vom Kinde Jesus erfährt die Fülle ihrer Berufung.
1897 Papst Leo XIII. († 1903) vereinigt mit der Konstitution **Felicitate quadam** die vier Richtungen innerhalb des Franziskanerordens zu einem einzigen Orden und gibt ihm den offiziellen Namen **Ordo fratrum minorum.**

werden die finanziellen Mittel des Staates für die katholische Kirche gestrichen.
31. Mai: Außer den caritativen Orden müssen alle anderen Ordensgemeinschaften Preußen verlassen.
4. Juli: Das **Altkatholikengesetz** sichert den Altkatholiken das Benutzungsrecht der katholischen Kirchen zu.

1880 14. Juli: Mit dem **Milderungsgesetz,** wonach die Maigesetze von 1873 elastischer gehandhabt werden können, beginnt der allmähliche Abbau des Kulturkampfes.
1887 29. April: Mit dem sog. »Zweiten Friedensgesetz« beendet Otto von Bismarck faktisch den Kulturkampf. Obwohl einige Kulturkampfgesetze noch bestehen bleiben, werden sie aber nicht angewendet.

1876 Gründung der **Görresgesellschaft** zur Pflege der Wissenschaft.
1878 Gründung des **Augustinusvereins** zur Pflege des katholischen Pressewesens.

1881 In Lille (Frankreich) wird der erste Eucharistische Kongress abgehalten.
1886 Papst Leo XIII. († 1903) approbiert die **Namen-Jesu-Litanei.**
1894 30. Nov.: Papst Leo XIII. wünscht in der Enzyklika **Orientalium dignitas** keine Angleichung der mit Rom unierten orientalischen Kirchen an die lateinische Liturgie und Disziplin, sondern will die Eigenheiten der orientalischen Kirchen gewahrt wissen; er untersagt sogar den Rituswechsel vom orientalischen zum lateinischen Ritus.
1895 In Berlin wird der Verband der katholischen Arbeitervereine gegründet.
1897 9. Nov.: Prälat Lorenz Werthmann († 1921) gründet in Köln den Deutschen Caritasverband mit dem Zentralsitz in Freiburg i. Br.
1898 Gründung des **Albertus-Magnus-Vereins** zur Unterstützung der katholischen männlichen Studentenschaft.

1880 15. Okt.: Schlusssteinlegung des Kölner Domes.
1881 Anton Bruckner komponiert das **Te Deum.**
1886 In New Orleans (USA) entsteht aus den geistlichen Negerspirituals der **Jazz.**
1889 Fritz von Uhde, Vertreter des deutschen **Impressionismus** († 1911), malt das Triptychon **Die Heilige Nacht.**

um 1895 Langsam kommt der **moderne Kirchbaustil** auf.

Weltgeschichte

in Süd- und Mittelamerika geht zu Ende

1899 18. Mai–29. Juli: In Den Haag tritt die **Erste Haager Friedenskonferenz** zur friedlichen Beilegung internationaler Streitigkeiten zusammen.

11. Okt.: Der Präsident von Südafrika, Paulus Ohm Krüger († 1900), eröffnet gegen die Briten die bis 1902 dauernden **Burenkriege.**

1900 Der österreichische Neurologe und Psychiater Sigmund Freud, der Begründer der Psychoanalyse († 1939), schreibt sein Buch **Die Traumdeutung.**

1901 **Theodore Roosevelt** († 1919) wird Präsident der USA.

1905 22. Jan.: Der sog. **Blutsonntag von St. Petersburg** löst die I. Russische Revolution aus.

Mit dem Ende des **Russisch-Japanischen Krieges** durch den Sieg Japans kommt Korea unter japanische Vorherrschaft.

1906 Formale Gründung der **Labour Party** in England.

Glaubensverbreitung

1907 In Deutschland erfolgt die Gründung der ersten **Neuapostolischen Gemeinden**

1908 Papst Pius X. († 1914) errichtet die kirchliche Hierarchie in Kanada.

Glaubensentfaltung

1903 30. Okt.: Der hl. Papst Pius X. (1903–1914) errichtet mit dem Apostolischen Schreiben **Vigilantiae** die päpstliche Bibelkommission.

1907 13. Juli: Mit der Enzyklika **Lamentabili** verurteilt Papst Pius X. gewisse Irrtümer sog. **Modernisten** in Fragen der Exegese und Dogmatik.

8. Sept.: Papst Pius X verwirft in der **Enzyklika Pascendi dominici gregis** den Modernismus schlechthin.

Orden, Heilige, Spiritualität	Kirche und Gesellschaft	Liturgie und kirchliches Leben	Christliche Kunst und Musik
1899 In Deutschland gibt es insgesamt 212 männliche und 2661 weibliche Ordensniederlassungen.		**1899** Papst Leo XIII. approbiert die **Herz-Jesu-Litanei.** **1905** 20. Dez.: Papst Pius X. († 1914) legt mit dem Dekret **Sacra Tridentina Synodus** den Gläubigen den häufigeren Kommunionempfang nahe.	
1902 6. Juli: Die hl. Maria Goretti wird, weil sie einem sexuellen Missbrauch widersteht, ermordet; die letzten Worte gelten der Vergebung ihres Mörders.	**1904** Frankreich bricht die diplomatischen Beziehungen mit dem Apostolischen Stuhl ab.	**1907** 2. Aug.: Papst Pius X. ordnet mit dem Dekret **Ne temere** das kirchliche Eheversprechen und legt die aktive Assistenz des Priesters, d. h. die Erfragung des Ehekonsenses durch ihn, als verbindliche Eheschließungsform fest.	**1902** Ferdinand Zecca († 1947) verfilmt die **Passion unseres Herrn Jesus Christus** (französischer Film). **1903** 22. Nov.: Papst Pius X. ordnet mit dem Motu proprio **Tra la sollicitudini** den Kirchengesang neu. **1904** Fertigstellung des evangelischen Domes in Berlin.
1905 13. Okt.: Charles de Foucauld lässt sich nach seiner Priesterweihe mitten unter den Tuareg in Tamanrasset in der Sahara nieder und übt mit seiner dortigen Lebensweise einen entscheidenden Einfluss auf die Spiritualität der 1933 gegründeten Kleinen Brüder Jesu aus.	**1905** 11. Juni: In der Enzyklika **Il fermo proposito** ruft Papst Pius X. die Laien auf, sich gemeinsam mit der Hierarchie den Fragen der Gesellschaft, der Politik und der Kultur zu widmen; daraus entsteht später die **Katholische Aktion.** **1906 1. Jan.: In Frankreich tritt das bis heute geltende Gesetz der Trennung zwischen Staat und Kirche in Kraft.** **1907** Ausbruch der Kirchenverfolgung in Mexiko.	Zur Unterstützung der weiblichen katholischen Studentenschaft wird der **St.-Hildegard-Verein** gegründet. **1908** 29. Sept.: Papst Pius X. schafft mit der Konstitution **Promulgandi pontificatus constitutiones** für die Veröffentlichung sämtlicher päpstlicher wie kurialer Verlautbarungen das offizielle päpstliche Amtsblatt **Acta Apostolicae Sedis.** Durch die Bulle **Sapienti consilio** wird die **Sacra Romana Rota** als päpstlicher Gerichtshof wiedererrichtet. Dr. Carl Sonnenschein († 1929) gründet in Mönchengladbach das **Sekretariat der sozialen Studentenarbeit.**	
1909 Papst Pius X. († 1914) erkennt Mary Ward († 1645) als Gründerin der Englischen Fräulein an.		**1909** 1. Jan.: Erscheinen der 1. Ausgabe der **Acta Apostolicae Sedis.**	**1909** Emil Nolde († 1956) malt **Das Abendmahl** und **Pfingsten** im Stil des **Expressionismus.**

1909–1914

Weltgeschichte

1910 Japan annektiert Korea.
1911 Die äußere Mongolei beginnt, sich von China zu lösen.
1912 12. Okt.: Die Jungchinesen unter dem Arzt und Politiker **Sun Yat-sen** († 1925) stürzen die Mandschudynastie, gründen die chinesische Nationalpartei **Kuomintang** und proklamieren die **Republik China** mit sozialer Gesetzgebung.
Okt.: Die im **Balkanbund** zusammengeschlossenen Staaten eröffnen den **I. Balkankrieg** gegen die Türken.
1913 30. Mai: Der **Friede von London** beendet den I. Balkankrieg; Albanien wird selbständiger Staat.
Juni: Bulgarien und Serbien lösen gegenseitig den **II. Balkankrieg** aus.
10. Aug.: Der **Friede von Bukarest** beendet den II. Balkankrieg; Griechenland und Serbien teilen sich Mazedonien auf.
Tibet erklärt unter britischem Einfluss seine Unabhängigkeit von China.

Glaubensentfaltung

1910 1. Sept.: Durch das Motu proprio **Sacrorum antistitum** verpflichtet Papst Pius X. alle Kleriker auf den **Antimodernisteneid.**
1910 Die protestantische Missionskonferenz von Edinburgh beschließt, eine Weltbewegung der christlichen Kirchen in den Fragen des Glaubens und der Kirchenverfassung zu organisieren, aus der später die **Ökumenische Bewegung** hervorgeht.

Orden, Heilige, Spiritualität	Kirche und Gesellschaft	Liturgie und kirchliches Leben	Christliche Kunst und Musik
		1909 Papst Pius X. approbiert die Litanei vom hl. Josef. Auf dem Katholikentag in Mecheln (Belgien) wird der Wunsch laut, die Liturgie volksnah zu feiern (démocratiser la liturgie); damit wird die **Liturgische Bewegung** zuerst im französischen und dann später im deutschen Sprachraum eingeleitet.	
	1910 Spanien bricht die diplomatischen Beziehungen mit dem Apostolischen Stuhl ab.	**1910 8. Aug.: Papst Pius X. legt im Dekret »Quam singulari« das Erstkommunionalter auf sieben Jahre fest.** Die bereits entstandene **Jugendbewegung** gründet den **Quickborn.**	**1910 Papst Pius X. gründet in Rom das Päpstliche Institut für Kirchenmusik (Pontificio Instituto di Musica Sacra).**
		1911 2. Juli: Papst Pius X. reduziert wegen der veränderten Arbeitsverhältnisse die kirchlich gebotenen Feiertage auf insgesamt zehn. 1. Nov.: Papst Pius X. ordnet das römische Brevier neu. In Deutschland wird die **Katholische Schulorganisation** gegründet.	
		1913 Unter Leitung von Abt Ildefons Herwegen († 1946) übernimmt die Benediktinerabtei Maria Laach die Führung in der Liturgischen Bewegung in Deutschland. In Köln wird der katholische **Akademikerverband** gegründet. Der evangelische Theologe und Missionsarzt Albert Schweitzer († 1965) gründet in Lambarene (Französisch-Kongo) ein Urwaldkrankenhaus.	

Weltgeschichte	Glaubensverbreitung	Glaubensentfaltung

3. Die Zeit der beiden Weltkriege (1914 bis 1945)

1914 – 1918

1914 28. Juni: Die Ermordung des österreichischen Thronfolgers Franz Ferdinand in Sarajevo löst den Ersten Weltkrieg aus.
28. Juli: Österreich-Ungarn erklärt Serbien den Krieg.
1. Aug.: Allgemeine Mobilmachung in Deutschland und Kriegserklärung des Deutschen Reiches an Russland.
3. Aug.: Kriegserklärung des Deutschen Reiches an Frankreich und Einmarsch deutscher Truppen in Belgien.
15. Aug.: Eröffnung des Panamakanals.
1917 6. April: Kriegserklärung der USA an das Deutsche Reich.
1917 6./7. Nov.: Die Oktoberrevolution unter Führung Wladimir Iljitsch Lenins († 1924) in Petrograd leitet den Aufbau einer sozialistischen Gesellschaftsordnung in Russland ein.
8. Nov.: Verkündigung der Bodenreform in Russland.
1918 3. März: Der Friede von **Brest-Litowsk** beendet den Krieg zwischen Deutschland, Österreich, Ungarn und Sowjetrussland.
8.–11. Aug.: Mit der **Schlacht bei Amiens** wird die deutsche Westfront zurückgedrängt.

Glaubensentfaltung:

1917 15. Okt.: Papst Benedikt XV. (1914–1922) gründet durch das Motu proprio **Orientis Catholici** das Orientalische Institut in Rom zum Studium der orientalischen Theologie und Spiritualität.

Orden, Heilige, Spiritualität	Kirche und Gesellschaft	Liturgie und kirchliches Leben	Christliche Kunst und Musik
1914 In Schönstatt bei Vallendar ruft Pater Josef Kentenich SAC († 1968) die sog. **Schönstatt-Bewegung** ins Leben; diese marianisch ausgerichtete Gemeinschaft, zu der vornehmlich Laien gehören, will »über Maria« zu einer vertieften Glaubenserfahrung im Alltag führen. Die Schönstatt-Bewegung gilt als erste bedeutende »Geistliche Gemeinschaft« in Deutschland.		**1915** Papst Benedikt XV. († 1922) erlaubt den Priestern, außer zu Weihnachten, wo es seit dem Mittelalter bereits gestattet war, auch zu Allerseelen dreimal zu zelebrieren (Messtrination). **1916** Die sich in Fulda versammelnde Deutsche Bischofskonferenz erkennt den **Deutschen Caritasverband** als kirchlichen Verein an. In Paderborn wird der erste katholische **Mütterverein** gegründet.	**1916** **Die Auferstehung** wird als italienischer Spielfilm verfilmt.
1917 Aufhebung des Jesuitenverbots in Deutschland. Die Muttergottes erscheint den drei portugiesischen Hirtenkindern Francisco († 1919), Jacinta († 1920) und Lucia († 2005) in **Fatima** und ruft zur Buße, zum Rosenkranzgebet wie zur Weihe der Welt an ihr Unbeflecktes Herz auf und hinterlässt drei Botschaften, deren letzte im »Heiligen Jahr 2000« veröffentlicht wurde.	**1917** 5. Febr.: Die **neue sozialistische Verfassung Mexikos** verbietet der Kirche Grundbesitz, den Religionsunterricht an den Schulen und unterstellt das gesamte öffentliche Leben der Kirche staatlicher Kontrolle. 1. Aug.: Die von Papst Benedikt XV. († 1922) verfasste Friedensnote lehnen die am Ersten Weltkrieg beteiligten Mächte ab. 5. Nov.: Metropolit Tichon von Moskau († 1925) wird zum neuen Patriarchen der russischen orthodoxen Kirche gewählt, womit das russische Patriarchat von Moskau wiedererrichtet wird.	**1917 27. Mai: Papst Benedikt XV. promulgiert den »Codex Iuris Canonici« als neues Rechtsbuch der katholischen Kirche, welches das Corpus Iuris Canonici ablöst.** Beginn der Wallfahrten nach Fatima (Portugal). **1918** 19. Mai: Der Codex Iuris Canonici tritt in Kraft.	

Weltgeschichte	Glaubensverbreitung	Glaubensentfaltung
28. Okt.: Proklamation der unabhängigen **Tschechoslowakei.** 3. Nov.: Beginn der Novemberrevolution in Deutschland. 10. Nov.: Kaiser Wilhelm II. begibt sich ins Exil nach Holland. 11. Nov.: Der **Abschluss des Waffenstillstandes** in Compiègne beendet den Ersten Weltkrieg; die Donaumonarchie Österreich-Ungarn zerfällt. **1919 1. Jan.: Gründung der Kommunistischen Partei Deutschlands unter Karl Liebknecht und Rosa Luxemburg (beide am 15. Jan. 1919 ermordet).** 11. Febr: Zusammentritt der deutschen Nationalversammlung in Weimar. 28. April: Auf der **Friedenskonferenz von Versailles** wird der **Völkerbund** geschaffen. **28. Juni: Unterzeichnung des Friedensvertrages von Versailles, der die politische Neuordnung Europas bis Ende des Zweiten Weltkrieges festlegt.** 11. Aug.: Annahme der **Weimarer Verfassung.** **1920** 15. Nov. – 18. Dez.: Der **Völkerbund** tritt erstmals in Genf zusammmen. **1922** 28. Okt.: Benito Mussolini († 1945) unternimmt den **Marsch auf**	**1921 24. Juni: Durch die Apostolische Konstitution Papst Benedikts XV. († 1922) »Sollicitudo omnium ecclesiarum« wird das Bistum Meißen wiedererrichtet.** **1922** Aus Anlass des 300-jährigen Bestehens der Missionskongregation wird in Rom der I. Internationale Missionskongress abgehalten.	**um 1920** Die schweizerischen reformierten Theologen Karl Barth († 1968) und Emil Brunner († 1966) sowie die beiden deutschen evangelischen Theologen Rudolf Bultmann († 1976) und Friedrich Gogarten († 1967) begründen die sog. **Dialektische Theologie,** eine theologische Denkrichtung, die gegen den sog. **Kulturprotestantismus** die völlige Andersartigkeit Gottes und der Offenbarung betont, wonach der Mensch nur in dialektischen Widersprüchen von Gott als dem **ganz Anderen** reden kann; Gott erweist sich dem Menschen sowohl als **Gericht** wie auch als **Aufrichtung**. **1921–1925** In den **Mechelner Gesprächen** beraten Lord Charles Halifax († 1934) und der Erzbischof von Mechelen (Belgien), Kardinal Désiré Mercier († 1926), über die Möglichkeit einer Union zwischen Anglikanern und Katholiken, die aber wegen der dogmatischen Unterschiede beider Kirchen nicht zum Ziel führen. **1922** In der 2. Auflage seiner Erklärung zum **Römerbrief** legt Karl Barth seine **Theologie des Wortes Gottes** als dessen offenbarendes Handeln an den Menschen vor, wonach der Mensch durch Gottes gegenwärtig wirkendes Wort zur Entscheidung gerufen wird.

1918–1922

Orden, Heilige, Spiritualität	Kirche und Gesellschaft	Liturgie und kirchliches Leben	Christliche Kunst und Musik
		1919 Pater Pius Parsch CR († 1954) hält im Augustiner-Chorherren-Stift Klosterneuburg seine erste **Bibelstunde.** Von der Burg Rothenfels am Main, dem Zentrum des **Quickborn,** wird die katholische Jugendbewegung in Deutschland maßgeblich beeinflusst. Gründung des **Zentralbildungsausschusses** der **katholischen Verbände Deutschlands**.	**1919** Der Architekt Otto Bartning († 1959) beeinflusst mit seinem Buch **Vom neuen Kirchbau** maßgeblich den modernen protestantischen Kirchbau.
		1920 Beginn der evangelischen Studentenseelsorge.	**1921** Die Barockorgel erlebt in Deutschland eine Renaissance.
1922 1. Jan.: Die aus einer jüdischen Familie stammende deutsche Philosophin und Pädagogin **Edith Stein** († 1942 im Konzentrationslager Auschwitz) empfängt die Taufe.		**1922 23. Dez.: Papst Pius XI. († 1939) ruft in seiner Antrittsenzyklika »Ubi arcano« zum Laienapostolat wie zur Gründung der Katholischen Aktion auf.** **Pius Parsch hält in Klosterneuburg die erste Gemeinschaftsmesse.** **Professor Romano Guardini († 1969) verkündet den Leitsatz: »Die Kirche erwacht in den Seelen der Gläubigen.«**	**1922 Der deutsche katholische Architekt Dominikus Böhm († 1955) baut in Neu Ulm die erste unverschalte Eisenbetonkirche.**

Weltgeschichte	Glaubensverbreitung	Glaubensentfaltung

Rom; der **Faschismus** gelangt damit in Italien an die Macht.
6. Dez.: Proklamation des **Freistaates Irland.**
Dez.: Auf dem I. Unionskongress der Sowjets wird die Union der Sozialistischen Sowjetrepubliken (UdSSR) geschaffen.
1923 29. Okt.: Mustafa Kemal **Atatürk** († 1938) erklärt die Türkei zur Republik, Ankara zur Hauptstadt und schafft das Kalifat (23. März 1924) ab.
8./9. Nov.: Adolf Hitler († 1945) und Erich Ludendorff († 1937) putschen gegen die Reichsregierung in München; Beginn der öffentlichen politischen Agitation Adolf Hitlers und der **Nationalsozialisten.**
1924 **Adolf Hitler** verfasst sein Werk **»Mein Kampf«,** das zur Programmschrift der 1925 von ihm neu gegründeten NSDAP wird.
1925 26. April: Generalfeldmarschall Paul von Hindenburg († 1934) wird zum Reichspräsidenten gewählt.
1929 25. Okt.: Der **Schwarze Freitag** an der New Yorker Börse leitet die **Große Weltwirtschaftskrise** ein.
1930 Eröffnung der Turkistanisch-Sibirischen Eisenbahn.
Mai: **Mahatma Gandhi** († 1948) ruft zum **Salzmarsch** ans Meer und initiiert damit die indische Freiheitsbewegung.

1926 Papst Pius XI. († 1939) weiht persönlich die ersten einheimischen Bischöfe aus China, Indien und Japan.
1927 Im Auftrag von Papst Pius XI. errichtet Bischof Michel d'Herbigny SJ († 1957) Apostolische Administraturen und weiht geheim vier Bischöfe für die Sowjetunion.
1930 13. Aug.: Mit der Bulle »Pastoralis officii Nostri« errichtet Papst Pius XI. die Bistümer Aachen und Berlin, die Freie Prälatur Schneidemühl und erhebt die Bistümer Breslau und Paderborn zu Erzbistümern.

1923 Der schwedische lutherische Erzbischof Nathan Söderblom von Uppsala († 1931) beeinflusst und fördert mit seinem Buch **Einigung in der Christenheit** maßgeblich die von den protestantischen Kirchen ausgehende **Ökumenische Bewegung.**
1925 In Chevetogne (Belgien) wird das für das ökumenische Gespräch mit den orthodoxen Kirchen bedeutsame römisch-byzantinische **Unionskloster** gegründet.
1927 Die protestantischen Kirchen treffen sich in Lausanne (Schweiz) zur ersten **Weltkonferenz der Ökumenischen Bewegung.**
1928 6. Jan.: Papst Pius XI. (1922 bis 1939) veröffentlicht die erste Ökumeneenzyklika **Mortalium animos**, wonach die Einheit nur in der katholischen Kirche möglich ist.
1930 31. Dez.: Papst Pius XI. legt in der Eheenzyklika **Casti connubii** die katholische Ehelehre dar und untersagt darin auch den Orientalen das Eingehen einer zweiten Ehe, die nach orientalischem Kirchenrecht bei Vorliegen von Ehebruch für den unschuldigen Teil gestattet ist.
Ein Teil der syromalabarischen Christen Indiens schließt mit der katholischen Kirche wieder eine Union.

1922–1930

Orden, Heilige, Spiritualität	Kirche und Gesellschaft	Liturgie und kirchliches Leben	Christliche Kunst und Musik
1925 31. Mai: Papst Pius XI. spricht Johannes Maria Vianney, den Pfarrer von Ars († 1859), heilig.	**1924** Abschluss eines Konkordates mit Bayern. **1925** Abschluss eines Konkordates mit Polen; dabei wird das **Erzbistum Lemberg (Lviv)** als **dreifacher Metropolitansitz** für die polnischen Katholiken des lateinischen Ritus, die ukrainischen Katholiken des byzantinischen Ritus und die Katholiken des armenischen Ritus geschaffen.	**1924** 25. Jan.: In Belgien gründet Abbé Joseph Cardijn († 1967 als Kardinal) die **Christliche Arbeiter-Jugend (CAJ)** **1924** Auf dem Eucharistischen Kongress in Amsterdam wird die **Caritas Internationalis** gegründet. **1925 11. Dez.: Mit der Enzyklika »Quas primas« führt Papst Pius XI. das Christkönigsfest ein.** Dr. Carl Sonnenschein wird Herausgeber des **Katholischen Kirchenblattes** für Berlin. Die **Katholische Aktion** erhält ihren kirchenrechtlichen Status.	**1923** In Frankreich werden die ersten Eisenbetonkirchen gebaut. **1924** Der schweizerische Komponist Hermann Suter († 1926) vertont in seinem Chorwerk **Le Laudi** den Sonnengesang des hl. Franziskus.
1926 Papst Pius XI. spricht die Märtyrer von Korea († 1839–1866) heilig. **1926** In Deutschland gibt es 559 männliche und 6619 weibliche Ordensniederlassungen. **1928** 2. Okt.: Der spanische Priester José Maria Escrivá de Balaguer y Albás († 1975) gründet in Madrid mit der **Sociedad sacerdotal de la Santa Cruz y Opus Dei** das erste **Säkularinstitut.**	**1926** 1. Aug.: Präsident Plutarco Elias Calles von Mexiko († 1945) lässt zeitweise alle Kirchen des Landes schließen und verfolgt unter grausamen Methoden den Klerus; erst ab 1940 bessert sich die Lage der Kirche.		**1926** Ernst Barlach († 1938) verfertigt die Holzplastik **Jesus begegnet Thomas.** **1927** Kurt Thomas († 1972) vertont die **Markuspassion.** Aufführung des amerikanischen Christusfilmes **Der König der Könige.** **1928** Der katholische österreichische Kirchenmusiker Josef Lechthaler († 1948) vertont in seinem großen Chor- und Orchesterwerk die Mariensequenz **Stabat mater.**
1929 Papst Pius XI. erhebt den hl. Johannes Maria Vianney zum **Patron der Seelsorger**.	**1929 11. Febr.: Unterzeichnung der »Lateranverträge« zwischen dem Apostolischen Stuhl durch Kardinalstaatssekretär Pietro Gasparri († 1934) und der italienischen Regierung durch Ministerpräsident Benito Mussolini († 1945), wodurch der »Vatikanstaat« als päpstliches Hoheitsgebiet geschaffen wird**. Unterzeichnung eines Konkordates mit Italien und Preußen.	**1929** Beginn der Kodifizierung des orientalischen Kirchenrechtes.	**1929** Vollendung des Prager Veits-Domes. **1930** Bau der Petri-Nikolai-Kirche in Dortmund in modernem Eisenbeton. **1930** Innerhalb von nur 9 Monaten wird unter der Leitung des Begründers des **Moderen Kirchenbaus der Nachkriegszeit**, Rudolf Schwarz († 1961), die moderne Fronleichnamskirche in Aachen gebaut.

1930–1936

Weltgeschichte

1932 5. Juli: Antonio de Oliveira Salazar († 1970) wird Präsident Portugals und führt eine rechtsfaschistische Diktatur ein.
19. Juli: Belgien, die Niederlande und Luxemburg beschließen den schrittweisen Abbau der Zollschranken.

1933 30. Jan.: Errichtung der Hitlerdiktatur in Deutschland.
Antijüdische Ausschreitungen in Deutschland.
3. März: **Franklin Delano Roosevelt** († 1945) wird Präsident der USA und verkündet sein Aktionsprogramm **New Deal** zur Gesundung des Landes.
1. Mai: **Der 1. Mai** wird in Deutschland zum Staatsfeiertag erklärt.
12. Nov.: Austritt Deutschlands aus dem Völkerbund.

1936 18. Juni: Mit der Revolte General Francisco Francos († 1975) beginnt der **Spanische Bürgerkrieg.**
26. Aug.: Ägypten wird souveräner Staat.

Glaubensverbreitung

1935 Papst Pius XI. gestattet den Katholiken in der Mandschurei, den chinesischen Religionsphilosophen Konfuzius († 479 v. Chr.) als solchen zu verehren.

Glaubensentfaltung

1931 15. Mai: Papst Pius XI. veröffentlicht die II. Sozialenzyklika **Quadragesimo anno,** die Enzyklika der sog. **sozialen Gerechtigkeit.**

Orden, Heilige, Spiritualität	Kirche und Gesellschaft	Liturgie und kirchliches Leben	Christliche Kunst und Musik
1930 Seligsprechung der als Märtyrer gestorbenen Jesuitenmissionare in Kanada († 1642–1649) durch Papst Pius XI. **1931** Abt Ildefons Herwegen OSB († 1946) gründet zur monastischen und liturgischen Forschung die **Benediktinerakademie.**	**1931** Die neue Verfassung in Spanien trennt Kirche und Staat. Es kommt zu Übergriffen auf die Kirche; ab 1936 zur Verfolgung. **1932** Konkordatsabschluss mit Baden. **1933/1934** Konkordatsabschluss mit Österreich.	**1932** Der französische Philosoph Emmanuel Mounier († 1950) gründet die Zeitschrift **Esprit** für den sog. katholischen Sozialismus in Frankreich.	**1931** Marc Chagall († 1985) beginnt mit seinen Illustrationen zur Bibel.
1933 René Voillaume gründet in El-Abiodh Sidi Cheik in der Sahara die Gemeinschaft der **Kleinen Brüder Jesu,** die nach dem Beispiel von Charles Foucauld ohne direkte missionarische Zielsetzung im zumeist entchristlichtem Milieu »mitten in der Welt« leben. Edith Stein tritt in Köln in den Karmel ein und erhält den Ordensnamen Schwester Theresia Benedicta a Cruce.	**1933 20. Juli: Unterzeichnung des »Reichskonkordates« zwischen dem Vatikan durch Kardinalstaatssekretär Eugenio Pacelli (später Papst Pius XII.) und dem Deutschen Reich durch Vizekanzler Franz von Papen († 1969).** Nach Unterzeichnung des Reichskonkordates beginnt der **lautlose Kirchenkampf** in Deutschland. **1934** Im Nazideutschland wird durch das Verbot kirchlicher Verbände und Organisationen das **öffentliche Leben entkonfessionalisiert.**		
1935 Papst Pius XI. († 1939) spricht Thomas Morus († 1535) heilig.	Der Bischof von Münster, Clemens August Graf von Galen († 1946 als Kardinal), nimmt neben anderen Persönlichkeiten gegen Alfred Rosenbergs († 1946) **Mythos des XX. Jahrhunderts** öffentlich Stellung.	**1935** Der 1878 gegründete Augustinusverein zur Pflege einer katholischen Presse muss wieder aufgelöst werden.	**um 1935** Aufkommen erster einheimischer liturgischer Gesänge in Afrika.
	1936 Beginn von Devisen- und Sittlichkeitsprozessen gegen Mitglieder von Ordensgemeinschaften in Deutschland.	**1936** 15. Aug.: Für die Diözesangerichte wird die Eheprozessordnung herausgegeben.	

Weltgeschichte	Glaubensverbreitung	Glaubensentfaltung
1938 13. März: Nach dem Einmarsch reichsdeutscher Truppen wird Österreich an das Deutsche Reich angegliedert. 9./10. Nov.: Das von den Faschisten organisierte November-Pogrom in Berlin, das unter dem Namen **»Kristallnacht«** in die Geschichte einging, löst die Ausschreitungen gegen die Juden im Deutschen Reich aus.		**1937** 19. März: Papst Pius XI. verurteilt in der Enzyklika **Divini Redemptoris** den marxistischen Kommunismus. **1938** Max Josef Metzger († 1944) gründet die **Una-Sancta-Bruderschaft** und die **Christkönigsgesellschaft** zum Gespräch der christlichen Kirchen in Deutschland.
1939 15. März: Deutsche Truppen besetzen widerrechtlich Böhmen und Mähren. 28. März: Beendigung des Spanischen Bürgerkrieges. **1. Sept.: Mit dem Einmarsch deutscher Truppen in Polen beginnt der Zweite Weltkrieg.**	**1939** Papst Piux XII. († 1958) weiht die ersten einheimischen Bischöfe aus Afrika und erlaubt den Katholiken Chinas die Verehrung des Konfuzius.	
1940 10. Mai: Einmarsch deutscher Truppen in die neutralen Staaten **Niederlande, Belgien und Luxemburg.** **1940/1941** Beginn der systematischen Judenvernichtung in Konzentrationslagern und Gaskammern.		
1941 22. Juni: Deutscher Überfall auf die **UdSSR.** ab Okt.: Das Tragen des **Judensterns** ist im Deutschen Reich für Juden verpflichtend.	**1941** 24. Juli: In Lisieux wird das **Séminaire de la Mission de France** zur Rekatholisierung breiter Volksschichten und zur besseren Verteilung des Klerus in Frankreich gegründet; am 5. Okt. 1942 wird diese Aktion als **Mission de France** von der französischen Bischofskonferenz institutionalisiert.	**1941** Rudolf Bultmann fordert die **Entmythologisierung** des Neuen Testaments, um den Menschen frei von schwer verständlichen Dogmen und zeitbedingten mythischen Anschauungen zum rechten **Hören des Wortes** wie zur **persönlichen Glaubensentscheidung** zu führen.

1936–1942

Orden, Heilige, Spiritualität	Kirche und Gesellschaft	Liturgie und kirchliches Leben	Christliche Kunst und Musik
	1937 14. März: Veröffentlichung der am 4. März unterzeichneten Enzyklika Papst Pius' XI. »Mit brennender Sorge«, worin die Anschauung und die Politik des Naziregimes öffentlich verurteilt werden. Verbot des Religionsunterrichtes in den Schulen, Streichung finanzieller Mittel, Presseverbot und Verhaftungen von Priestern und Laien setzen in Deutschland den Kirchenkampf fort.		
	1938/1939 In Deutschland werden Bekenntnisschulen, Klöster und theologische Hochschulen und Fakultäten aufgehoben.		
1939 In der Sahara entsteht die Gemeinschaft der **Kleinen Schwestern Jesu,** die wie die Kleinen Brüder Jesu »mitten in der Welt« leben.	**1939** 28. März: Ende der Kirchenverfolgung in Spanien. 24. Aug.: Papst Pius XII. appelliert an die Vernunft der Menschen, einen Krieg zu vermeiden.		
1940 Roger Schutz († 2005) gründet in Taizé in der Nähe von Cluny (Burgund) eine evangelische ordensähnliche Bruderschaft (Fraternité), die sich der Wiedervereinigung im Glauben und der ökumenischen Begegnung der Jugend besonders widmet; Roger Schutz wird der erste Prior dieser Bruderschaft.	**1940** Ende der Kirchenverfolgung in Mexiko. Beginn der Unterdrückung der Kirche in dem vom Nazideutschland besetzten Polen.		
1941 14. Aug.: Der polnische Franziskanerminorit Maximilian Kolbe opfert im Konzentrationslager Auschwitz sein Leben für einen polnischen Familienvater.		**1941** Pater Jacques Loew OP wird in Marseille Hafenarbeiter und initiiert damit das spätere Institut der **Arbeiterpriester.**	
1942 5. Okt.: Eröffnung des Prozesses gegen den Berliner Dompropst Bernhard Lichtenberg († 1943).			

Weltgeschichte	Glaubensverbreitung	Glaubensentfaltung

1943 2. Febr.: Mit der Kapitulation der deutschen 6. Armee am Ende der **Schlacht bei Stalingrad** wird die Wende des Zweiten Weltkrieges an der Ostfront herbeigeführt.

28. Nov. – 1. Dez.: **Josef Wissarionowitsch Stalin** († 1953), **Franklin Roosevelt** († 1945) und **Winston Churchill** († 1965) treffen sich zur **Konferenz von Teheran**, um über ihre Zusammenarbeit in und nach dem II. Weltkrieg zu beraten.

1944 6. Juni: Mit der alliierten **Großlandung in der Normandie** wird die Wende des II. Weltkrieges an der Westfront eingeleitet.
20. Juli: Im Führerhauptquartier »Wolfsschanze« scheitert das vom Widerstandskämpfer **Claus Schenk Graf von Stauffenberg** geplante Attentat auf Adolf Hitler; Stauffenberg wird standrechtlich erschossen.
26. Aug.: Nachdem Paris durch freie französische Truppen befreit wurde, übernimmt General **Charles de Gaulle** († 1970) die Macht in Frankreich.

1943 29. Juni: Papst Pius XII. (1939 bis 1958) stellt in der Enzyklika **Mystici corporis** die Kirche nicht mehr als eine rechtlich hierarchisch verfasste Körperschaft dar, sondern ekklesiologisch als den fortlebenden Leib Christi, und beeinflusst somit den modernen Kirchenbegriff des II. Vatikanischen Konzils.
30. Sept.: Mit der Bibelenzyklika **Divino afflante Spiritu** regt Papst Pius XII. zur textkritischen Bibelforschung an und erkennt die Ergebnisse der bisherigen kritischen Forschung an.

Orden, Heilige, Spiritualität	Kirche und Gesellschaft	Liturgie und kirchliches Leben	Christliche Kunst und Musik
1943 7. Dez.: Die Italienerin Chiara Lubich († 2008) begründet durch ihre persönliche Weihe an Gott das **Werk Mariens (Fokolare).**		**1943** Gründung des **Centre de Pastorale liturgique** in Paris.	
1944 8. Dez. Der schweizerische Theologe, Schriftsteller und langjährige Leiter des Johannesverlages, Hans Urs von Balthasar († 1988 als ernannter Kardinal) gründet zusammen mit Adrienne von Speyer († 1967) das Säkularinstitut der **Johannesgemeinschaft;** von 1961 bis 1987 verfasst er sein mehrbändiges Hauptwerk, die theologische **Trilogie**.		**1944** 14. Juli: Bischof Pierre Marie Théas von Tarbes-Lourdes († 1977) ruft anlässlich einer Messe im Staatsgefängnis von Compiègne zur Versöhnung mit Deutschland auf und ruft damit die **Friedensbewegung »Pax Christi«** ins Leben.	

Weltgeschichte	Glaubensverbreitung	Glaubensentfaltung
1945 4.-11. Febr. Auf der **Konferenz von Jalta** erörtern Stalin, Roosevelt und Churchill die politische Neuordnung der Welt nach dem Ende des II. Weltkrieges. 6. Mai: In Hannover gründet **Kurt Schumacher** († 1952) die SPD neu. **7. Mai: Unterzeichnung der Generalkapitulation des Deutschen Reiches mit den Westalliierten in Reims.** **9. Mai: Mit der Unterzeichnung der Generalkapitulation mit der Sowjetunion in Berlin-Karlshorst ist der II. Weltkrieg beendet.** **26. Juni: Gründung der Vereinten Nationen (UNO) in San Francisco.** 17. Juli–2. Aug.: Im **Potsdamer Abkommen** zwischen Stalin, Harry Truman († 1972) und Churchill werden die Grundsätze für das **Nachkriegsdeutschland** festgelegt. 14. Aug.: **Kapitulation Japans** nach Atombombenabwürfen auf Hiroshima (6. Aug.) und Nagasaki (9. Aug.). 16. Aug.: In Moskau wird die neue polnische Ost- und Westgrenze festgelegt, womit das »heutige Polen« geschaffen wird. 17. Aug.: Präsident Achmed Sukarno († 1970) proklamiert die von den Niederlanden unabhängige **Republik Indonesien.**		

4. Die Nachkriegzeit bis zum II. Vatikanischen Konzil (1945 bis 1962)

1945

Orden, Heilige, Spiritualität	Kirche und Gesellschaft	Liturgie und kirchliches Leben	Christliche Kunst und Musik
1945 19. März: Marcel Callo stirbt im Konzentrationslager Mauthausen. 9. April: Der evangelische Theologe **Dietrich Bonhoeffer**, ein Mitglied der »Bekennenden Kirche«, wird im Konzentrationslager zu Flossenburg in der Oberpfalz standrechtlich erschossen.		**1945** Papst Pius XII. († 1958) lässt eine neue lateinische Psalmübersetzung für das Breviergebet neben dem bestehenden Psalterium Gallicanum zu, die aber das II. Vatikanische Konzil nicht übernahm. 2. Dez.: In den Westsektoren Berlins erscheint die erste Ausgabe des **St. Petrusblattes.**	

Weltgeschichte	Glaubensverbreitung	Glaubensentfaltung
4. Sept.: Kommunistenführer **Ho Chi Minh** († 1969) ruft die freie **Republik Vietnam** aus. 29. Nov.: In Belgrad ruft Marschall **Josip Broz Tito** († 1980) die **Föderative Republik Jugoslawien** aus. 14. Dez.: Delegierte christlich orientierter Landesgruppen begründen in Bad Godesberg die CDU bundesweit.		
1946 22. April: In Berlin schließen sich die SPD unter **Otto Grotewohl** († 1964) und die KPD unter **Wilhelm Pieck** († 1960) zur Sozialistischen Einheitspartei Deutschlands (SED) zusammen. 1. Okt.: Der Internationale Militärgerichtshof in Nürnberg verkündet die Urteile gegen die nationalsozialistischen Hauptkriegsverbrecher.	**1946** 11. Febr.: Papst Pius XII. errichtet mit dem Erzbistum Peking und noch weiteren 104 Bistümern und 40 Apostolischen Präfekturen die Hierarchie in China. 18. Febr.: Mit der Erhebung von Erzbischof Thomas Tien von Peking († 1967) zum Kardinal erhält Ostasien den ersten Kardinal. 16. April: Gründung des Bischöflichen Kommissariates Schwerin.	**1946** In Deutschland werden erstmals zwischen Erzbischof Lorenz Jäger von Paderborn († 1973 als Kardinal) und Landesbischof Wilhelm Stählin von Oldenburg († 1962) **ökumenische Gespräche auf höherer Ebene** geführt.
1947 4. Jan.: Die erste Ausgabe des Nachrichtenmagazins **»Der Spiegel«** erscheint. 15. Aug.: Indien proklamiert in Neu-Delhi seine Unabhängigkeit von Großbritannien.		**1947** 30. Nov.: Papst Pius XII. erklärt in der Apostolischen Konstitution **Sacramentum Ordinis** allein die Handauflegung und die Weihepräfation, nicht aber die Übergabe der Heiligen Geräte, für die Gültigkeit des Weihesakramentes erforderlich.
1948 25. Febr.: In der Tschechoslowakei übernimmt unter **Klement Gottwald** († 1953) die kommunistische Partei die Staatsmacht. 20. März: Mit dem **Ende der Viermächteverwaltung Deutschlands** beginnt die politische und wirtschaftliche Teilung des Landes.	**1948** 13. Juli: In Eisenach schließen sich die evangelischen Landeskirchen zur **Evangelischen Kirche in Deutschland (EKD)** zusammen.	**1948** 22. Aug. – 4. Sept.: Bei der **ersten Vollversammlung des Weltrates der Kirchen** in Amsterdam erklären alle evangelischen Gliedkirchen, sich einander helfen zu wollen.

1945 – 1948

Orden, Heilige, Spiritualität	Kirche und Gesellschaft	Liturgie und kirchliches Leben	Christliche Kunst und Musik
	1946 18. Febr.: Den Widerstand deutscher Bischöfe gegen das NS-Regime würdigend, erhebt Pius XII. den Erzbischof von Köln, **Josef Frings** († 1978), den Bischof von Münster, **Clemens August Graf von Galen** († 22. März 1946), und den Bischof von Berlin, **Konrad Graf von Preysing** († 1950), zu Kardinälen. 8. März: Eine Synode der russischen orthodoxen Kirche liquidiert die **ukrainisch-katholische** Kirche des ruthenischen Ritus, indem sie deren **Anschluss an das Moskauer Patriarchat** verfügt.	**1946** In Paris wirken die ersten **Arbeiterpriester.**	
1947 2. Febr.: Papst Pius XII. verleiht mit der Apostolischen Konstitution »Provida Mater Ecclesiae« den Säkularinstituten ihren kirchenrechtlichen Status. 28. April: Papst Pius XII. spricht Maria Goretti († 1902) heilig. 16. Mai: Papst Pius XII. kanonisiert mit Niklaus von Flüe (Bruder Klaus) († 1487) den »Nationalheiligen der Schweiz«.		**1947** 20. Nov.: In der Liturgieenzyklika **Mediator Dei** heißt Papst Pius XII. die **Liturgische Bewegung** gut und betont erstmals die »aktive Teilnahme aller Gläubigen am Eucharistischen Opfer«.	
		1948 3.–5. Sept.: In Mainz findet der **73. Deutsche Katholikentag,** der erste nach dem Ende des II. Weltkrieges, statt. 20. Okt.: In Magdeburg wird für die Sowjetische Zone das **Seelsorgehelferinnenseminar** gegründet.	**1948** 1. Mai: Die Dresdener Kapellknaben gründen sich neu.

Weltgeschichte	Glaubensverbreitung	Glaubensentfaltung

1948–1950

Weltgeschichte

1948 14. April: David Ben Gurion († 1973) proklamiert in Tel Aviv den Staat **Israel**.
15. Aug.: In Seoul wird die prowestliche Republik Korea ausgerufen.
9. Sept.: Mit der Gründung der Demokratischen Republik Korea im Norden ist die **Teilung Koreas** bis heute festgeschrieben.
11. Dez.: Gründung der »Freien Demokratischen Partei (FDP)« in Heppenheim a. d. Bergstraße.
1949 4. April: Gründung des **Nordatlantikpaktes (NATO)** in Washington.
18. April: In Dublin wird formell die **Republik Irland »Eire«** proklamiert.
23. Mai: Verkündigung des »Grundgesetzes der Bundesrepublik Deutschland« als provisorische Verfassung bis zur Wiedervereinigung.
20. Sept.: Konstitution der Bundesrepublik Deutschland (BRD).
1. Okt.: **Mao Zedong** († 1976) proklamiert in Peking die kommunistisch regierte **Volksrepublik China.**
7. Okt.: Gründung der sozialistisch regierten Deutschen Demokratischen Republik (DDR).
1950 13. Juni: In Südafrika wird durch die **Group Areas Act** die **Rassentrennung (Apartheid)** zum Gesetz.

Glaubensentfaltung

1949 28. Juni: In einem Dekret des Heiligen Offiziums (veröffentlicht am 1. Juli) wird die Zugehörigkeit zur Kommunistischen Partei wie deren Unterstützung mit der Exkommunikation sanktioniert.

1950 28. Juli: Ein Dekret des Heiligen Offiziums verbietet die Zugehörigkeit von Katholiken zu kommunistischen Jugendverbänden.
12. Aug.: Mit der Enzyklika **Humani generis** wendet sich Papst Pius XII. gegen ein Untergraben der Grundlagen des Glaubens durch einen Relativismus wie durch rein naturwissenschaftliches Argumentieren, was besonders den sog. »Monogenismus« betrifft.
1. Nov.: Papst Pius XII. dogmatisiert in der Apostolischen Konstitution »Munificentissimus Deus« die leibliche Aufnahme Mariä in den Himmel als Ex-Cathedra-Entscheidung und verkündet damit das bisher letzte Dogma der katholischen Kirche.

Orden, Heilige, Spiritualität	Kirche und Gesellschaft	Liturgie und kirchliches Leben	Christliche Kunst und Musik
1949 Auf der spanischen Insel Mallorca findet der erste **Cursillo de Cristianidad,** ein Intensivkurs, der den Teilnehmern das Wesentliche des Christentums vertiefend zu vermitteln sucht, statt.	**1949** Mit landesweiten Repressalien beginnt in der **Volksrepublik China** der **Kampf gegen alle christlichen Kirchen** im Lande. 8. Febr.: Der Erzbischof von Esztergom und Fürstprimas von Ungarn, Kardinal Jószef Mindszenty († 1975), wird wegen »Landesverrat« zu lebenslanger Haft verurteilt. 19. Juni: Der Erzbischof von Prag und Primas von Böhmen, Kardinal Josef Beran († 1969), wird unter Hausarrest gestellt. 16. Juli: Mit dem »Gesetz über das Verhältnis von Staat und Kirche« grenzt die Regierung der Tschechoslowakei die Selbstbestimmung der katholischen Kirche ein.	**1949** Papst Pius XII. erlaubt eine Teilübersetzung des Missale Romanum in das Hochchinesische. 22. Febr.: Erstmals promulgiert mit dem Motu proprio **Celebrae allatae** Papst Pius XII. Teile des **Ostkirchenrechtes (Codex Iuris Canonici Orientalis)** für die mit Rom unierten Ostkirchen; weitere Teile werden in den folgenden Jahren veröffentlicht. 24. Dez.: Papst Pius XII. öffnet zu Beginn des **25. Heiligen Jahres** die sog. »Heilige Pforte« im Petersdom.	
1950 Auf dem Internationalen Kongress der Ordensleute in Rom ruft Papst Pius XII. erstmals die Orden zu einer »Anpassung an die Bedürfnisse der Zeit und der Menschen« auf. Edith Steins Studien über Johannes vom Kreuz († 1591) mit dem Titel **Kreuzeswissenschaften** werden herausgegeben. **7. Okt.: Die aus Jugoslawien stammende albanische Mutter Teresa Boyaxhiu († 1997) gründet in Bombay die Kongregation der »Missionaries of Charity (Missionarinnen der Nächstenliebe)«.**	**1950 4. April: Der Apostolische Stuhl und die Bundesrepublik Deutschland nehmen diplomatische Beziehungen auf; erster Nuntius wird Erzbischof Aloys Muench († 1962 als Kardinal).** 14. April: Durch eine rechtsverbindliche Übereinkunft wird in Polen zwischen der katholischen Kirche und der kommunistischen Regierung als »gleichberechtigten Partner« das beiderseitige Verhältnis neu geregelt und für die katholische Kirche ein akzeptabler **Modus vivendi** erzielt.	**1950** Pater Pius Parsch CR († 1954) begründet in Klosterneuburg bei Wien das **Bibelapostolat.**	**1950** Der französische Maler Henri Matisse († 1954) gestaltet die 1951 geweihte Kapelle in Vence bei Nice (Nizza). Der deutsche Expressionist Otto Dix († 1969) malt **Die Verkündigung, Saul und David** sowie **Die Offenbarung.** Joseph Ahrens komponiert die **Passionsmusik.** Der französische Komponist Olivier Messiaen († 1992) komponiert die **Pfingstmesse.**

Weltgeschichte	Glaubensverbreitung	Glaubensentfaltung
25. Juni: **Ausbruch des Koreakrieges** durch Einmarsch nordkoreanischer Truppen in Südkorea. **1952** 10. März: Stalin bietet Verhandlungen über die **Wiedervereinigung Deutschlands in Neutralität** an; Bundeskanzler Konrad Adenauer († 1967) lehnt mit Blick auf die Westintegration der BRD diese »historische Chance« ab. 26. Mai: Im **Deutschlandvertrag** erkennen die Westmächte die Souveränität der BRD an. 26. Dez.: Erstmals wird in Deutschland die **Tagesschau** gesendet. **1953** 2. Juni: Elisabeth II. wird in der Londoner Westminster Abbey zur Königin von Großbritannien und Nordirland gekrönt. **17. Juni: Der Arbeiteraufstand gegen die Politik des SED-Regimes in der DDR wird »blutig« niedergeschlagen.** 18. Juni: In Kairo wird die Republik Ägypten proklamiert. 27. Juli: Im **Panmunjon** unterzeichnen die USA und Nordkorea das bis heute gültige **Waffenstillstandsabkommen** zwischen beiden Teilen Koreas.	**1953** 12. Jan.: Erzbischof Valerian Gracias von Bombay († 1978) wird zum Kardinal erhoben. 5. Juni: Eröffnung des regionalen Priesterseminars für die DDR in Erfurt. Papst Pius XII. errichtet mit den Bistümern Kopenhagen (29. April), Oslo (29. Juni) und Stockholm (8. Nov.) die Hierarchie in Skandinavien.	**1952** Bildung der **Internationalen Konferenz für ökumenische Fragen** in Rom unter maßgeblicher Beteiligung von Msgr. Prof. Jan Willebrands.

1950–1953

Orden, Heilige, Spiritualität	Kirche und Gesellschaft	Liturgie und kirchliches Leben	Christliche Kunst und Musik
		1951 9. Febr.: Mit dem Dekret der Ritenkongregation **Dominicae Resurrectionis** stellt Papst Pius XII. die **Feier der Osternacht** wieder her und ordnet dabei deren liturgische Gestaltung neu. 25. April: Die Regierung der DDR genehmigt dem neu gegründeten **St. Benno-Verlag GmbH Leipzig** für die Herausgabe katholischen Schrifttums in der DDR die verlegerische Tätigkeit. 27. Mai: In Leipzig erscheint die erste Ausgabe der Kirchenzeitung **Tag des Herrn.** 7.–14. Okt.: In Rom findet der Weltkongress des Laienapostolates statt.	**1951** Der deutsche Architekt Dominikus Böhm († 1955) vollendet die katholische Kirche in Gelsenkirchen mit einer modernen gläsernen Chorwand; Glas wird neben Beton immer mehr ein bevorzugtes Baumaterial für Kirchen.
1952 Gründung der Gemeinschaft **Jesus Caritas**, in der sich an der Spiritualität des Charles de Foucauld († 1916) orientierende Laien, später auch Priester, ohne »direkte« missionarische Zielsetzung »mitten in der Welt« leben.		**1952** 11. Nov.: Gründung der **Katholischen Nachrichtenagentur (KNA).**	**1952** 30. Juni: Das Heilige Offizium erlässt mit der Instruktion **De arte sacrae** Richtlinien für den modernen Sakralbau. Francis Poulenc († 1963) komponiert das französische Choralstück **Stabat Mater.**
1953 Der spanische Familienseelsorger Pater Gabriel Calvo SJ ruft die Bewegung **Marriage Encounter** zur Intensivierung der christlichen Ehegemeinschaft ins Leben.	**1953** 21. April: Die Konferenz der Bischöfe der Vereinigten Evangelisch-Lutherischen Kirchen Deutschlands protestiert gegen die Glaubensbehinderungen der Christen in der DDR. 28. Sept.: Der Erzbischof von Gnesen und Warschau, der Primas von Polen, Kardinal Stefan Wyszyński († 1981) wird von der polnischen Regierung »abgesetzt« und verhaftet.		

1954–1956

Weltgeschichte	Glaubensverbreitung	Glaubensentfaltung
1954 21. Juli: Mit der **Indochina-Konferenz** in Genf endet der 1946 ausgebrochene **I. Vietnamkrieg** mit der Teilung des Landes in den kommunistisch regierten Norden und den prowestlich orientierten Süden. 1. Nov.: Ausbruch des **Algerienkrieges** zur Befreiung von der französischen Kolonialmacht.	**1954** 15. Aug.: Mit der Apostolischen Konstitution **Omnium Ecclesiarum** erhebt Papst Pius XII. die **Mission de France** zur **Praelatura nullius.**	
1955 14. Mai: **Unterzeichnung des Warschauer Paktes** zwischen der UdSSR und den Ostblock-Staaten als Gegengewicht zur NATO. 15. Mai: Mit der Unterzeichnung des **»Staatsvertrages«** in Wien erhält **Österreich** in den Grenzen von 1938 nach 17 Jahren »in immerwährender Neutralität« seine Souveränität zurück. 8.–13. Sept.: Bundeskanzler **Konrad Adenauer** († 1967) vereinbart bei seiner **Moskaureise** diplomatische Beziehungen zwischen der BRD und der UdSSR sowie die Rückführung der letzten deutschen Kriegsgefangenen. 19. Sept.: Argentiniens Staatspräsident Juan Domingo Perón († 1974) wird gestürzt und flieht nach Spanien.	**1955** 25. Febr.: Errichtung des Bistums Helsinki für Finnland.	**1955** 10. April: In New York stirbt der französische Jesuit, Anthropologe und Philosoph Pierre Teilhard de Chardin; er versuchte eine Synthese von Evolutionstheorie und christlichem Glauben, wonach die Entwicklung des Geistigen mit dem Menschen noch nicht abgeschlossen sei.
1956 25. Febr.: In der UdSSR beginnt die sog. **Entstalinisierung**. 29. Okt.: Israelische Streitkräfte greifen Ägypten an und verursachen damit die **Suezkrise**.		

Orden, Heilige, Spiritualität	Kirche und Gesellschaft	Liturgie und kirchliches Leben	Christliche Kunst und Musik
1954 Der italienische Priester Luigi Giussani ruft in Mailand die Bewegung **Communione e Liberazione** (CL), in der versucht wird, auf Kultur- und Zeitfragen »aus dem Geist Christi« eine Antwort zu finden, ins Leben. 29. Mai: Mit der Kanonisation **Papst Pius' X.** († 1914) durch Papst Pius XII. erfolgt die bisher **letzte Heiligsprechung eines Papstes.**	**1954** 14. Nov.: Mit einem Aufruf wird in der DDR die sog. **Jugendweihe** eingeführt, die ein Bekenntnis zum marxistischen Atheismus mit einschließt. 26. Dez.: In den katholischen Kirchen Ost-Berlins und der DDR wird ein Hirtenwort zur Jugendweihe verlesen und darin betont, dass diese für katholische Christen »nicht in Frage kommt«. **1955** 6. März: Im Ostteil des Bistums Berlin wird eine Bekanntmachung des Bischöflichen Ordinariats verlesen, worin betont wird, dass niemand zur Jugendweihe »gezwungen« werden darf, da deren Teilnahme nach offiziellen Parteiangaben »freiwillig« ist. **1956** 28. Okt.: Kardinal Stefan Wyszyński wird nach seiner Haftentlassung wieder in sein Amt »eingesetzt«. 4. Nov.: Kardinal Jósef Mindszenty findet nach seiner Befreiung am 30. Okt. in der USA-Botschaft in Budapest politisches Asyl. 7. Dez.: Ein Abkommen zwischen der polnischen Regierung und der katholischen Kirche sichert wieder mehr Religionsfreiheit zu.	**1954** 1. Jan.: Die französischen Arbeiterpriester werden von ihren Bischöfen aufgefordert, wieder in die Seelsorgsarbeit zurückzukehren. 3. Jan.: Für den Ostteil des Bistums Berlin erscheint die erste Ausgabe des **St. Hedwigsblattes.** 7. Juli: Eröffnung des **VI. Evangelischen Kirchentages** in Leipzig mit Teilnahme von Politikern aus der BRD und der DDR. 11. Okt.: Papst Pius XII. setzt mit der Marienenzyklika **Ad coeli reginam das Fest »Maria Königin«** ein und ruft anlässlich der 100-Jahr-Feier der Dogmatisierung der ohne Erbsünde empfangenen Gottesmutter Maria vom 8. Dez. 1954 ein **Marianisches Jahr** aus. **1955** 1. Mai: Papst Pius XII. verlegt das **Hochfest des hl. Josef** auf den **19. März;** der 1. Mai wird künftig als Gedenktag »des hl. Josefs als Arbeiter« begangen. 16. Nov.: Mit dem **Ordo Hebdomadae Sanctae instauratus** ordnet Papst Pius XII. die Feier der **Karwoche** neu und legt die Feier des Leidens und Sterbens Christi auf den Nachmittag des Karfreitags und die Feier der Osternacht in die späten Abendstunden des Karsamstags. **1956** 18. Sept.: 1. **Pastoralliturgischer Kongress** in Assisi und Rom.	**1954** Fertigstellung der von dem aus dem französisch sprechenden Teil der Schweiz stammenden Architekten und Maler Charles Edouard Jaenneret, genannt »Le Corbusier« († 1965), entworfenen Wallfahrtskirche **Notre Dame du Haut** bei Ronchamp, eines Monumentalbaus moderner Kirchenbauarchitektur im Stil des **Kubismus.** In den USA wird die erste **Drive-in-Church (Auto-Kirche)** in Nutzung genommen. Der spanische Maler Salvador Dalí († 1989) malt **Das Sakrament des Abendmahles** im surrealistischen Stil. **1955** 25. Dez.: Papst Pius XII. empfiehlt in der Enzyklika **Musicae sacrae disciplina** die Pflege des Gregorianischen Chorals als kostbaren Schatz des Kirchengesanges. **1956** 29. Febr.: In Rom wird die Ausstellung **Arte liturgica in Germania** (Liturgische Kunst in Deutschland) eröffnet. 3. Juni: Raffaels **Sixtinische Madonna** (um 1512/1513) ist nach ihrer Rückgabe aus der UdSSR wieder im Dresdener Zwinger zu sehen. Igor Strawinsky († 1971) komponiert sein geistliches Chorwerk für Chor, Orchester und Orgel **Canticum sacrum ad honorem Sancti Marci nominis** (Geistliches Lied zu Ehren des Namens des hl. Markus).

Weltgeschichte	Glaubensverbreitung	Glaubensentfaltung
4. Nov.: Einheiten der UdSSR marschieren in Budapest ein und schlagen den **Ungarn-Aufstand** nieder, um den Versuch des Landes, sich aus dem Ostblock zu lösen, zu vereiteln. **1957** 4. Okt.: Die UdSSR startet mit **»Sputnik I«** den **ersten Erdsatelliten.** **1958** 17. April: In Brüssel wird die **I. Weltausstellung** nach dem II. Weltkrieg eröffnet. **1959** 2. Jan.: Revolutionsführer Fidel Castro ergreift in Kuba die Macht und gestaltet das Land nach kommunistischem Vorbild um. 6. Juli: Das **Saarland** wird völlig in die BRD eingegliedert.	**1957** 23. Febr.: Mit der Bulle **Germanicae gentis** errichtet Papst Pius XII. das Ruhrbistum Essen; erster Bischof wird Franz Hengsbach († 1991 als Kardinal). **1958** 6. Juni: Mit Asrate Mariam Yemmeru als Bischof von Addis Abeba wird der erste katholische Bischof für Äthiopien geweiht.	**1957** 12. Mai: An der Universität München wird das Internationale Institut für Wissenschaft und Glaube der **Görresgesellschaft** gegründet. **1959** 25. Jan.: Papst Johannes XXIII. († 1963) kündigt die Einberufung eines Ökumenischen Konzils an. 14. Juni: Erstmals spricht Papst Johannes XXIII. von einem **»Aggiornamento (Anpassung)«** der katholischen Kirche an die Erfordernisse der heutigen Zeit.
1960 8. Nov.: **John F. Kennedy** († 1963 erschossen) wird mit 43 Jahren der jüngste Präsident der USA; er ist gleichzeitig auch der erste Katholik als Präsident. 30. Juni: Belgien entlässt unvorbereitet den Kongo in seine Unabhängigkeit, was zum Bürgerkrieg und wirtschaftlichem Chaos führt. 16. Aug.: Unabhängigkeitserklärung **Zyperns** von Großbritannien durch **Erzbischof Makarios III.** († 1977).	**1960** 1. Jan.: Beginn der 1900-Jahrfeiern im Gedenken an den Schiffbruch des hl. Apostels Paulus auf der Insel Malta. 28. März: Mit Erzbischof Laurean Rugambwa von Dares-Salaam in Tansania wird der **erste einheimische Bischof Afrikas** durch Papst Johannes XXIII. zum **Kardinal** erhoben; mit Erzbischof Peter Tatsuo Doi von Tokio († 1970) erhält Japan seinen ersten Kardinal.	**1960** 5. Juni: Papst Johannes XXIII. richtet das **Sekretariat zur Förderung der Einheit der Christen** ein und überträgt dessen Leitung dem deutschen Kurienkardinal Augustin Bea SJ († 1968). 2. Dez.: Als erster Vertreter der **anglikanischen Kirche** stattet der Erzbischof von Canterbury, Lordprimas Geoffry Fisher († 1972), Papst Johannes XXIII. einen Höflichkeitsbesuch ab. Der deutsche evangelische Theologe Rudolf Bultmann († 1976) legt im Werk **Das Verhältnis der urchristlichen Christusbotschaft zum historischen Jesus** sein Grundanliegen der sog. **Entmythologisierung des Neuen Testamentes** zusammenfassend dar.

Orden, Heilige, Spiritualität

1957 Febr.: In Liganga in Belgisch-Kongo wird das erste Benediktinerkloster St. Maurus »nur für afrikanische Mönche« eröffnet.

1958 17. Febr.: Papst Pius XII. erklärt die **hl. Klara von Assisi** († 1253) zur **Patronin des Fernsehens**.

Kirche und Gesellschaft

1959 8. Febr.: Die katholischen Oberhirten in der DDR verwahren sich in einem Hirtenbrief gegen Verleumdungen der Kirche und eine Einengung der Glaubensfreiheit durch das DDR-Regime.
23. März: DDR-Ministerpräsident Otto Grotewohl († 1964) richtet heftige Angriffe gegen die Kirchen beider Konfessionen.
29. April: Der evangelische Bischof von Berlin-Brandenburg, **Otto Dibelius** († 1967), klagt in einem »offenen Brief« an Ministerpräsident Otto Grotewohl die »Propagierung des Atheismus« in der DDR an.

Liturgie und kirchliches Leben

1957 8. Sept.: In der Enzyklika **Miranda prorsus** äußert sich Papst Pius XII. erstmals zur Fragen der Massenkommunikation.
1958 17. April: Eröffnung der **Weltausstellung** in Brüssel, bei der erstmals auch der **Vatikan** mit einem Pavillon vertreten ist.
13.–17. Aug.: Zum letzten Mal kann der 78. Deutsche Katholikentag gemeinsam in Ost- und West-Berlin begangen werden.

1959 15. März: Erste **Misereor-Kollekte** in Deutschland.

1960 25. Juli: Papst Johannes XXIII. vereinfacht die Rubriken für Brevier und Missale (Messbuch).
31. Juli–7. Aug.: In München wird der 37. Eucharistische Weltkongress unter letztmaliger offizieller Teilnahme von Christen aus der DDR begangen.

Christliche Kunst und Musik

Das Musical **Halleluja Billy** von Helmut Barbe wird auf dem evangelischen Kirchentag in Frankfurt/Main aufgeführt.
1957 3. Juli: In Paris wird der Weltkongress für Kirchenmusik eröffnet.
1. Sept.: Kardinal Julius Döpfner († 1976 als Erzbischof von München-Freising) konsekriert im West-Berliner Hansaviertel die **St. Ansgar Kirche,** die im Zeichen der »Interbau-Berlin« konstruiert wurde.
Der französische Komponist Jean Langlais († 1990) komponiert seine **Missa Salve Regina** im sog. »Cantus planus«.
Carl Orff († 1982) komponiert sein modernes Osteroratorium **Comoedia de Christi Resurrectione.**
1958 25. März: Der Patriarch von Venedig, Kardinal Angelo Roncalli († 1963 als Papst Johannes XXIII.) weiht die »unterirdische Basilika Pius X.« in Lourdes ein.
Der russisch-jüdische Maler und Graphiker Marc Chagall († 1985) malt **Die Erschaffung des Menschen.**
13.–17. Aug.: Auf dem Katholikentag in Berlin werden erstmals **Negro-Spirituals** vorgestellt.
3. Sept.: Die Ritenkongregation erlässt eine Instruktion über die Kirchenmusik und die Liturgie, in der u. a.

V.

Die Kirche der Gegenwart

1. Vom II. Vatikanischen Konzil bis zur »Wende im Ostblock« (1962 bis 1990)

1960–1962

Weltgeschichte	Glaubensverbreitung	Glaubensentfaltung
1961 **12. April: Der 27-jährige sowjetische Kosmonaut Juri Gagarin († 1968) umkreist als erster Mensch im Raumschiff »Wostok« die Erde. Damit beginnt die bemannte Weltraumfahrt.** 31. Mai: Proklamierung der **Republik Südafrika** in Pretoria. **13. Aug.: Die DDR-Regierung riegelt durch den Bau der »Berliner Mauer« den Ostsektor gegen die Westsektoren der Stadt ab, womit die »Teilung Deutschlands« vollendet wird.**	**1961** 21. Juli: In Eichstätt wird die internationale Studienwoche für **Missionskatechese** eröffnet. 15. Aug.: Papst Johannes XXIII. († 1963) errichtet für Burgenland (Österreich) die Diözese Eisenstadt.	**1961** 15. Mai: Papst Johannes XXIII. veröffentlicht seine Sozialenzyklika **Mater et Magistra.** 27. Sept.: Die orthodoxe Kirche beschließt in Vorbereitung auf die **Panorthodoxe Konferenz auf Rhodos,** die auf Initiative von **Patriarch Athenagoras I. von Konstantinopel** († 1972) zurückgeht und auch die autokephalen orthodoxen Kirchen des Ostblocks einschließt, »freundschaftliche Beziehungen zur römisch-katholischen Kirche aufzunehmen«. 25. Dez.: Papst Johannes XXIII. beruft mit der Apostolischen Konstitution **Humanae salutis** für Herbst 1992 das XXI. Ökumenische Konzil als II. Vatikanisches Konzil nach Rom ein.
1962 3. Juli: **Algerien** wird nach 132 Jahren in die Unabhängigkeit entlassen und zu einem sozialistischen Staat umgestaltet. 28. Okt.: Die UdSSR zieht auf amerikanischen Druck ihre Raketen aus Kuba zurück und beendet damit die einen Weltkrieg auszulösen drohende **Kuba-Krise**.		**1962** 2. Febr.: Im Motu proprio **Consilium** legt Papst Johannes XXIII. den Konzilsbeginn auf den 11. Oktober 1962 fest. 30. Juli: Mit dem Oberpriester Shizuko Mazurata des Kenkon Tempels in Kyoto (Japan) empfängt Papst Johannes XXIII. einen geistlichen Vertreter des japanischen Schintoismus. 5. Aug.: Erstmals nach ca. 400 Jahren besucht mit Kurienkardinal Augustin Bea SJ ein Kardinal aus dem Vatikan offiziell den sog. Lambeth

Orden, Heilige, Spiritualität	Kirche und Gesellschaft	Liturgie und kirchliches Leben	Christliche Kunst und Musik
	1961 19. Sept.: Nach dem Bau der Berliner Mauer am 13. Aug. 1961 wird **Bischof Dr. Alfred Bengsch** († 1979 als Kardinal) als neuer **Diözesanbischof** in der Ost-Berliner Ss. Corpus Christi Kirche inthronisiert, am 21. Sept. erfolgt seine Inthronisation in der West-Berliner St. Matthiaskirche; Bischof Bengsch, der in Ost-Berlin residiert, übt sein Amt auch in West-Berlin aus und bildet damit eine gleichsam **lebendige Klammer** zwischen beiden Teilen Berlins wie zwischen beiden politischen Systemen im geteilten Deutschland. **2. Nov.: In einem »Spitzengespräch« legen Bischof Dr. Alfred Bengsch und das Mitglied des Politbüros wie des Zentralkomitees der SED, Willi Stoph, die »Grundlagen für die künftige Kirchenpolitik in der DDR«.**	**1961** 16. April: Papst Johannes XXIII. weiht den neuen Assessor der Ostkongregation, Msgr. Gabriel Acacio Coussa († 1962) zum Bischof und zelebriert damit erstmals eine Messe im **byzantinischen Ritus.** 24./25. Dez.: In der BRD wird zu Weihnachten erstmals die **Adveniat-Kollekte** gehalten.	auch Rundfunk- und Fernsehübertragungen besprochen werden. Der evangelische Komponist Ernst Pepping († 1981) vertont die **Weihnachtsgeschichte** des Lukas. **1960/1963** Carl Crodel verfertigt die farbigen Kirchenfenster für den Dom zu Erfurt. Fertigstellung der bis zur Kuppel gleichsam unterirdischen Kathedrale **Nossa Senhora Aparecida** (Die erschienene Gottesmutter) in **Brasilia,** der nach den Plänen des österreichisch-brasilianischen Architekten Oscar Niemeyer und des Brasilianers Lúcio Costa neu erbauten Hauptstadt Brasiliens. **1961** 10. Sept.: 900-Jahrfeier des Domes zu Speyer. 1. Nov.: 1000-Jahrfeier des Domes zu Nordhausen. Der Maler und Graphiker Joseph Hegenbarth († 1982) schafft einen »Graphischen Kreuzweg« für die Unterkirche der Berliner St. Hedwigskathedrale. Neubau der evangelischen Kaiser-Wilhelm-Gedächtniskirche in West-Berlin im Stil des modernen Glasbaus.
1962 23. Mai: Eröffnung des Internationalen Kongresses für **geistliche Berufe** in Rom. 3. Juni: Kardinal Josef Frings von Köln († 1978) weiht in Köln-Sülz das erste Kloster der »japanischen Schwestern vom Heiligsten Herzen Jesu« ein. 10. Juni: Errichtung des Denkmals der 26 Märtyrer von Nagasaki († 1597) in Nagasaki (Japan). 14. Juli: Grundsteinlegung der Kartause »Marienau« in Leutkirch im schwäbischen Allgäu. 18. Sept.: Tod der stigmatisierten Therese von Konnersreuth.		**1962** 15. Jan.: Papst Johannes XXIII. nimmt den hl. Josef in den Römischen Messkanon auf. 15. April: Im Motu proprio **Cum gravissima sint munera** ordnet Papst Johannes XXIII. an, dass künftig alle Kardinäle die Bischofsweihe empfangen müssen. 22.–26. Aug.: Am 79. Deutschen Katholikentag in Hannover können fortan die Christen aus der DDR nicht mehr offiziell teilnehmen.	**1962** 8. Juli: Bischof Otto Spülbeck von Meißen († 1970) weiht den Hochaltar der wieder aufgebauten Hofkirche in Dresden.

1963 21. Jan.: Präsident **Charles de Gaulle** und Bundeskanzler **Konrad Adenauer** unterzeichnen im Pariser Élysée-Palast den **Vertrag über die deutsch-französische Aussöhnung und Zusammenarbeit.**
1. April: In Mainz beginnt das **Zweite Deutsche Fernsehen (ZDF)** sein Programm.
5. Aug.: In Moskau unterzeichnen die UdSSR, die USA und Großbritannien das **Atomteststopp-Abkommen.**
1964 1. Juni: Gründung der **Palästinensischen Befreiungsorganisation (PLO)** in Jerusalem.
12. Juni: Der Freundschaftsvertrag zwischen der DDR und der UdSSR legt die sog. **Drei-Staaten-Theorie** vor, wonach neben der BRD und der DDR noch die »politisch selbständige Einheit West-Berlin« besteht.
2. Juli: Präsident Lyndon B. Johnson († 1973) unterzeichnet das Gesetz zur **Aufhebung der Rassentrennung** in den USA.
30. Juli: Nordvietnamesische Kriegsschiffe beschießen im Golf von Tongking US-Zerstörer, womit der **II. Vietnamkrieg** eingeleitet wird.
14. Okt.: Leonid Breschnjew († 1982) löst Nikita Chruschtschow († 1971) als Parteichef der KPdSU ab.

Palace, den Sitz des anglikanischen Lordprimas in London.
11. Okt.: Papst Johannes XXIII. eröffnet die erste Sitzungsperiode des II. Vatikanischen Konzils als dem »ersten Pastoralkonzil« der katholischen Kirche.
8. Dez.: Ende der I. Sitzungsperiode des II. Vatikanums.
1963 11. April: Papst Johannes XXIII. veröffentlicht seine Friedensenzyklika **Pacem in terris.**
29.Sept.: **Papst Paul VI.** († 1978) eröffnet die **zweite Sitzungsperiode** des II. Vatikanums.
4. Dez.: Verabschiedung der **Liturgiekonstitution »Sacrosanctum Concilium«** sowie des **Dekretes über die sozialen Kommunikationsmittel »Inter mirifica«** und Abschluss der II. Sitzungsperiode.
1964 5. Jan.: **Papst Paul VI.** trifft bei seiner Reise ins Heilige Land, der ersten **Auslandsreise eines Papstes** in der neuen Kirchengeschichte, zum ersten Mal mit dem Ökumenischen Patriarchen Athenagoras I. von Konstantinopel zusammen.
19. Mai: **Errichtung des Sekretariats für die nichtchristlichen Religionen** in Rom.
10. Aug.: Papst Paul VI. veröffentlicht seine erste Enzyklika **Ecclesiam suam** über die Selbstbesin-

Orden, Heilige, Spiritualität

1964 Der spanische Maler Kiko Arguello veranlasst am Stadtrand von Madrid den **Neokatechumenalen Weg (Neokatechumenat),** einen »stufenweisen« Weg ständiger Umkehr, der zur vollen Verwirklichung der Taufe als Grundsakrament der Kirche im persönlichen Leben führen soll.
18. Okt.: Papst Paul VI. spricht mit den **22 Märtyrern von Uganda** († 1886) die **ersten afrikanischen Märtyrer der Neuzeit** heilig und erwähnt dabei auch ehrenvoll die Blutzeugen aus der anglikanischen Kirche.

Kirche und Gesellschaft

1963 7. März: Papst Johannes XXIII. empfängt mit **Alexej Adschubej,** dem Schwiegersohn des sowjetischen Ministerpräsidenten Nikita Chruschtschow († 1971), zum ersten Mal einen **politischen Repräsentanten der UdSSR**.
3. Okt.: Kardinal Josef Beran, Prag, wird aus dem Hausarrest entlassen und siedelt zwangsweise nach Rom über.
1964 27. Juni: Mit dem **Vertrag zwischen Tunesien und dem Vatikan** schließt der Apostolische Stuhl **erstmals** mit einem Land, in dem der **Islam »Staatsreligion«** ist, ein Abkommen, um den dortigen Katholiken, selbst unter großen Opfern (Aufhebung des Erzbistums Karthago), die Religionsausübung zu gewährleisten.

Liturgie und kirchliches Leben

1964 17.–19. Febr.: Die **Fuldaer Bischofskonferenz** beschließt, künftig die **Lesungen in der Messfeier** stets in der **Muttersprache** vorzutragen.
7. April: Papst Paul VI. errichtet eine **Päpstliche Kommission für Publizistik.**
14. Sept.: Die Eröffnungsmesse der III. Sitzungsperiode des II. Vatikanums wird erstmals in **Konzelebration** gefeiert.
26. Sept.: Die Reliquien des Hauptes des hl. Apostels Andreas werden von Venedig nach Patras (Griechenland) gebracht und der griechisch-orthodoxen Kirche zurückgegeben.
29. Sept.: Die Konzilsväter beschließen die Einführung des »ständigen Diakonats« auch für »verheiratete Männer« in der katholischen Kirche des lateinischen Ritus.
13. Nov.: Papst Paul VI. legt die **Tiara** als Zeichen der päpstlichen Vollmacht nieder und benutzt statt dessen fortan den sog. **Primatsstab.**

Christliche Kunst und Musik

Neubau der **anglikanischen Kathedrale von Coventry** nach den Plänen von **Sir Basil Spence;** sie gilt als eines der Hauptwerke des modernen Kirchbaus in Großbritannien.
1963 20. Febr.: In der Freien Volksbühne in West-Berlin wird das Drama **»Der Stellvertreter«** von Rolf Hochhuth aufgeführt, in dem Papst Pius XII. durch sein »Schweigen« eine gewisse Mitschuld am Tod zahlreicher Juden in der NS-Zeit zugewiesen wird; in Stellungnahmen der Kirche wird darauf aufmerksam gemacht, dass Papst Pius XII. auf »seine Weise« vielen Juden geholfen hat und dass man das Papstamt nicht »nur nach politischen Kategorien« beurteilen darf.
4./5. Mai: Bischof Alfred Bengsch weiht die moderne Gedächtniskirche **Maria Regina Martyrum** in West-Berlin ein.
31. Juli: Einweihung der Gedächtniskapelle im ehemaligen Konzentrationslager Dachau.
1. Nov.: Bischof Dr. Alfred Bengsch weiht den Hochaltar der nach dem Zweiten Weltkrieg wieder aufgebauten **St. Hedwigskathedrale** in Ost-Berlin.
Der evangelische Komponist Siegfried Reda († 1968) komponiert sein Werk **Requiem.**

Weltgeschichte | Glaubensverbreitung | Glaubensentfaltung

nung und Erneuerung der Kirche sowie über ihren Dialog mit der modernen Welt.
14. Sept.: Eröffnung der **dritten Sitzungsperiode** des II. Vatikanums.
21. Nov.: Verabschiedung der **Dogm. Konstitution über die Kirche »Lumen gentium«, des Ostkirchendekretes »Orientalium Ecclesiarum«, des Ökumenismusdekretes »Unitatis redintegratio«** sowie Ende der III. Sitzungsperiode.

1965 22. März: Der 43-jährige **Nicolae Ceausescu** († 1989) übernimmt die Macht in Rumänien und steuert einen von Moskau unabhängigen sozialistischen Kurs.
9. Aug.: **Singapur** erklärt seine Unabhängigkeit von Malaysia.

1965 2.–5. Dez.: Papst Paul VI. reist zum Eucharistischen Kongress nach Bombay und besucht damit als erster Papst ein ehemaliges Missionsland außerhalb Europas.
5. Dez.: »In aller Stille« wird in Rom der Apostolische Administrator von Kaunas und Vilkaviškis in der Litauischen SSR, **Josef Matoulaitis Labukas** († 1979), zum Bischof geweiht; es ist die erste offizielle Bischofsweihe für einen Oberhirten in der UdSSR seit 1953.

1965 9. April: Errichtung des **Sekretariats für die Nichtglaubenden.**
14. Sept.: Eröffnung der **vierten Sitzungsperiode** des II. Vatikanums.
15. Sept.: Mit dem Motu proprio **Apostolica sollicitudo** errichtet Papst Paul VI. die sog. **Bischofssynode.**
28. Okt.: Verabschiedung des **Bischofsdekretes »Christus Dominus«, des Priesterausbildungsdekretes »Optatam totius«, des Ordensdekretes »Perfectae caritatis«, der Erklärung über die christliche Erziehung »Gravissimum educationis« und der Erklärung über das Verhältnis der Kirche zu den nichtchristlichen Religionen »Nostra aetate«.**
18. Nov.: Verabschiedung der **Dogmatischen Konstitution über die göttliche Offenbarung »Dei verbum« und des Dekretes über das**

1964–1965

Orden, Heilige, Spiritualität

1965 1. Febr.: Die von Mutter Teresa 1950 gegründete Schwesterngemeinschaft der Missionaries of Charity wird ein Ordensinstitut päpstlichen Rechts.

Kirche und Gesellschaft

1965 **4. Okt.: Mit Papst Paul VI. spricht erstmals das Oberhaupt der katholischen Kirche vor der UNO in New York.**

Liturgie und kirchliches Leben

1965 25.–28. Jan.: In Ost-Berlin wird erstmalig in dieser Art ein **Liturgischer Kongress** durchgeführt.
7. März: Ab dem heutigen I. Fastensonntag kann die Muttersprache für die gesamte Liturgie in der katholischen Kirche verwendet werden.
30. April: Bischof Dr. Alfred Bengsch von Berlin und Vorsitzender der Berliner Bischofskonferenz wird durch ein Schreiben des Heiligen Offiziums die Erlaubnis erteilt, in der DDR Laien mit der **Kommunionspendung** und der Feier von **Wortgottesdiensten** zu beauftragen, womit in der DDR der Dienst des **Diakonatshelfers** (der **Diakonatshelferin)** eingeführt wird.
29. Nov.: Veröffentlichung der **Versöhnungsbotschaft** der Bischöfe Polens an die deutschen Bischöfe, welche die deutschen Bischöfe am 5. Dez. erwidern.

Christliche Kunst und Musik

1963 Der katholische Komponist Peter Janssens vertont die ersten **Messen mit Jazzelementen.**
1964 25. Okt.: Papst Paul VI. konsekriert die Kirche der wieder aufgebauten Benediktinerabtei Monte Cassino.
Max Baumann vertont die **Passion** als Orgelkonzert mit Streichinstrumenten und Pauken.
Giselher Klebe komponiert die Messe **Miserere nobis** für Blasinstrumente.
Der französische Komponist Darius Milhaud († 1974) vertont die Friedensenzyklika Papst Johannes' XXIII. **Pacem in terris** von 1963.
Der italienische Filmregisseur Pier Paolo Pasolini († 1975) verfilmt das **Matthäusevangelium.**

1965 Fertigstellung der evangelischen Tromsdalen-Kirche (Eismeerkathedrale) in Tromsö (Norwegen), deren 23 m hohe Glasmalerei die Wiederkunft Christi darstellt.

Weltgeschichte	Glaubensverbreitung	Glaubensentfaltung
		Laienapostolat »Apostolicam actuositatem«. 7. Dez.: Verabschiedung der **Pastoralkonstitution »Gaudium et spes«, des Priesterdekretes »Presbyterorum ordinis«, des Missionsdekretes »Ad gentes« sowie der folgenreichen Erklärung über die Religionsfreiheit »Dignitatis humanae«.** Papst Paul VI. und Metropolit Meliton als Vertreter des ökumenischen Patriarchen Athenagoras I. von Konstantinopel heben die 1054 ausgesprochene gegenseitige **Exkommunikation** auf und **beenden damit formell das »Morgenländische Schisma«.** Mit dem Motu Proprio **Integrae servandae** löst Papst Paul VI. das **Heilige Offizium** durch die **Kongregation über die Glaubenslehre (Glaubenskongregation)** ab. 8. Dez.: Mit einer feierlichen **Schlusssitzung** wird das II. Vatikanum beendet.
1966 1. Juli: Frankreich zieht sich aus der NATO zurück. 8. Aug.: **Mao Zedong** († 1979) legitimiert auf der 11. Vollversammlung des VIII. Zentralkomitees der KP Chinas die von ihm bereits schon 1965 ausgelöste **Kulturrevolution** in der Volksrepublik China.	**1966** 3. Mai: Höhepunkt der 1000-Jahr-Feiern der Christianisierung Polens in Tschenstochau (Częstochowa); Papst Paul VI. wie Vertretern der Weltkirche wird die Teilnahme seitens der polnischen Regierung verweigert.	**1966** 18. März: Durch die Instruktion der Glaubenskongregation **Matrimonii sacramentum** wird die Exkommunikation nicht katholisch getrauter Katholiken aufgehoben. 23. März: Der anglikanische Erzbischof Michael Ramsey von Canterbury († 1988) besucht Papst Paul VI.

1965–1966

1966 **17. Febr.: Papst Paul VI.** ordnet mit der Apostolischen Konstitution **Paenitemini** die Fastenordnung neu.
6. Aug.: Mit dem Motu proprio **Ecclesiae Sanctae** erlässt Papst Paul VI. eine »vorläufige« nachkonziliare Gesetzgebung.

1966 Dieter Schnebel komponiert mit **Deuteronomium** ein Kirchenmusikstück der »Avantgarde«.
Marc Chagall verfertigt das Thema **Jakobs Traum** als Glasfenster für die Kathedrale von Metz in Frankreich.

Weltgeschichte	Glaubensverbreitung	Glaubensentfaltung
		in Rom und tauscht mit ihm bei einem gemeinsamen Wortgottesdienst den Bischofsring aus. 15. Nov.: Durch ein Dekret der Glaubenskongregation wird der sog. **Index der verbotenen Bücher** aufgehoben.
1967 5. Juni: Israel beginnt den **Sechs-Tage-Krieg** als Präventivschlag gegen Ägypten, Syrien und Jordanien. **1. Juli: In Rom wird die »Europäische Gemeinschaft (EG)« gegründet.**		**1967** 26. März: Papst Paul VI. veröffentlicht seine Sozialenzyklika **Populorum progressio.** 19. Mai: Das römische Einheitssekretariat gibt den **I. Teil des ökumenischen Direktoriums** heraus. 19. Juni: Papst Paul VI. ruft das **»Jahr des Glaubens«** aus. 29. Sept.–29.Okt.: In Rom tritt erstmals die **Vollversammmlung der Bischofssynode** zusammen.

1966–1967

1967 Eine Erneuerung »Ignatianischer Laiengruppen (Marianische Kongregation)« führt zur Gründung der Dachorganisation **Gemeinschaften christlichen Lebens (GCL)** auf dem Fundament der »Exercitia spiritualia« des hl. Ignatius von Loyola († 1556).
In den USA begründen Universitätsprofessoren und -studenten die **Katholische Charismatische Gemeindeerneuerung,** in der die persönliche Umkehr als auch das Glaubenszeugnis zur Wiederbelebung des christlichen Glaubens entscheidend ist; die Aktionen dieser Bewegung sind auf eine **Reevangelisierung** der Welt ausgerichtet.
Okt.: Einleitung der Seligsprechungsverfahren für die Päpste Pius XII. und Johannes XXIII.

1967 2.–9. Jan.: Der Generalsekretär des Deutschen Caritasverbandes, Msgr. Georg Hüssler, und der Präsident des Weltrates der Kirchen, Pastor Martin Niemöller († 1984), besuchen offiziell das kommunistische Nordvietnam.
30. Jan.: Papst Paul VI. empfängt das sowjetische Staatsoberhaupt **Nikolai Podgorny** († 1983) in Audienz.
27. Juni: Papst Paul VI. erhebt Erzbischof **Karol Woytiła** von Krakau (Kraków) und Bischof Alfred **Bengsch** von Berlin zu **Kardinälen;** Kardinal Bengsch ist der erste Kardinal, der in der DDR residiert.
13. Nov.: Staats- und Parteichef Enver Hoxha († 1985) erklärt Albanien zum »ersten atheistischen Staat der Welt«; demzufolge ist jede Religionsausübung untersagt, alle Kirchen und Moscheen werden geschlossen, und auf die Taufspendung steht die Todesstrafe.

1967 1. Jan.: Papst Paul VI. regelt durch die Apostolische Konstitution **Indulgentiam doctrina** das Ablasswesen neu.
13. Mai: Anlässlich der 50-Jahr-Feiern der Muttergotteserscheinungen weilt Papst Paul VI. in Fatima (Portugal).
18. Juni: Mit dem Motu proprio Papst Pauls VI. **Sacrum Diaconatus Ordinem** werden die Normen für den **ständigen Diakonat** in der lateinischen Kirche erlassen.
24. Juni: Mit der Enzyklika **Sacerdotalis coelibatus** bekräftigt Papst Paul VI. das Festhalten der katholischen Kirche des lateinischen Ritus an der Zölibatsverpflichtung für Bischöfe und Priester.

1967 5. März: Die Ritenkongregation veröffentlicht mit der Instruktion **Musicam sacram** die Richtlinien für die nachkonziliare Kirchenmusik.

Weltgeschichte	Glaubensverbreitung	Glaubensentfaltung

1968–1969

Weltgeschichte

1968 30. Jan.: Der **Vietcong** leitet mit der **Tet-Offensive** die Wende im II. Vietnamkrieg zu Ungunsten der USA ein.

4. April: Der schwarze Geistliche und Bürgerrechtler **Martin Luther King** wird in Memphis/Tennessee (USA) ermordet.

8. April: Die DDR gibt sich eine neue Verfassung, in der alle Hinweise auf »eine deutsche Nation« gestrichen werden.

10. Mai: Durch Massendemonstrationen und Generalstreiks hervorgerufene Unruhen in Frankreich bringen das Land an den Rand des Chaos.

20. Aug.: Truppen des Warschauer Paktes (außer Rumänien) besetzen die Tschechoslowakei und beenden den durch Alexander Dubček († 1992) im Januar eingeleiteten »Prager Frühling«.

1969 3. Febr.: **Jassir Arafat** († 2004) wird Führer der PLO.

1. April: Die Kommunistische Partei Chinas verkündet das **Ende der Kulturrevolution**.

20. Juli: Der amerikanische Astronaut Neil Armstrong betritt als erster Mensch die Mondoberfläche.

12. Aug.: **Beginn des Nordirlandkonfliktes** zwischen Katholiken und Protestanten.

Glaubensverbreitung

1968 13. Jan.: Beginn der Feierlichkeiten zur 1000-Jahr-Feier des Bistums Meißen.

22.–24. Aug.: Papst Paul VI. nimmt am Eucharistischen Kongress in der bolivianischen Hauptstadt Bogotá teil und besucht damit als erster Papst **Lateinamerika.**

18. Okt.: Errichtung des Bistums Reykjavik auf Island.

8. Dez.: Für das österreichische Bundesland Vorarlberg wird das Bistum Feldkirch errichtet.

9. Dez.: Errichtung des Bistums Innsbruck für Nordtirol.

1969 14. Febr.: Beginn der Feiern zum 1100. Todestag des hl. Cyrill († 869) in Rom, Olomouce (Olmütz) und Velehrad.

21. März: Durch **zwei Missionsinstruktionen** regelt Papst Paul VI. die künftige Zusammenarbeit von Missionsinstituten bzw. Missionsorden mit der ortskirchlichen Hierarchie.

10. Juni: Gründung des »Bundes der Evangelischen Kirchen in Deutschland«.

31. Juli–2. Aug.: Papst Paul VI. besucht Uganda und damit als erster Papst **Afrika**; in Gaba bei Kampala eröffnet er das **erste panafrikanische Bischofssymposion**.

Glaubensentfaltung

1968 1. Juni: Einführung eines allen Kirchen gemeinsamen »Vaterunser-Textes« im gesamten deutschen Sprachgebiet.

30. Juni: Papst Paul VI. beendet das »Jahr des Glaubens« mit einem **Credo des Gottesvolkes.**

4.–16. Juli: Erstmals nehmen katholische Beobachter an der IV. Vollversammlung des Rates der Kirchen in Uppsala (Schweden) teil.

25. Juli: Papst Paul VI. veröffentlicht seine in einigen Fragen bis heute noch umstrittene Enzyklika **Humanae vitae** zur Geburtenregelung.

1. Okt.: In München stirbt der katholische Religionsphilosoph und richtungsweisende Theologe **Romano Guardini.**

1969 10. Juni: Papst Paul VI. besucht als erster Papst den **Ökumenischen Rat der Kirchen** in Genf.

Orden, Heilige, Spiritualität

Kirche und Gesellschaft

Liturgie und kirchliches Leben

1968 1. Jan.: Auf Weisung von Papst Paul VI. wird erstmals der **1. Januar als »Weltgebetstag für den Frieden«** begangen.
31. März: In der DDR wird erstmals in den katholischen Kirchen die Kollekte **Not in der Welt** gesammelt.
28. April: Der Kölner Weihbischof Dr. Augustinus Frotz († 1994) weiht im Kölner Dom die ersten verheirateten Männer in Deutschland zu **ständigen Diakonen.**
13.–17. Mai: Im Bistum **Hildesheim** tritt die **erste deutsche Diözesansynode** in der BRD nach dem II. Vatikanum zusammen.
13. Mai: Die Ritenkongregation genehmigt drei neue Hochgebete (Canones) für die Messfeier.
8. Juni: Mit der Apostolischen Konstitution **Pontificalis romani recognito** approbiert Papst Paul VI. die neuen Riten für die Diakonats-, Priester- und Bischofsweihe.
1969 10.–13. Febr.: In Ost-Berlin tagt ein **Homiletischer Kongress**.
14. Febr.: Papst Paul VI. führt mit dem Motu proprio **Mysterii Paschalis** die **Liturgische Kalenderreform** ein und verändert dabei vor allem Heiligenfeste.
29. März: Die Ritenkongregation veröffentlicht den neuen Ritus für die Eheschließung.

Christliche Kunst und Musik

1968 30. Mai: Trotz der Proteste der Kirchen, des Denkmalschutzes und der Bevölkerung wird die **Universitätskirche** in **Leipzig** unter dem Vorwand städtischer Neubauvorhaben gesprengt.
25.–28. Juni: Während der Feierlichkeiten zum St. Markus-Jubiläum wird die neue koptische **St. Markus Kathedrale** in **Kairo** eingeweiht; sie ist mit 3000 Plätzen der bis dahin größte Kirchbau in Nordafrika wie im Mittleren Orient.
Werner Thärichen komponiert den **139. Psalm** für Orchester, Alt, Solo, Chor und »Elektronik«.
1969 23. März: In **Nazaret** wird die neue **Verkündigungs-Basilika** eingeweiht.
Fertigstellung der sog. **Felsenkirche** in Helsinki, ein aus dem Felsen gesprengter Kirchenraum mit Glaskuppel.
Der englische Komponist Edward Benjamin Britten († 1976) komponiert den **Kinderkreuzzug,** der anlässlich des 50. Jahrestages des Kinderhilfs-Fonds in der anglikanischen St. Pauls Cathedral in London uraufgeführt wird.
Der polnische Komponist Krzysztof Penderecki führt seine in moderner Musik vertonte Lukaspassion in Düsseldorf urauf.

Weltgeschichte	Glaubensverbreitung	Glaubensentfaltung
1970 4. Sept.: In Santiago de Chile gewinnt Salvador Allende († 1973) die Präsidentschaftswahlen und baut in Chile ein sozialistisches System auf. 7. Dez.: Die BRD erkennt die **Oder-Neiße-Linie** als deutsch-polnische Staatsgrenze an.	**1970** 20. Aug.: Beginn der 1000-Jahr-Feiern der Geburt und Taufe des hl. Königs Stephan von Ungarn († 1030) in der Stephans-Basilika in Budapest. 26. Nov.–4. Dez.: Papst Paul VI. besucht als erster Papst Australien sowie den **Fernen Osten** und entgeht dabei am 27. Nov. knapp einem **Attentat in Manila**.	**1970** 9. Mai: Der in Etschmiadzin (Armenische SSR) residierende Katholikus aller christlichen Armenier, Vasgen I. († 1993), besucht Papst Paul VI. 16. April: Veröffentlichung des **II. Teiles des Ökumenischen Direktoriums.**
1971 3. Sept.: In West-Berlin unterzeichnen die vier Siegermächte das **Viermächteabkommen über Berlin**, welches den Status der geteilten Stadt festschreibt. 26. Okt.: Die Volksrepublik China wird anstelle Taiwans in die UNO aufgenommen.		
1972 Im Auftrag des **Club of Rome** wird im Buch **Die Grenzen des Wachstums** auf die Folgen unbegrenzter ökologischer Ausbeutung der Erde hingewiesen.	**1972** 7. Jan.: In **Indien** beginnen die 1900-Jahr-Feiern der Christianisierung des Landes in Madras. 28. Juni: Das Bistum Berlin wird exemt und die Apostolische Administratur Görlitz errichtet.	**1972** 16. Juni: Die Glaubenskongregation erlässt Richtlinien für die sakramentale **Generalabsolution** und legt Bedingungen dafür fest.
1973 31. Jan.: Die von Präsident **Hafez al Assad** († 2000) neugestaltete **Verfassung Syriens** ordnet den **Islam dem Sozialismus unter.** 18. Sept.: Die BRD und die DDR werden als zwei souveräne Staaten in die UNO aufgenommen. 6. Okt.–11. Nov.: **Yom-Kippur-Krieg** zwischen Israel und Syrien bzw. zwischen Israel und Ägypten.		**1973** 5. Mai: Das Oberhaupt der koptischen Kirche in Ägypten, Papst-Patriarch Shenouda III. von Alexandrien, besucht Papst Paul VI.

Orden, Heilige, Spiritualität

1970 27. Sept.: **Papst Paul VI. erhebt mit der hl. Teresa von Ávila († 1582) die erste Frau zur »Kirchenlehrerin«.**
4. Okt.: Die **hl. Katharina von Siena** († 1380) wird von Papst Paul VI. zur **Kirchenlehrerin** erhoben.

1971 1. Juli: Veröffentlichung des Schreibens Papst Pauls VI. über »Das Unaufgebbare im Ordensleben in einer Zeit der Unruhe«; hierin äußert sich der Papst zu den Ordensreformen mit Blick auf den stärker werdenden Einfluss des Säkularismus im Ordensleben.

1973 Mit einer Schriftenreihe, u. a. **Die Heiligen kommen wieder,** zeigt der evangelische Theologe, Historiker und Hagiograph Walter Nigg († 1988) die Bedeutung der Heiligen für die heutige Zeit auf.

Kirche und Gesellschaft

1970 14. Aug.: Der **Vatikan und Jugoslawien** nehmen diplomatische Beziehungen auf; damit unterhält der Apostolische Stuhl neben Kuba zu einem weiteren sozialistischen Land offizielle Beziehungen.
1971 29. März: Der Staatspräsident Jugoslawiens, **Marschall Josip Broz Tito** († 1980), besucht Papst Paul VI.
2.–6. Juli: Auf der **Eisenacher Synode** des Bundes der Evangelischen Kirchen in der DDR wird der umstrittene wie folgenreiche Begriff von der **»Kirche im Sozialismus«** geprägt.
28. Sept.: Kardinal Jószef Mindszenty reist nach seiner »Begnadigung« auf Geheiß von Papst Paul VI. ins »Exil nach Wien«.
1973 3. und 7. März: Der Substitut im Päpstlichen Staatssekretariat, **Erzbischof Agostino Casaroli,** kann seit ca. 25 Jahren vier Bischöfe in der Tschechoslowakei öffentlich weihen.
23. Juli: Die bisherigen **Bischöflichen Kommissare** in den Jurisdiktionsbezirken **Erfurt, Magdeburg und Schwerin** in der DDR ernennt Papst Paul VI. zu **ständigen Apostolischen Administratoren;** eine in der Weltkirche einmalige kanonische Handhabung in der hierarchischen Administration.

Liturgie und kirchliches Leben

3. April: Mit der Apostolischen Konstitution »Missale Romanum« führt Papst Paul VI. das neue Römische Messbuch für die katholische Kirche verbindlich ein.
6. Juni: Mit einem Schreiben der Kongregation für den Gottesdienst an die deutschen Bischöfe wird für Deutschland die Spendung der sog. **Handkommunion** ermöglicht.
13. Juni: In der Dresdener Hofkirche eröffnet Bischof Dr. Otto Spülbeck († 1970) die **Diözesansynode des Bistums Meißen.**
1970 31. März: Papst Paul VI. regelt mit dem Motu proprio **Matrimonia mixta** die Mischehengesetzgebung neu.
1. Nov.: Papt Paul VI. approbiert mit der Apostolischen Konstitution **Laudis canticum** das neue **lateinische Brevier.**
1971 3. Jan.: Im Würzburger St. Kiliansdom wird die erste Vollversammlung der **Gemeinsamen Synode der Bistümer der Bundesrepublik Deutschland** eröffnet.
28. März: Mit dem Motu proprio **Causas matrimoniales** ordnet Papst Paul VI. die **kirchlichen Eheprozesse** neu.
24. Okt.: Abschluss der Diözesansynode des Bistums Meißen.

Christliche Kunst und Musik

Der französische Komponist Olivier Messiaen vertont seine **Meditation über das Geheimnis der Heiligen Dreifaltigkeit.**
1970 Aufführung der Rock-Oper **Jesus Christ Superstar** von Andrew Lloyd Webber.
1971 30. Mai: Die im Kloster St. Marienstern ausgelagerte berühmte **Silbermannorgel** der Dresdener Hofkirche (1750/1754) wird nach ihrer Restauration in der Hofkirche wieder aufgestellt.
21. Mai–1. Aug.: Im Germanischen Museum in Nürnberg ist die umfassendste aller Gedenkausstellungen zu Albrecht Dürers 500. Geburtstag zu sehen.
30. Juni: Papst Paul VI. weiht die **neue Audienzhalle** im Vatikan ein.
In Nordisrael wird ein Grabgemälde aus dem 5. Jh., das Daniel in der Löwengrube darstellt, als erstes Grabgemälde dieser Art in Israel entdeckt.
1972 21. Mai: László Tóth, ein 33-jähriger Australier ungarischer Herkunft, beschädigt mit Hammerschlägen massiv die **Pietà Michelangelos im Petersdom.**
Aus der Stiftskirche in Colmar (Elsass) wird Martin Schongauers († 1491) Bildnis **»Maria im Rosenhag«** gestohlen (1973 wiedergefunden); derartige Kirchendiebstähle

1974 6. Mai: Bundeskanzler Willy Brandt († 1992) erklärt nach der **Spionageaffäre »Günter Guillaume«** seinen Rücktritt.
20. Juli: Türkische Truppen landen in Zypern und besetzen den Norden des Landes.
8. Aug.: Die **Watergate-Affäre** stürzt USA-Präsident Richard Nixon.
20. Dez.: Nach der Abdankung Kaiser Haile Sellassis I. († 1975) wird Äthiopien (Abessinien) ein sozialistischer Staat.
1975 13. Febr.: Mit der Proklamation eines **Türkischen Förderationsstaates von Zypern** (seit 1985: **Türkische Republik Nordzypern**) wird die Insel und ihre Hauptstadt Nikosia für Jahre hermetisch geteilt.
10. April: Im **Libanon** beginnt der bis April 1995 dauernde **Bürgerkrieg** zwischen Muslimen, Drusen und katholischen Maroniten.
30. April: Mit der **Kapitulation Südvietnams** in Saigon endet der II. Vietnamkrieg.
1. Aug.: Unterzeichnung der Schlussakte der Konferenz für Sicherheit und Zusammenarbeit (KSZE) in Helsinki.
20. Nov.: Nach dem Tode General Francos wird König Juan Carlos I. Staatsoberhaupt Spaniens; **Spanien** wird dadurch wieder **Monarchie.**

Orden, Heilige, Spiritualität

1974 24. März: Papst Paul VI. spricht den Pfarrer von Altenmünster, Liborius Wagner († 1631), selig.

1975 14. Sept.: Papst Paul VI. spricht mit der Mutter, Witwe und Gründerin der Caritasschwestern in den USA**,** Elisabeth Anne Bayley Seton († 1821), die erste **Nordamerikanerin** heilig.
12. Okt.: Papst Paul VI. spricht den irischen Erzbischof von Armagh, Oliver Plunket († 1681), selig.
19. Okt.: Seligsprechung der österreichischen Ordensfrau Maria Theresia Ledochowska († 1922).
1. Nov.: Seligsprechung der aus Münster stammenden Ordensfrau vom Guten Hirten, Maria Droste zu Vischering († 1899).

Kirche und Gesellschaft

1975 9.–14. Juni: **Erzbischof Agostino Casaroli** († 1998 als Kardinal) weilt auf Einladung der Regierung zu einer **»diplomatischen Visite« in der DDR.**
1. Aug.: Der Vatikan unterzeichnet die Schlussakte der KSZE-Konferenz in Helsinki.

Liturgie und kirchliches Leben

1972 10.–14. Jan.: Erste Vollversammlung des Päpstlichen Rates **Cor unum** zur Koordinierung kirchlicher Hilfswerke in Rom.
7. Juli: Das Päpstliche Einheitssekretariat erlässt Richtlinien zur Zulassung nichtkatholischer Christen zur Eucharistie.
1973 23. März: Eröffnung der **Pastoralsynode der katholischen Kirche in der DDR** in der Dresdener Hofkirche.
6. April: Eröffnung der Pastoralsynode Österreichs in Wien.
10. Juni: Weltweit wird ein Gebetstag für den Frieden in Nordirland begangen.
2. Dez.: Die Kongregation für den Gottesdienst erlässt im **Ordo Paenitentiae** Richtlinien für die Feier des Bußsakramentes wie der Bußgottesdienste.
1974 2. Juli: Abschluss der Pastoralsynode Österreichs in Linz.
30. Aug.–1. Sept.: In **Taizé** (Burgund) wird das **Konzil der Jugend** veranstaltet.
23. Sept.: Die Bischofskonferenzen des deutschen Sprachraumes approbieren das **neue Deutsche Messbuch.**
25. Dez.: Eröffnung des **Heiligen Jahres 1975** durch Papst Paul VI. im Petersdom.

Christliche Kunst und Musik

mehren sich fortan in Deutschland und anderswo.
Siegfried Fietz vertont das Musical **Menschensohn** wie das **Paulus-Oratorium** im **Sacro-Pop-Song.**
1973 7. Juli: In Nice (Nizza) wird das Museum der »Biblischen Botschaft Marc Chagalls« eröffnet.
Nach Mitteilungen des Kölner Dombauamtes zeigen sich, hauptsächlich durch Industrieabgase verursacht, Schäden am Gestein des Kölner Domes.
27. Juni–1. Juli: Auf dem Evangelischen Kirchentag in Düsseldorf wird die erste sog. **»Beat-Messe«** von Oscar Gottlieb Blarr aufgeführt.
1974 24. Sept.: Feier des 1200. Weihetages des Salzburger Domes.
Friedrich Preß († 1990) vollendet die modern-abstrakte Vesperskulptur aus Meißner Porzellan wie den Altar in der Gedächtniskapelle der Dresdener Hofkirche für die Zerstörung Dresdens am 13. Febr. 1945.
In den USA wird der von Norman Jewison inszenierte Rockfilm »Jesus Christ Superstar« aufgeführt, der ein geteiltes Echo findet.
1975 Nach Teilwiederherstellungen beginnt die bauliche Gesamterneuerung des evangelischen Domes in Ost-Berlin.

Weltgeschichte	Glaubensverbreitung	Glaubensentfaltung
1976 2. Juli: Wiedervereinigung von Nord- und Südvietnam als **Sozialistische Republik Vietnam** mit der Hauptstadt Hanoi.	**1976** 24. Mai: Vietnam erhält mit Erzbischof Joseph Marie Trin-Nhu-Khué von Hanoi den ersten Kardinal († 1978).	**1976** 29. Juni: Der französische Traditionalistenbischof **Marcel Lefebvre** († 1991) weiht trotz Verbot des Vatikans Priester und wird vom Apostolischen Stuhl suspendiert.
1977 1. Jan.: In Prag gründen Regimekritiker die Bürgerrechtsbewegung **Charta 77**.		
	1978 18. Jan.: Das Bistum Rottenburg nimmt den Doppelnamen **Bistum Rottenburg-Stuttgart** an.	
1979 26. Dez.: Sowjetische Truppen marschieren in **Afghanistan** ein und erobern die Hauptstadt Kabul.	**1979 2.–10. Juni: Mit dem Besuch Papst Johannes Pauls II. in seiner polnischen Heimat besucht erstmals ein Papst ein sozialistisch regiertes Land im europäischen Ostblock.**	**1979** 18. Dez.: Dem an der Universität Tübingen lehrenden deutschen Theologen **Prof. Dr. Hans Küng** wird nach einem Lehrverfahren von der Glaubenskongregation aufgrund seines Abweichens von der katholischen Lehre die Lehrerlaubnis entzogen.
1980 31. Jan.: In Saarbrücken formieren sich **»Die Grünen«** zur Bundespartei. 18. April: Als letzte britische Kolonie in Afrika erlangt **Zimbabwe** (früher: Rhodesien) seine Unabhängigkeit. 31. Aug.: Im **Danziger Abkommen** erreicht die polnische Gewerkschaft **Solidarność** unter Arbeiterführer Lech Wałesa in einem kommunistisch regierten Land einige demokratische Rechte. 22. Sept.: Beginn des bis 1988 dauernden **Krieges zwischen Irak und Iran**.	**1980** 24. März: Mit der Umbenennung des exemten Bistums Meißen in **Bistum Dresden-Meißen** mit Dekret vom 15. Nov. 1979 wird auch dessen Bischofssitz von Bautzen nach Dresden verlegt. 2.–12. Mai: Papst Johannes Paul II. unternimmt seine erste Pastoralreise nach Afrika. **15.–19. Nov.: Papst Johannes Paul II. besucht auf seiner Reise durch die Bundesrepublik Deutschland Köln, Mainz, Fulda, Osnabrück, Altötting und München; es ist die erste Papstvisite Deutschlands in der neueren Kirchengeschichte.**	**1980** 23. Febr.: Veröffentlichung einer Erklärung der katholisch-evangelisch/lutherischen Kommission zur **Confessio Augustana** von 1530. 1. April: Die Katholische Gesamthochschule **Eichstätt** wird zur **Katholischen Universität** erhoben. 29. Mai: Beginn des offiziellen Dialogs zwischen katholischen und orthodoxen Theologen im orthodoxen Johanneskloster auf Patmos. 29. Juni: In Augsburg werden die **450-Jahr-Feiern der Confessio Augustana,** die unter dem Thema: »Die Bedeutung der Confessio Au-

1975–1980

Orden, Heilige, Spiritualität

1976 4. Aug.: Papst Paul VI. versetzt den Benediktinerabt von St. Paul vor den Mauern in Rom, Giovanni Battista Franzoni, u. a. wegen seiner Mitgliedschaft in der Kommunistischen Partei Italiens, in den Laienstand.

1979 19. Juni: Heiligsprechung des amerikanischen »Schulbischofs« von Philadelphia, Johannes Nepomuk Neumann († 1860), durch Papst Johannes Paul II.
9. Okt.: Mit dem maronitischen Einsiedlermönch Charbel Makhlouf († 1898) spricht Papst Johannes Paul II. den ersten Christen aus dem Libanon heilig.

1980 6. April: Papst Johannes Paul II. proklamiert den hl. Franz von Assisi († 1226) zum **Patron des Umweltschutzes.**
22. Juni: Mit Katharina Tekakwitha († 1680) wird die erste nordamerikanische **Indianermärtyrerin** und mit José de Anchieta († 1591) der **Apostel Brasiliens** von Papst Johannes Paul II. seliggesprochen.

Kirche und Gesellschaft

1976 18. Aug.: Durch seine **Selbstverbrennung** will der evangelische Pfarrer **Oskar Brüsewitz** aus Zeitz auf die Unterdrückung der Kirche durch das SED-Regime in der DDR aufmerksam machen.
25. Okt.: Die **Berliner Ordinarienkonferenz,** in der die katholischen Oberhirten in der DDR zusammengeschlossen sind, wird namentlich in **Berliner Bischofskonferenz** umbenannt und erhält gleichzeitig einen kirchenrechtlich eigenen Status.
1977 30. Dez.: **Kardinal František Tomašek** (seit 27. Juni 1977) († 1992) kann als Erzbischof von Prag sein Amt voll übernehmen; er gilt als eine der beachteten »Persönlichkeiten der Kirchentreue und des Widerstandes während des Kommunistischen Regimes in der Tschechoslowakei«.
1978 Das sog. **»Drei-Päpste-Jahr«**
6. Aug.: Tod von Papst Paul VI.
26. Aug.: Wahl des Patriarchen von Venedig, Kardinal Albino Luciani zum neuen Papst; er nimmt als erster Papst den »Doppelnamen« Johannes Paul I. an.
29. Sept.: Nach nur 34 Tagen Pontifikat, einem der kürzesten in der Kirchengeschichte, stirbt Papst Johannes Paul I.
16. Okt.: Der Erzbischof von Krakau (Kraków), Kardinal Karol Woytiła,

Liturgie und kirchliches Leben

1975 16. März*: Das neue katholische Gebet- und Gesangbuch **»Gotteslob«,** das in ca. 40 deutschsprachigen Bistümern eingeführt werden soll, liegt in seiner »Stammausgabe« vor.
1. Okt.: Papst Paul VI. setzt in der Apostolischen Konstitution **Romano Pontifici eligendo** das Höchstalter der zur Papstwahl berechtigten Kardinäle auf 80 Jahre fest.
18.–23. Nov.: Letzte Vollversammlung der sog. Würzburger Synode.
28.–30. Nov.: Letzte Vollversammlung der Pastoralsynode in Dresden.
24. Dez.: Ende des **Heiligen Jahres 1975.**
1977 3.–9. Nov.: In Rom tritt die erste Vollversammlung des **Päpstlichen Rates für die Laien** zusammen.
1978 4. Mai: Approbation des neuen **deutschen Stundenbuches (Brevier).**
8. Okt.*: In Turin wird nach 43-tägiger Dauer die Ausstellung des sog. **Turiner Grabtuches** beendet.

1980 6. April: Erscheinen der ersten »Blindenausgabe« der Kölner Kirchenzeitung.

Christliche Kunst und Musik

1977 15. Mai: Der Erzbischof von Krakau (Kraków), Kardinal Karol Woytiła, der spätere Papst Johannes Paul II., weiht in **Nowa Huta** die neue Kirche **Muttergottes Königin Polens** ein, die den größten Kirchbau im sozialistischen Polen darstellt.
22. Dez.: In Stuttgart stirbt der österreichische Komponist Johann Nepomuk David, der u. a. mit seinen 21 Choralwerken (1932–1974) die evangelische wie die katholische Kirchenmusik beeinflusste.

1980 15. Aug.: In Köln wird das **Domjubiläum** aus Anlass der 100-jährigen Fertigstellung des Kölner Domes begangen.

Weltgeschichte

1981 13. Dez.: General Wojciech Jaruzelski verhängt das **Kriegsrecht** und beendet damit den Demokratisierungsprozess in Polen.

Glaubensverbreitung

25. Dez.: Die in der Kulturrevolution zerstörte katholische **Xujianhui-Kathedrale** in **Shanghai** in der Volksrepublik China wird wieder für Gottesdienste geöffnet.

1981 16.–27. Febr.: Papst Johannes Paul II. reist in den Fernen Osten, zu den Philippinen und nach Japan.

1982 12. Jan.: Nach Angaben des Statistischen Bundesamtes übersteigt der Anteil der Katholiken mit 44 % erstmals den der Protestanten mit 43 % der Einwohner der BRD.

1983 2.–10. März: Papst Johannes Paul II. bereist Mittelamerika und stattet dabei am 4. März auch dem **sozialistischen Nicaragua** einen Besuch ab.
10.–13. Sept.: Papst Johannes Paul II. besucht **Österreich**.
7. Okt.: Errichtung des **Eigenständigen Missionsgebietes (Missio sui iuris)** im Himalayastaat **Nepal.**

Glaubensentfaltung

gustana für die Einheit der Christen« stehen, im Beisein der Kardinäle Jan Willebrands und Joseph Ratzinger abgeschlossen.

1981 14. Sept.: Papst Johannes Paul II. veröffentlicht seine erste Sozialenzyklika **Laborem exercens** über die menschliche Arbeit.
25. Nov.: Berufung des einstigen deutschen Konzilstheologen und späteren Erzbischofs von München-Freising, **Kardinal Joseph Ratzinger, zum Präfekten der Glaubenskongregation.**
22. Nov.: Papst Johannes Paul II. nimmt im Apostolischen Schreiben **Familiaris consortio** zu Fragen der heutigen Familie Stellung.
1982 20. Mai: Errichtung eines **Päpstlichen Rates für die Kultur.**
29. Mai: Papst Johannes Paul II. predigt bei einem Besuch in Großbritannien in einem ökumenischen Gottesdienst mit Lordprimas Robert Runcie in der anglikanischen Kathedrale von Canterbury.
1983 11.–13. Nov.: Ökumenische Veranstaltungen aus Anlass des 500. Geburtstages von Martin Luther in Eisleben, Wittenberg und Leipzig, an denen auch Kardinal Jan Willebrands teilnimmt.

Orden, Heilige, Spiritualität

1982 5./6. Juni: Der hl. Norbert von Xanten († 1134) wird zum Patron des Jurisdiktionsbezirkes Magdeburg in der DDR erklärt.
10. Okt.: Papst Johannes Paul II. spricht den polnischen Minoritenpater **Maximilian Kolbe,** der 1941 im Konzentrationslager Auschwitz sein Leben freiwillig für einen jungen polnischen Familienvater opferte, in dessen Beisein in Rom heilig.
28. Nov.: Das **Opus Dei** wird zur ersten **Personalprälatur** in der katholischen Kirche erhoben; diese kann nach Beschluss des II. Vatikanums für »besondere geistliche Aufgaben und Ziele« errichtet werden.
1983 25. Jan.: Heiligsprechung der sardinischen Trappistenschwester Maria Gabriella Sagheddu († 1939) als erste **Märtyrerin des Ökumenismus.**

25. Jan.: Mit der Apostolischen Konstitution »Divinus perfectionis magister« vereinfacht Papst Johannes Paul II. die kanonischen Selig- und Heiligsprechungsverfahren.

Kirche und Gesellschaft

wird zum Papst gewählt und nimmt den Namen Johannes Paul II. an; mit dem aus Polen stammenden neuen Papst Johannes Paul II. besteigt seit 1532 wieder ein Nicht-Italiener und erstmals in der Kirchengeschichte ein Slawe sowie ein Kardinal aus einem kommunistisch regierten Land den Apostolischen Stuhl.
1979 3. Jan.: Neue Verträge zwischen dem Apostolischen Stuhl und Spanien lösen das Konkordat von 1953 ab.
1. April: Nach seiner Rückkehr aus dem Exil in Frankreich proklamiert der fundamentalistische **Schiitenführer Ayatollah Ruhollah Khomeni** († 1989) die **Islamische Republik Iran als einen muslimischen »Gottesstaat«.**
1980 24. März: Erzbischof Oscar Romero von San Salvador, der offene Kritik am Regime äußerte, wird während eines Gottesdienstes für seine verstorbene Mutter erschossen.
25. Juli: Mit dem **Gesetz über die Religionsfreiheit** in **Spanien** ist dort der **Katholizismus nicht mehr »Staatsreligion«.**
1981 15. Jan.: Bischof Gerhard Schaffran von Dresden-Meißen († 1996) stattet als Vorsitzender der Ber-

Liturgie und kirchliches Leben

22. Juli: Die Kleruskongregation veröffentlicht Richtlinien für den **interdiözesanen Priesteraustausch,** um örtlichen Priestermangel zu beheben.

1981 13. Mai: Der Türke **Mehmet Ali Agça** verübt mit mehreren Pistolenschüssen auf dem Petersplatz einen **Attentatsversuch auf Papst Johannes Paul II.**

1983 25. Jan.: Papst Johannes Paul II. promulgiert mit dem neuen »Codex Iuris Canonici« das nachkonziliare Gesetzbuch der katholischen Kirche.
25. März: Papst Johannes Paul II. eröffnet das **außerordentliche »Heilige Jahr der Erlösung«** zur **Vorbereitung** der katholischen Christen auf das **dritte Jahrtausend.**
21. Nov.: Der neue Codex Iuris Canonici tritt in Kraft.

Christliche Kunst und Musik

1981 Das Manuskript des **Exaudi Deus** von Ludwig van Beethoven († 1827) wird in Breslau (Wrocław) entdeckt.

1982 21. Nov.: Bischof Gerhard Schaffran von Dresden-Meißen († 1996) weiht die neue Propsteikirche St. Trinitatis in Leipzig.
Die **Franziskus-Legende** von Franz Liszt († 1886), ein Orchesterwerk, wird posthum in Berlin uraufgeführt.

1983 25. März: Einweihung des modernen Anbaus der katholischen St. Eriks-Kathedrale in Stockholm.
17. April: In Ost-Berlin wird am Gendarmenmarkt der **Französische Dom** nach dessen Wiederaufbau eingeweiht.
Olivier Messiaens Oper **Franz von Assisi** wird in Paris uraufgeführt.
Das **Evangeliar Heinrichs des Löwen** († 1195) aus dem 12. Jh., das 50 Jahre verschollen war, wird für 32,5 Mill. DM in London versteigert.
In Nürnberg wird die **Internationale Orgelwoche** unter dem Thema »Musik um Luther« veranstaltet.
In Sydney wird die größte Orgel der Welt in Betrieb genommen.

1983–1986

Weltgeschichte	Glaubensverbreitung	Glaubensentfaltung
	1984 12.–17. Juni: Papst Johannes Paul II. besucht die **Schweiz.** 9.–20. Sept.: Aus Anlass der 450-Jahr-Feier der Christianisierung besucht Papst Johannes Paul II. **Kanada.**	11. Dez.: Papst Johannes Paul II. predigt bei einem ökumenischen Gottesdienst in der evangelisch-lutherischen Gemeinde in Rom. **1984** 30. März: Tod des deutschen Konzilstheologen **Prof. Dr. Karl Rahner SJ.** 10.–12. Mai: Unter Anwesenheit hoher Vertreter von Staat und Kirche findet in Ljubljana (Laibach) in der jugoslawischen Teilrepublik Slowenien ein internationales Symposion über »Wissenschaft und Religion« statt. 6. Aug.: In einer Instruktion der Glaubenskongregation **Über einige Aspekte der Theologie der Befreiung** wird vor einer radikalen Politisierung der Theologie und vor einer marxistischen Perversion der christlichen Botschaft gewarnt.
1985 11. März: Michail Gorbatschow wird Generalsekretär der KPdSU; er leitet systemändernde Reformen durch »Umgestaltung (Perestroika)« und »offene Informationspolitik (Glasnost)« ein, die mit der Auflösung des Kommunismus und der Sowjetunion enden. 11. April: Nach dem Tod Enver Hoxhas öffnet sich unter dessen Nachfolger **Ramiz Alia** Albanien langsam dem Westen; das kommunistische System beendet erst ab 1992 Präsident **Salih Berisha.**	**1985** 25. Dez.: In der wiederhergerichteten katholischen **Erlöserkathedrale in Peking** wird nach 27 Jahren wieder die **Christmesse** gehalten und gleichzeitig das neue Gotteshaus konsekriert.	**1985** 24. Nov.–8. Dez.: **Außerordentliche Bischofssynode** in Rom zum 20. Jahrestag der Beendigung des II. Vatikanums.
1986 26. April: Im ukrainischen Kernkraftwerk **Tschernobyl** ereignet sich der bisher **schwerste Reaktorunfall** in der Geschichte der friedlichen Nutzung der Atomenergie.	**1986** 17.–23. Febr.: Auf dem **Nationalkongress der Kirchen** auf **Kuba,** der ersten derartigen Veranstaltung seit 1959, wird die Forderung nach »öffentlich freiem Glaubensbekenntnis« erhoben. 16. Dez.: Papst Johannes Paul II. errichtet für Serbien das Erzbistum und die Kirchenprovinz Belgrad.	**1986** 13. April: Papst Johannes Paul II. besucht als erster Papst den **Großen Dom – die jüdische Synagoge in Rom** – und nimmt dort an einem Wortgottesdienst teil. 30. Juni–3. Juli: In Ost-Berlin findet ein **Fundamentaltheologischer Kongress** statt.

Orden, Heilige, Spiritualität

1984 19. Febr.: Papst Johannes Paul II. spricht die 99 Märtyrer der Französischen Revolution (1790 bis 1795) selig.
6. Mai: Bei seinem Besuch in Südkorea spricht Papst Johannes Paul II. in Seoul die **103 koreanischen Märtyrer** († 1839–1866) heilig.
16. Juni: Kardinal Joachim Meisner weiht an der Gedenkkirche »Regina Martyrum« in West-Berlin ein Karmelitinnenkloster ein, eine Tochtergründung des Karmels »Heilig Blut« auf dem Gelände des ehemaligen Konzentrationslagers Dachau.

1985 14. April: Seligsprechung der Gründerin der Genossenschaft der Schwestern von der christlichen Liebe, der Töchter der allerseligsten Jungfrau Maria von der Unbefleckten Empfängnis, Pauline von Mallinckrodt († 1881).
3. Nov.: Seligsprechung des niederländischen Karmeliten, Journalisten und Märtyrers Titus Brandsma († 1942).
17. Nov.: Seligsprechung der aus Bayern stammenden Ordensgrün-

Kirche und Gesellschaft

liner Bischofskonferenz dem Generalsekretär der SED und Staatsratsvorsitzenden der DDR, **Erich Honecker** († 1994) einen »offiziellen Besuch« ab; es ist das erste Mal, dass ein katholischer Bischof mit dem höchsten Vertreter von Partei und Regierung der DDR offiziell zusammenkommt.
30. April: Mit dem lange Zeit inhaftierten **Apostolischen Administrator von Kanton, Bischof Dominic Yee Ming Tang** († 1995), kann Papst Johannes Paul II. den ersten Oberhirten aus der **Volksrepublik China** in Rom empfangen; 1982 kritisiert die chinesische Regierung seine Ernennung zum Erzbischof von Kanton durch den Papst.
1983 2. Febr.: Papst Johannes Paul II. erhebt mit dem **Apostolischen Administrator von Riga** in der Lettischen SSR, Bischof **Julians Voivods** († 1991), den ersten **Kardinal, der in der UdSSR residiert;** mit der gleichzeitigen Kardinalserhebung des Bischofs von Berlin, **Dr. Joachim Meisner,** wird der erste Bischof, der seinen gesamten Werdegang nach dem II. Weltkrieg in der DDR durchlaufen hat, Kardinal.
1984 10. Jan.: Nach 116-jähriger Unterbrechung geben der **Vatikan und die USA** die Aufnahme voller diplomatischer Beziehungen bekannt.

Liturgie und kirchliches Leben

1984 16. Okt.: Durch ein Dekret der Kongregation für den Gottesdienst wird die **Messfeier nach dem vorkonziliaren Ritus** gemäß dem Messbuch von 1962 **»im besonderen Fall«** wieder gestattet.

1985 31. März: Papst Johannes Paul II. feiert aus Anlass des **Internationalen Jahres der Jugend** mit ca. 200.000 Jugendlichen aus ca. 70 Ländern die Palmsonntagsliturgie auf dem Petersplatz.
9.–13. April: Zur **Internationalen Ministrantenwallfahrt** kommen ca. 20.000 Jungen und Mädchen aus aller Welt nach Rom.

Christliche Kunst und Musik

1984 20. Febr.: Der italienische Dominikaner und Maler **Fra Giovanni da Fiesole, genannt »Angelico«** († 1455), wird von Papst Johannes Paul II. zum **Patron der Künstler** proklamiert.
26.–29. Sept.: In Rom findet der Internationale Kongress der Kirchenchöre statt.
In der US-Yale-University werden 33 noch unbekannte Orgelwerke von Johann Sebastian Bach († 1750) gefunden.
Beginn der Restaurationsarbeiten am Mailänder Dom.

1985 25. April: Eröffnung der Schatzkammer an der St. Petri-Konkathedrale in Bautzen.
17.–23. Nov.: VIII. Internationaler Kongress für Kirchenmusik in Rom unter dem Thema »Gregorianischer Gesang und Seelsorge«.
In Köln wird aufgrund der bisher seit 1945 insgesamt 12 restaurierten romanischen Kirchen das **Jahr der romanischen Kirchen** begangen.

Weltgeschichte	Glaubensverbreitung	Glaubensentfaltung
1988 20. Aug.: **Das Waffenstillstandsabkommen von Genf** beendet den Krieg zwischen Irak und Iran. 15. Nov.: In Algier proklamiert die PLO einen souveränen **Palästinenser-Staat** auf israelischem, ehemals jordanischem Gebiet. **1989** 15. Febr.: Mit dem Abzug der sowjetischen Truppen wird der afghanische Bürgerkrieg beendet. 26. März: Erstmals seit 70 Jahren können in der UdSSR Bürger zwischen mehreren Kandidaten der KPdSU wählen. **2. Mai: Ungarn öffnet seine Grenzen zum Westen und leitet damit »Die Wende in Osteuropa« ein.** 4. Juni: Bei den ersten freien Wahlen in Polen siegt das »Bürgerkomitee Solidarität«. **4. Juni: Auf dem »Platz des himmlischen Friedens« in Peking beendet das Militär blutig die studentischen Massendemonstrationen für mehr Demokratie und Freiheit in der Volksrepublik China.** **9. Nov.: In der Nacht zum 10. Nov. öffnet die DDR-Führung ihre Grenzen zur BRD und nach West-Berlin; damit beginnt der »Fall der Berliner Mauer« sowie der deutsche Wiedervereinigungsprozess.** 25. Dez.: Der letzte europäische	**1987** 13. März: In Ho-Chi-Minh-Stadt (Saigon) kann wieder ein Priesterseminar in der Sozialistischen Republik Vietnam eröffnet werden. **1988** 10. März: Papst Johannes Paul II. ernennt mit Erzbischof Eugene A. Marino von Atlanta den ersten farbigen Diözesanbischof in den USA. 10. Juni: Eröffnung der **1000-Jahr-Feiern der Christianisierung Russlands** durch die russisch-orthodoxe Kirche mit Teilnahme einer Vatikandelegation in **Moskau und Sagorsk.** Nov.: Gründung des ersten katholischen Priesterseminars für Skandinavien in Stockholm.	8.–10. Okt.: In Budapest kommen **Katholiken und Marxisten** zu einem viel beachteten **Dialogtreffen** zusammen. **1987** 25. März: Papst Johannes Paul II. veröffentlicht seine Marienenzyklika **Redemptoris Mater.** 22. Juli: In Rom treffen sich **Baptisten und Katholiken** zu einem **Dialoggespräch** auf »höherer Ebene«. **1988** 30. Juni: Traditionalistenbischof Marcel Lefebvre weiht trotz vatikanischem Verbot vier seiner Priester zu Bischöfen und wird daraufhin von Papst Johannes Paul II. **exkommuniziert;** damit ist das **erste Schisma nach dem II. Vatikanum** hervorgerufen worden. **1989** 26. Jan.: In der sog. **Kölner Erklärung** kritisieren 163 katholische Theologieprofessoren aus Deutschland u. a. die Amtsführung von Papst Johannes Paul II., die Disziplinierung von Theologen sowie den Modus der Bischofsernennungen.

derin der Armen Schulschwestern von Unserer Lieben Frau, Theresia von Jesu Gerhardinger († 1879).
1987 1. Mai: Papst Johannes Paul II. spricht in Köln Schwester Theresia Benedicta vom Kreuz OCarm – Edith Stein – († 1942) selig; es ist die **erste Seligsprechung in Deutschland.**
3. Mai: In München spricht Papst Johannes Paul II. Pater Rupert Mayer SJ († 1945) selig.
4. Okt.: Seligsprechung des französischen Märtyrers im Konzentrationslager Mauthausen, Marcel Callo († 1945).
18. Okt.: Papst Johannes Paul II. spricht den philippinischen Familienvater Lorenzo Ruiz und seine Gefährten heilig; diese dem Dominikanerorden verbundenen Märtyrer starben in den Jahren 1633–1637 in Nagasaki (Japan).
1988 19. Juni: Papst Johannes Paul II. spricht in Rom die **117 Märtyrer Vietnams** († 1820–1840) heilig.
25. Sept.: Seligsprechung von sechs Märtyrern der mexikanischen Revolution von 1927.
23. Okt.: In Rom spricht Papst Johannes Paul II. den dänischen Naturforscher und späteren Bischof in Schwerin, **Niels Stensen** († 1686) selig; er ist der **erste Selige aus Skandinavien** in der neueren Kirchengeschichte.

18. Febr.: Kardinalstaatssekretär Agostino Casaroli und der italienische Ministerpräsident Bettino Craxi unterzeichnen ein neues **Konkordat zwischen dem Apostolischen Stuhl und Italien; darin wird Rom nicht als »Heilige Stadt« bezeichnet und die katholische Konfession ist nicht mehr »Staatsreligion«.**
19. Okt.: Der Kaplan an der Warschauer St. Stanislaus-Kirche, **Jerzy Popiełuszko,** der im Sinne der Solidarność gegen das kommunistische Regime in Polen agiert, wird von der Geheimpolizei entführt und ermordet; dieser Tod löst eine zeitweilige Krise zwischen Kirche und Staat in Polen aus.
1985 24. April: Der Generalsekretär der SED und Staatsratsvorsitzende der DDR, **Erich Honecker,** wird von **Papst Johannes Paul II. empfangen.**
1987 13. Jan.: Der polnische Ministerpräsident und Vorsitzende der kommunistischen Arbeiterpartei, General Wojciech Jaruzelski, trifft im Vatikan mit Papst Johannes Paul II. zu einem als »historisch« bezeichnetem Gespräch zusammen.

1986 27. Okt.: Erstmalig in der Kirchengeschichte versammelt sich Papst Johannes Paul II. in Assisi mit Vertretern verschiedener Konfessionen und Religionen zu einem gemeinsamen **Friedensgebet.**
1987 7. Juni: Papst Johannes Paul II. eröffnet das **Marianische Jahr.**
10.–12. Juli: In Dresden findet das **erste Katholikentreffen in der DDR** statt; es steht unter dem Leitwort »Gottes Macht – unsere Hoffnung«.
24.–28. Juni: In Ost-Berlin kann für die Christen in der DDR seit 1961 wieder ein **Evangelischer Kirchentag** stattfinden.
1988 2. Febr.: Papst Johannes Paul II. konzelebriert im Petersdom als erster Papst eine **Messe im syro-maronitischen Ritus.**
15. Aug.: Abschluss des Marianischen Jahres.
30. Dez.: Im Apostolischen Schreiben **Christifidelis Laici** ruft Papst Johannes Paul II. die Laien auf, sich mehr dem Dienst im Beruf und in der Gesellschaft zu widmen, als sich auf rein innerkirchliche Aufgaben zu konzentrieren.

1987 Das restaurierte **Abendmahlsfresko** von **Leonardo da Vinci** († 1519) ist im Refektorium der Mailänder Kirche Santa Maria della Grazia Besuchern wieder zugänglich.
Der Knabenchor der evangelischen Thomaskirche in Leipzig – der sog. **Thomanerchor** – feiert sein 775-jähriges Bestehen (gegründet 1212).

1988 Dieter Schnebel führt in Berlin die **Dahlemer Messe** urauf.

1989 Olivier Messiaen vertont das **Buch des Heiligen Sakramentes.**

2. Das letzte Jahrzehnt vor dem III. Jahrtausend (1990–1999)

1989–1990

Weltgeschichte	Glaubensverbreitung	Glaubensentfaltung
»Stalinist«, Nicolae Ceausescu, und seine Frau werden erschossen. 29. Dez.: Der Dramatiker und Reformer **Václav Havel** wird neuer Präsident der Tschechoslowakei. **1990** 11. März: **Litauen** proklamiert seine **Unabhängigkeit** und tritt aus der UdSSR aus. 18. März: Erste freie Wahlen in der noch bestehenden DDR. 21. März: **Namibia** wird als letzte Kolonie Afrikas unabhängig. 4. Sept.: Erstmals seit der Teilung des Landes treffen sich in Seoul Regierungsdelegationen aus Nord- und Südkorea. 12. Sept.: In Moskau unterzeichnen die Außenminister der USA, der UdSSR, Frankreichs, Großbritanniens, der BRD wie der DDR das Abschlussdokument der sog. **Zwei-plus-Vier-Gespräche**, das einen »Schlussstrich« unter 45 Jahre deutscher Nachkriegsgeschichte zieht. **3. Okt.: Deutschland feiert seine wiedererlangte staatliche Einheit und volle Souveränität; die ehemalige DDR tritt der BRD bei und übernimmt das Grundgesetz, es entstehen die neuen Bundesländer: Brandenburg, Mecklenburg-Vorpommern, Sachsen-Anhalt, die Freistaaten Sachsen und Thüringen sowie Gesamt-Berlin.**	**1990** 17. Juni: Im Beisein von Präsident Boris Jelzin wird nach 60 Jahren der erste Gottesdienst in der russisch-orthodoxen **Isaakskathedrale in St. Petersburg** (ehemals: Leningrad) gehalten. 16. Aug.*: In der nach 44 Jahren von der russisch-orthodoxen Kirche zurückgegebenen **St. Georgskathedrale in Lemberg** (Lvov) wird unter großer Anteilnahme von Gläubigen wieder der erste katholische Gottesdienst nach ruthenischem Ritus gefeiert.	11. Febr.: In Boston wird mit der geschiedenen **Barbara Harris** die erste **(Weih)bischöfin** für das Bistum Massachusetts der anglikanischen Episkopalkirche der USA geweiht. 16. Febr.*: Mit dem **Rat der Kirchen** wird in der Estnischen SSR das erste (evangelische) ökumenische Gremium in der UdSSR errichtet. **1990** 8. März: Der »Nestor der katholischen Soziallehre in Deutschland«, **Prof Dr. Oswald von Nell-Breuning SJ** († 1991), feiert seinen 100. Geburtstag. 24. Mai: Die Glaubenskongregation warnt in der Instruktion **Über die kirchliche Berufung des Theologen** vor zu großer Kritik am kirchlichen Lehramt und dessen Aussagen.

Orden, Heilige, Spiritualität

1989 Eine Gruppe der von Gunvor Paulina Norrman († 1985) in Schweden gegründeten **Mariadotter** (Marientöchter) wird nach deren Konversion zur katholischen Kirche (1988) in den **Benediktinerorden** aufgenommen.
9. April: Papst Johannes Paul II. spricht mit der 23-jährigen Gründerin des Institutes der »Kleinsten Schwestern der Schmerzensmutter« aus Italien, Clelia Barbieri († 1870), die bisher **jüngste Ordensgründerin** der katholischen Kirche heilig.
20. Mai*: Einleitung des Seligsprechungsverfahrens für den Primas von Polen, Kardinal Stefan Wyszyński († 1981).
30. Juni*: Erstmals seit 1949 werden in Peking sieben Ordensschwestern eingekleidet.
15. Aug.*: **Mutter Teresa** († 1997) weilt zu einer als »Privatbesuch« deklarierten Visite in **Albanien,** wird dabei aber von Regierungsvertretern empfangen; es ist seit 1967 das erste Mal, dass eine katholische Ordensfrau den sich »offiziell zum Atheismus bekennenden Staat« besuchen darf.

Kirche und Gesellschaft

1989 12. Febr.: Der bis dahin in Ost-Berlin residierende Kardinal **Joachim Meisner** wird als neuer **Erzbischof von Köln** eingeführt; damit übernimmt durch päpstliche Ernennung erstmals ein Bischof aus der DDR ein Erzbistum in der BRD.
17. Juli: **Polen und der Vatikan** geben die Aufnahme diplomatischer Beziehungen bekannt.
9. Sept.: Weihe und Amtseinführung des neuen Bischofs von Berlin, **Georg Sterzinsky;** er, seit 1991 Kardinal, ist der **letzte Bischof der »geteilten Diözese Berlin«.**
1. Dez.: Papst Johannes Paul II. empfängt den Generalsekretär der KPdSU, Michail Gorbatschow, in Audienz; dies ist das in der Geschichte erstmalige Zusammenkommen des höchsten Repräsentanten der Kommunistischen Partei in der UdSSR wie der Ostblockländer mit dem Oberhaupt der Römisch-Katholischen Kirche.
1990 15. März: Der Vatikan und die UdSSR vereinbaren die Aufnahme diplomatischer Beziehungen.
15. Mai*: Das lang vorbereitete **Sozialhirtenwort** der österreichischen Bischöfe wird veröffentlicht und erhält ein recht positives Echo.

Liturgie und kirchliches Leben

1989 5. Febr.: In den Diözesen Litauens erscheint die erste Ausgabe der katholischen Zeitschrift **»Kataliku pasaulis« (Der Weg des Katholizismus).**

1990 23.–27. Mai: Im wiedervereinigten Berlin wird erstmals seit 1958 der **90. Deutsche Katholikentag** wieder von Christen aus ganz Deutschland begangen.
18. Okt.: Mit der Apostolischen Konstitution **Sacri canones** promulgiert Papst Johannes Paul II. das für »alle mit Rom unierten Ostkirchen« geltende nachkonziliare Kirchenrecht.

Christliche Kunst und Musik

1990 10. Sept.: Papst Johannes Paul II. weiht bei seinem Besuch der Republik Elfenbeinküste in der Hauptstadt Yamoussoukro die **Basilika »Unsere Liebe Frau des Friedens«** ein, die eine genaue Nachbildung der St. Peterskirche in Rom darstellt und damit der **größte Sakralbau Westafrikas** ist.
ab 1990 kommen in Westeuropa die sog. englischsprachigen **Praise-Songs** (Anbetungslieder) in meditativer Singweise auf.

Weltgeschichte	Glaubensverbreitung	Glaubensentfaltung
1991 28. Febr.: Nach sechs Wochen endet mit der Kapitulation Iraks der **Krieg um Kuweit.** 25. März: Erstmals nach der »Wende« **demonstrieren** in Leipzig und anderen Städten der ehemaligen DDR **mehrere tausend Menschen gegen den wirtschaftlichen Niedergang in den neuen Bundesländern**. 1. Mai: In Beirut wird der 16 Jahre andauernde Bürgerkrieg im Libanon beendet. 12. Juni: Der 1990 aus der KPdSU ausgetretene **Boris Jelzin** wird Präsident der **Russischen Föderativen Republik** und beginnt sein umstrittenes Programm der Radikalreformen. 25. Juni: Mit dem Austritt Kroatiens und Sloweniens aus dem Vielvölkerstaat **Jugoslawien** beginnt dessen **»blutiger Zerfall«**. **11. Dez.: In Maastricht beschließt die »Europäische Gemeinschaft (EG)« die Gründung der »Europäischen Union (EU)«, in der es ab 2002 u. a. eine gemeinsame Währung, den »Euro«, geben soll.** **21. Dez.: In Alma Ata (Kasachstan) schließen sich 11 ehemalige Sowjetrepubliken zur »Gemeinschaft Unabhängiger Staaten (GUS)« zusammen.**	**1991** 13. April: Papst Johannes Paul II. errichtet mit den Apostolischen Administraturen Moskau, Nowosibirsk und Karaganda die **katholische Hierarchie des lateinischen Ritus in Russland** und schafft mit der Errichtung des Erzbistums Minsk-Mogilev sowie der Bistümer Pinsk und Grodno die **Kirchenprovinz Weißrussland**. **1992** 14. Febr.*: Im sozialistischen Vietnam dürfen wieder katholische Schulen eröffnet werden.	**1991** 1. Mai: In seiner ersten Sozialenzyklika »nach der Wende im Ostblock«, **Centesimus Annus**, betont Papst Johannes Paul II. das Gemeinwohl wie den sozialen Aspekt in der Marktwirtschaft. 7. Okt.: Der Paderborner Erzbischof Johannes Joachim Degenhardt entzieht dem Theologen und Psychotherapeuten Eugen Drewermann wegen seines Abweichens von der katholischen Glaubenslehre die Lehrerlaubnis. **1992** 6. Juni: Die Glaubenskongregation verbietet einige Praktiken des sog. **Engelwerkes**, da diese nicht mit der katholischen Lehrtradition im Einklang stehen. 6. Juli: In New York stirbt der Wegbereiter des christlich-jüdischen Dialogs, **Rabbiner Marc Tannebaum.** 30. Aug.: In Hamburg wird **Maria Jepsen** als erste **Bischöfin** der evangelisch-lutherischen Kirche Deutschlands in ihr Amt eingeführt. 11. Okt.: Papst Johannes Paul II. promulgiert mit der Apostolischen Konstitution **Fidei depositum** den **»Katechismus der katholischen Kirche, der im Anschluss an das II. Vatikanische Konzil verfasst wurde« (Weltkatechismus).**

Orden, Heilige, Spiritualität	Kirche und Gesellschaft	Liturgie und kirchliches Leben	Christliche Kunst und Musik
1991 27. Okt.: In Rom spricht Papst Johannes Paul II. den Kölner Diözesanpriester und Gründer des Gesellenvereins, dem späteren »Kolpingwerk«, Adolph Kolping († 1865), selig.	**8. Nov.: Staatspräsident Ramiz Alia hebt das »Atheistengesetz« vom 13. Nov. 1967 in Albanien wieder auf;** damit ist Albanien kein »atheistischer Staat« mehr und die Religion kann wieder voll und ganz ausgeübt werden. Die erste öffentliche Messe wird nach 23 Jahren in Skodra gefeiert. **24. Nov.: Mit Einverständnis Papst Johannes Pauls II. löst sich die »Berliner Bischofskonferenz« der ehemaligen DDR auf; deren Bischöfe und Weihbischöfe treten nun der »Deutschen Bischofskonferenz« bei.** **1991** 30. März: Der **Großerzbischof der katholischen Ukrainer, Myroslav Ivan Kardinal Lubačivsky († 2000),** kehrt aus seinem »römischen Exil« wieder in das ukrainische Lemberg (Lvov) zurück. 7. Sept.: Der **Vatikan und Albanien** nehmen diplomatische Beziehungen auf. **20. Dez.: Der Präsident Russlands, Boris Jelzin, wird von Papst Johannes Paul II. in Audienz empfangen.**	**1991** 10. Juni: Der Vorsitzende der Deutschen Bischofskonferenz, **Bischof Dr. Karl Lehmann** von Mainz, eröffnet in Mainz zum ersten Mal die **Woche für das Leben.**	**1991** 6. Mai*: Wiedereröffnung der renovierten **Wieskirche.**
		1992 26. Jan.*: In Stuttgart wird das **Jahr der Bibel** eröffnet. 11. Febr.: Der Gedenktag Unserer Lieben Frau in Lourdes wird fortan als **Welttag der Kranken** begangen. 17. März: Im Vatikan wird das Mediendokument **Aetatis nostrae** veröffentlicht. 17. Mai: In Lemberg (Lvov) wird seit 1946 wieder die erste Synode der ukrainisch katholischen Kirche eröffnet.	**1992** 30. April*: Der **Quedlinburger Domschatz,** eine der wichtigsten Sammlungen religiöser Kunst des Mittelalters, ist aus den USA zurückgebracht wieder in Deutschland zu sehen.

Weltgeschichte	Glaubensverbreitung	Glaubensentfaltung

1992 14. März: Die von Wladimir Iljitsch Lenin († 1924) im Mai 1912 gegründete Zeitung **»Prawda«**, das spätere Parteiorgan der KPdSU, stellt wegen Geldmangel ihr Erscheinen ein.
17. März: **Südafrika** schafft durch ein Referendum die **Rassentrennung (Apartheid)** ab.

1993 1. Jan.: Auf slowakisches Verlangen teilt sich friedlich die ehemalige ČSSR in eine eigenständige **Tschechische und eine Slowakische Republik**.

1994 26. April: ANC-Führer **Nelson Mandela** wird der erste schwarze Präsident Südafrikas.
4. Mai: Israel zieht sich aus bestimmten besetzten Gebieten zurück und überlässt deren Verwaltung den Palästinensern.
31. Aug.: Die letzten russischen Truppen verlassen Deutschland; ihnen folgen die drei Westalliierten am 8. September.
11. Dez.: Beginn des I. **Tschetschenien**-Krieges durch den Einmarsch russischer Truppen, die am 19. Aug. 1995 wieder abziehen.

1993 15. Jan.*: In Berlin wird für »konfessionslose« Menschen der **Humanistische Verband Deutschlands** gegründet.
25. April: Papst Johannes Paul II. weilt für einen Tag in Albanien und weiht dabei die Bischöfe für die gleichzeitig neu errichtete Hierarchie.
14. Aug.: Papst Johannes Paul II. errichtet die **Apostolische Administratur Transkarpatien,** die – auf der Welt einmalig – Gebiete Rumäniens, Ungarns, Polens, der Slowakei wie der Ukraine umfasst.
4.–10. Sept.: Mit seinem Besuch in Litauen, Lettland und Estland betritt Papst Johannes Paul II. erstmals Territorien der ehemaligen UdSSR.
1994 27. Juni: Papst Johannes Paul II. erhebt die Jurisdiktionsbezirke **Görlitz, Erfurt** und **Magdeburg** in den neuen deutschen Bundesländern zu **Bistümern,** Erfurt und Magdeburg kommen zur **Kirchenprovinz Paderborn,** Görlitz und das bisher exemte Bistum Dresden-Meißen kommen zur **neuen Kirchenprovinz Berlin,** das **Bistum Berlin** wird zum **Erzbistum** erhoben.
24. Okt.: Papst Johannes Paul II. errichtet das **Erzbistum Hamburg** und gleichzeitig die **Kirchenpro-**

31. Okt.: Papst Johannes Paul II. rehabilitiert den 1632/1633 von der Inquisition verurteilten italienischen Naturwissenschaftler Galileo Galilei († 1642).

1993 6. Aug.: In der Moralenzyklika **Veritatis splendor** bekräftigt Papst Johannes Paul II. die traditionelle Morallehre der katholischen Kirche und mahnt darin die Bischöfe, dafür zu sorgen, dass diese auch verkündet wird.
12. Dez.: Eine Generalsynode der **anglikanischen Kirche** in London billigt die **Ordination von Frauen zu Priesterinnen in der anglikanischen Kirche**.

1994 12. März: In der Kathedrale von Bristol (England) werden die ersten 32 Frauen zu Priesterinnen in der anglikanischen Kirche von England ordiniert.
22. Mai: Papst Johannes Paul II. entscheidet im Apostolischen Schreiben **Ordinatio sacerdotalis** »endgültig«, dass in der katholischen Kirche Frauen »nicht die Priesterweihe« erhalten können.

1992–1994

Orden, Heilige, Spiritualität	Kirche und Gesellschaft	Liturgie und kirchliches Leben	Christliche Kunst und Musik
	4. April: Aufnahme diplomatischer Beziehungen zwischen dem Vatikan und der »kaum christlichen« **Mongolei.** **21. Sept.: Nachdem durch eine Verfassungsreform die katholische Kirche staatlich wieder anerkannt wurde, nehmen der Apostolische Stuhl und Mexiko die 1858 abgebrochenen diplomatischen Beziehungen wieder auf.**	**1993** 2. Mai: In allen katholischen Kirchen Deutschlands wird zum ersten Mal die Kollekte **Renovabis** zur Unterstützung des kirchlichen Wiederaufbaus in den Ländern des ehemaligen Ostblocks gehalten. 1. Juli: Die Kongregation für den Gottesdienst approbiert für die deutschsprachigen Diözesen **vier neue Hochgebete für »besondere Anliegen«.**	**1993** 7. Juni: Im vereinigten **Berlin** wird der in seiner Gesamtheit wieder aufgebaute **evangelische Dom** eingeweiht. 1.–7. Aug.: In Berlin, der Stadt mit den meisten Orgeln in Deutschland, findet die vielbeachtete **Internationale Orgeltagung** statt.
	1994 **15. Juni: Der Apostolische Stuhl und Israel nehmen diplomatische Beziehungen auf.**	**1994** 29. Juni–3. Juli: In Dresden findet nach der Wiedervereinigung Deutschlands der **92. Deutsche Katholikentag** statt; er steht unter dem Leitwort »Unterwegs zur Einheit« und trägt einen deutlich ökumenischen Charakter. 19. Okt.: In Mailand wird das Buch **Die Schwelle der Hoffnung überschreiten** (deutscher Titel) von Papst Johannes Paul II., in dem erstmals ein Papst in einem selbst geschriebenen Buch zu aktuellen Glaubens- und Kirchenfragen Stellung nimmt, vorgestellt. 27. Nov.: Die meisten Evangelischen Glied- und Landeskirchen führen ein **neues Kirchengesangbuch** ein, welches das von 1950 ablöst.	**1994** 8. April: Das **Jüngste Gericht** von Michelangelo aus dem Jahre 1533 in der Sixtinischen Kapelle wird nach langjährigen Restaurationsarbeiten wieder enthüllt und die Sixtinische Kapelle Besuchern wieder zugänglich.

Weltgeschichte	Glaubensverbreitung	Glaubensentfaltung
1995 14. Dez.: Die Präsidenten Alija **Izetbegovič** von Bosnien, Franjo **Tudjman** († 1999) von Kroatien und Slobodan **Miloševič** von Serbien unterzeichnen in Paris das am 21. Nov. ausgehandelte **Abkommen von Dayton**, wonach **Bosnien-Herzegowina** als »ein Staat mit zwei Teilen und einer ungeteilten Hauptstadt Sarajevo« künftig bestehen wird. **1996** 24. Jan.*: Aufgrund der hohen **Arbeitslosigkeit** von 4,1 Mill. in der BRD treffen sich zu deren Behebung die Bundesregierung, Arbeitnehmer und Gewerkschaften zum **Bündnis für Arbeit**; zunehmend wird durch diskutierte Gesetzesmaßnahmen in der BRD der sog. **Sozialabbau** eingeleitet. 20. Okt.: In Brüssel gedenken ca. 320.000 Menschen beim **Weißen Marsch** der von Marc Dutroux misshandelten und getöteten Kinder.	**vinz Hamburg** mit dem Bistum Hildesheim und dem neu umschriebenen Bistum Osnabrück; erster Erzbischof wird der bisherige Bischof Dr. Ludwig Averkamp von Osnabrück. **1995** 21. Juni: In **Rom** wird mit dem **Islam-Zentrum** auch die **größte Moschee Europas** eröffnet. 15. Aug.*: Einweihung der katholischen Kirche in Katmandu in Nepal durch den slowakischen Kurienkardinal Jozef Tomko. **1996** 19. Nov.*: Die kommunistische Partei Chinas erwägt, den Einfluss des **Dalai Lama** als auch die Bedeutung der Religion in **Tibet** allmählich zu eliminieren.	**1995** 26. Mai: Der Vatikan veröffentlicht aus Anlass des Geburtstages Buddhas († um 483 v. Chr.) eine **Grußbotschaft an die Buddhisten.** 25. Mai: In der Ökumeneenzyklika **Ut unum sint** erklärt Papst Johannes Paul II. erstmals, »über die Ausübung des Papstamtes diskutieren zu lassen«. 16. Sept.–12. Nov.: In Deutschland führen katholische Initiativen ein sog. **Kirchenvolksbegehren** durch, an dem sich »jedermann beteiligen kann«; darin wird u. a. die Aufhebung des Pflichtzölibates sowie die Priesterweihe von Frauen gefordert. In anderen Ländern Westeuropas folgen ähnliche Kirchenvolksbegehren. **1996** Febr.: Errichtung eines **Lehrstuhles für christliche Theologie** an der **islamischen Universität in Qum (Iran).** 17./18. Febr.: In Eisleben wird im **Luther-Jahr**, das die evangelischen Kirchen begehen, des 450. Todestages von Martin Luther († 1546) gedacht. 28. Mai: In Konstanz werden die ersten zwei Frauen in der **Altkatholischen Kirche** zu Priesterinnen geweiht; diese Weihen werden seitens der katholischen Kirche als ungültig deklariert.

Orden, Heilige, Spiritualität	Kirche und Gesellschaft	Liturgie und kirchliches Leben	Christliche Kunst und Musik
1995 24. April*: Im katholischen Bistum Clifton (England) verbietet die dortige Hierarchie den 1964 in Madrid begründeten »Neokatechumenalen Weg«, womit erstmals in der neueren Kirchengeschichte einer vom Apostolischen Stuhl approbierten Geistlichen Bewegung in einer Diözese die Betätigung untersagt wird. 4. Juni: In Brüssel spricht Papst Johannes Paul II. den belgischen Missionar Damian de Veuster († 1889), der auf der Insel Molokai (Hawaii) Leprakranke pflegte und dann selbst an Lepra starb, selig.	**1995** 10. Aug.: Das umstrittene **Kruzifixurteil** in Deutschland löst in der Öffentlichkeit eine heftige Kontroverse über die Verbindlichkeit des Grundgesetzes aus.	15. Dez.: Papst Johannes Paul II. richtet als erster Papst ein besonderes **Schreiben an die Kinder** in aller Welt und ruft sie darin zum Friedensgebet auf. **1995** 13. Jan.: Aufgrund seiner Amtsführung wie seiner einseitigen Interpretation des Evangeliums entbindet der Apostolische Stuhl den Bischof Jacques Gaillot von der Leitung seiner Diözese Evreux (Frankreich); er bleibt weiterhin Titularbischof und darf sich der »Sonderseelsorge an Randgruppen« widmen. 16. Febr.: Der französische Kurienkardinal Roger Etchegaray stellt in Rom den **Bericht der internationalen Planungskonferenz für das Heilige Jahr 2000** vor.	**1995** 13.–15. Jan.: Unter Beteiligung mehrerer katholischer Bischöfe aus Deutschland findet in Berlin ein wegweisender Kongress zum Thema »Autonomie und Verantwortung. Religion und Künste am Ende des 20. Jahrhunderts« statt.
1996 23. Juni: Im Berliner Olympiastadion spricht Papst Johannes Paul II. den Münsteraner Diözesanpriester **Karl Leisner** († 1945) sowie den Dompropst an der Berliner St. Hedwigskathedrale, **Bernhard Lichtenberg** († 1943), als Märtyrer des NS-Regimes selig. 15. Aug.: Bischof Hubertus Brandenburg von Stockholm legt den Grundstein für ein Benediktinerinnenkloster am Omberg bei Alvastra in Schweden.	**1996** 2. Juli: Der Apostolische Stuhl unterzeichnet mit dem **Freistaat Sachsen** als dem ersten neuen Bundesland den sog. **Staatskirchenvertrag.** 19. Nov.: Erstmals seit der Revolution 1959 empfängt mit Papst Johannes Paul II. das Oberhaupt der katholischen Kirche Kubas kommunistischen Regierungschef und Staatsoberhaupt **Fidel Castro.**	**1996** 19. April–16. Mai: Ausstellung des **Heiligen Rocks** in Trier.	**1996** 23. Sept.: Königin Beatrix der Niederlande enthüllt in der katholischen **Sint Laurenskerk in Alkmaar** den Hochaltar, dessen Triptychon mit Hilfe eines aus Japan stammenden Computers malerisch wiederhergestellt worden ist.

Weltgeschichte	Glaubensverbreitung	Glaubensentfaltung
1997 27. Mai: Mit der Unterzeichnung des **Sicherheitsabkommens zwischen Russland und der Nato** in Paris wird der sog. **Kalte Krieg** zwischen Ost und West **»formell beendet«.** **1. Juli: Um 0:00 Uhr wird nach 156 Jahren die britische Kronkolonie Hongkong an die Volksrepublik China zurückgegeben.** 17. Juli–ca. 7. Aug.: Ein **Jahrhunderthochwasser** der **Oder** überschwemmt Teile des Odergebietes in Brandenburg und in Polen. 31. Aug.: Durch ihren tödlichen Autounfall in Paris wird Prinzessin **Diana Spencer** von Wales, die Ex-Frau des britischen Thronfolgers, Prinz Charles, zum »Mythos der Nation« und löst ein Hinterfragen der »gegenwärtigen Monarchie« in Großbritannien aus. 11. Dez.: Der britische Premierminister Tony Blair empfängt den Führer der militanten irischen **Sinn-Fein-Partei,** Garry Adams, zu einem Gespräch über den Nordirlandkonflikt, das lediglich die Positionen beider Seiten aufzeigt und weitere Gewalttaten nicht verhindert.	**1997** 25.–27. April: In der Tschechischen Republik werden die 1000-Jahr-Feiern des hl. Adalbert von Prag († 997) im Beisein von Papst Johannes Paul II. begangen. 29. Juni: Nach 36 Jahren darf auf **Kuba** erstmals wieder ein **öffentlicher Gottesdienst** gefeiert werden.	8. Juli: Der Erzbischof von Prag, Kardinal Miroslav Vlk, leitet die **Rehabilitierung** des am 6. Juli 1415 durch das Konzil von Konstanz verurteilten und hingerichteten **Ján Hus** ein. 13. Dez.: Papst Johannes Paul II. und Katholikos Karekin I. aller christlichen Armenier († 1999) vereinbaren gegenseitige Seelsorgshilfe bei der Sakramentenzulassung in Notfällen. **1997** 29. Juni: Die Glaubenskongregation erlässt Richtlinien zur Lehrüberprüfung umstrittener Lehren katholischer Theologen. 15. Aug.: Papst Johannes Paul II. approbiert die von mehreren Kongregationen unterzeichnete Instruktion **Ecclesiae de mysterio** über die Mitwirkung der Laien an den Aufgaben des Priesters; danach haben beide Stände ihre spezifischen Aufgaben, und Missbräuche, die das Priesterbild entstellen, müssen abgestellt werden. Aufgrund von Missverständnissen verursacht dieses Schreiben Kritik und Widerspruch. 8. Sept.: Papst Johannes Paul II. setzt die lateinische Endfassung des am 11. Okt. 1992 promulgierten **Weltkatechismus** verbindlich in Kraft.

Orden, Heilige, Spiritualität

1997 12. März: Schwester **Nirmala,** eine vom Hinduismus zum Katholizismus übergetretene Nepalesin, wird **Generaloberin der Missionaries of Charity und damit erste Nachfolgerin von Mutter Teresa.**
4. Mai: Papst Johannes Paul II. spricht mit dem Spanier Ceferino Jimenez Malla († 1936) den ersten **Märtyrer der Zigeuner** selig.
6. Juni: Grundsteinlegung für ein künftiges Zisterzienserinnenkloster am Wirkungsort der hl. Gertrud d. Gr. († 1302) in Helfta durch Bischof Leopold Nowak von Magdeburg und Äbtissin Assumpta Schenkl aus Seligenthal.
22. Aug.: In der Pariser Notre Dame Kathedrale spricht Papst Johannes Paul II. den französischen Literaturhistoriker und **Wegbereiter der Laiencaritas,** Antoine-Frédéric Ozanam († 1853) während des Internationalen Jugendtreffens (18.–24. Aug.) selig.
5. Sept.: **Mutter Teresa Boyaxhiu** erliegt in Kalkutta einem Herzleiden; ihr **Tod** erweckt weltweit Anteilnahme, die indische Regierung ordnet ein Staatsbegräbnis an und mehrere katholische Oberhirten sprechen sich für ein »zügiges« Seligsprechungsverfahren aus.
19. Okt.: Papst Johannes Paul II. erhebt die **hl. Theresia vom Kinde**

Kirche und Gesellschaft

1997 22. Febr.: In dem vom evangelischen Landesbischof **Dr. Klaus Engelhardt** und dem katholischen Bischof **Dr. Karl Lehmann** unterzeichneten **Sozialhirtenwort** zur wirtschaftlichen und sozialen Situation in Deutschland sprechen sich **erstmals mit »einer« Stimme »beide« Konfessionen** für den Erhalt der Arbeitnehmerrechte aus, weswegen dieses Hirtenwort als zu »arbeitnehmerfreundlich« ein geteiltes Echo findet.
25. März: Eine knappe Mehrheit der **Polen** entscheidet sich für eine **neue Verfassung,** welche die **Trennung von Staat und Kirche** vorsieht.
12./13. April: Bei seinem mehrfach verschobenen Besuch in **Sarajevo,** der Hauptstadt von Bosnien-Herzegowina, richtet Papst Johannes Paul II. einen deutlichen Friedensappell an »alle Christen und Nationalitäten« im Lande.
11. Juni: Der Apostolische Stuhl und der Freistaat **Thüringen** unterzeichnen den Staatskirchenvertrag.
28. Juli: Eine Vatikandelegation reist erstmals offiziell zu Gesprächen mit der streng kommunistischen Regierung in Pjöngjang nach Nordkorea.
15. Sept.: Der Apostolische Stuhl und das Bundesland **Mecklen-**

Liturgie und kirchliches Leben

1997 19. März: Eine Instruktion der Bischofskongregation und der Kongregation für die Glaubensverbreitung schließt künftig eine Debatte über Fragen, die nur gesamtkirchlich entschieden werden können, auf Partikularsynoden aus.
3. Juni: Die Sakramentenkongregation erleichtert in einem Schreiben die Laisierung von Priestern und ermöglicht verwitweten »ständigen Diakonen« in »besonderen Fällen« eine erneute Eheschließung.
16. Nov.: In einem im Dezember veröffentlichten Brief wirft der scheidende Bischof von Innsbruck, Reinhold Stecher, Papst Johannes Paul II. wegen dessen Unnachgiebigkeit in Fragen der Kirchendisziplin »Hartherzigkeit« vor und »rechnet so mit dem Vatikan ab« (Presseformulierung).

Christliche Kunst und Musik

1997 3. Aug.: Der Apostolische Administrator von Sibirien, Bischof Josef Werth, weiht die **Kathedrale »Verklärung des Herrn«** in **Nowosibirsk** ein.
4. Aug.: Gemäß einer neuen »Mitwirkungsentscheidung« können künftig auch Personen an den **Oberammergauer Passionsspielen** mitwirken, die »keiner christlichen Konfession« angehören.
26. Sept.: Ein **Erdbeben** zerstört Kunstwerke wie Teile der **Doppelkirche des Klosters San Francesco** wie auch anderer Kirchen in **Assisi.**
27. Okt.: 300-Jahr-Feier der Weihe des Domes zu Erfurt.

Weltgeschichte

1998 20. Jan.: **Wohlstandsmüll** wird zum »Unwort des Jahres 1997« erklärt.
5. Febr.: Mit 4,82 Millionen Arbeitslosen ist deren bisher höchster Stand in der Geschichte Deutschlands nach dem II. Weltkrieg erreicht.
10. April: Gemäß einer **Friedensvereinbarung** zwischen Großbritannien, Irland und den katholischen wie protestantischen Parteien in Ulster soll versucht werden, den seit 1969 bestehenden **Nordirlandkonflikt** ernsthaft zu beenden.
21. Mai: Nach andauernden öffentlichen Unruhen, die vor allen gegen Chinesen und Christen gerichtet sind, tritt Indonesiens Staatspräsident Hadji Mohammed Suharto zurück.
3. Juni: Beim Zugunglück in Eschede, dem schwersten seit Jahrzehnten, sterben 101 Menschen.
17. Juli: Zar Nikolaus II. von Russland († 1918) und seine Familie werden 80 Jahre nach deren Ermordung in der Peter-und-Paul-Festung in St. Petersburg beigesetzt.
17. Aug.: Die **Russische Föderation** ist durch die Misswirtschaft **zahlungsunfähig**, der **Rubel wird abgewertet,** der Binnenmarkt bricht zusammen, womit sich die wirtschaftliche wie die soziale Lage in Russland dramatisch verschlechtert.

Glaubensverbreitung

1998 22.–26. Jan.: Papst Johannes Paul II. weilt zu einem als »historisch« bezeichneten **Besuch auf Kuba,** das immer noch kommunistisch regiert wird.
7. Juni: Der aus dem Bistum Dresden-Meißen stammende Pfarrer Clemens Pickel wird in Marx an der Wolga zum Bischof geweiht; er ist Weihbischof für Südrussland und bei seiner Weihe der jüngste Weihbischof der Welt.
25. Okt.: In Münster und Osnabrück wird des 350. Jahrestages des Westfälischen Friedens unter Beisein von Kardinalstaatssekretär Angelo Sodano gedacht.
Okt.: In **Ulaanbaatar** (Ulan-Bator) empfängt der aus der Demokratischen Republik Kongo stammende Diakon Pierre Kasemuana Kitnege die Priesterweihe; es ist die **erste Priesterweihe in der Mongolei.**

Glaubensentfaltung

18. Sept.: Im **Allgemeinen Direktorium für die Katechese** erlässt die Glaubenskongregation weltweit gültige Richtlinien für die Glaubensunterweisung.

1998 22. Jan.: Der Vatikan öffnet seine Archive zur Erforschung der Inquisition.
18. Mai: Mit dem Motuproprio **Ad tuendam fidem** verpflichtet Papst Johannes Paul II. alle Katholiken, die vom Lehramt in »definierter Weise« vorgelegten Inhalte des Glaubens und der Sitte zu glauben.
31. Mai: Papst Johannes Paul II. erlässt das Apostolische Schreiben **Dies Domini** über die Heiligung des Sonntags.
14. Sept.: Aus Anlass des 20. Jahrestages seines Pontifikates erlässt Papst Johannes Paul II. die Enzyklika **Fides et ratio** über das Verhältnis von Glaube und Vernunft, worin er den Anspruch des Papstes als höchste Autorität in Glaubensfragen bekräftigt.

Jesus (Thérèse von Lisieux) († 1897) zur **Kirchenlehrerin.**

1998 Febr.: Nach Aussage des Großkanzlers Don Carlo Marullo di Condojanni können künftig auch **Frauen** Vollmitglieder des souveränen **Malteser-Ritterordens** werden.
21. März: Die Zisterzienserabtei Cîteaux feiert ihren 900. Gründungstag.
22. März: Papst Johannes Paul II. spricht mit Pater Cyprian Michael Iwene Tansi OCist († 1964) den ersten afrikanischen Zisterzienser selig.
3. Okt.: Papst Johannes Paul II. spricht bei seinem Besuch Kroatiens in Marija Bostrica den früheren Erzbischof von Zagreb, Aloizije Kardinal Stepinac (†1960), selig.
Das Zisterzienserkloster in Sostrup in Dänemark wird zur Abtei erhoben.
11. Okt. Heiligsprechung Edith Steins – Sr. Teresia Benedicta vom Kreuz – durch Papst Johannes Paul II. in Rom.

burg-Vorpommern unterzeichnen den Staatskirchenvertrag.
19. Sept.: Das **Parlament Russlands, die »Duma«,** verabschiedet das vorher heftig umstrittene **Religionsgesetz;** danach sind alle Religionen in Russland anerkannt, doch wird die Betätigung der katholischen wie der evangelischen Kirche eingeschränkt.
25. Dez.: Erstmals wird auf **Kuba** das Weihnachtsfest wieder als arbeitsfreier Feiertag begangen.
1998 15. Jan.: Der Apostolische Stuhl und das Bundesland **Sachsen-Anhalt** unterzeichnen den Staatskirchenvertrag.
27. Jan.: Nach Entscheidung der Deutschen Bischofskonferenz soll die katholische Kirche in Deutschland in der **Schwangeren-Konfliktberatung** verbleiben, doch die damit verbundene Bescheinigung, die juristisch eine »straffreie Abtreibung« ermöglicht, demnächst nicht mehr ausstellen; das wird seitens der Justiz nicht akzeptiert.
10. Febr.: Papst Johannes Paul II. empfängt den russischen Präsidenten Boris Jelzin; es ist die erste Begegnung nach der Verabschiedung des umstrittenen Religionsgesetzes am 19. September 1997 durch die Duma.

1998 Mai: Das älteste deutsche Bistumsblatt, die Speyerer Kirchenzeitung »Pilger«, wird 150 Jahre alt.
5. Mai: Im Vatikan werden der Kommandant der Schweizer Garde, Alois Estermann, und seine Frau von einem Gardisten erschossen, der sich dann selbst das Leben nimmt.
21. Mai: In seinem als Motuproprio zu wertenden Apostolischen Schreiben **Apostolos suos** über die Bischofskonferenzen zeigt Papst Johannes Paul II. die Grenzen ihrer Eigenbefugnisse auf.
ca. 15. Nov.: Bis zum 18. April 1999 werden im Römisch-Germanischen Museum in Köln Qumran-Schriften gezeigt.

1998 15. Aug.: Mit einem vom Kardinalstaatssekretär Angelo Sodano zelebrierten Pontifikalamt im Kölner Dom erreichen die Jubelfeiern »750 Jahre Kölner Dom« ihren Höhepunkt.

Weltgeschichte	Glaubensverbreitung	Glaubensentfaltung
27. Sept.: Die **Bundestagswahlen** in Deutschland bringen einen **Machtwechsel.** Die **SPD**, die mit den **Bündnis 90/Grünen** koaliert, ist Wahlsieger; neuer Bundeskanzler ist **Gerhard Schröder (SPD).** 19. Okt.: In **Nigeria** ereignet sich die **schwerste Explosion** in der Geschichte der **Erdölindustrie**. **1999** 12. Febr.: USA-Präsident **Bill Clinton** wird im **Amtsenthebungsverfahren (Impeachment)** für sein Verhalten in der Affäre mit Monica Lewinsky nach öffentlicher Entschuldigung vom Vorwurf des Meineides und der Justitzbehinderung freigesprochen. Bill Clinton ist der zweite Präsident der USA, der sich einem Impeachment unterziehen muss. 24. März: Aufgrund der Unnachgiebigkeit des serbischen Präsidenten Slobodan Miloševič im **Kosovokonflikt** und der Vertreibung von Albanern durch Serben **bombardiert** erstmals die **Nato als Militärbündnis** Stellungen in **Serbien und Montenegro;** nach einem Friedensschluss werden die Bombardements am 10. Juni wieder eingestellt. 11. Aug.: Eine **totale Sonnenfinsternis** ist mancherorts in Deutschland zu beobachten.	**1999** 23. Juli: Aus Anlass der Feierlichkeiten zum 1200-jährigen Bestehen des Erzbistums Paderborn wird in Paderborn die »Karolinger-Ausstellung« eröffnet. 9. Nov.: Auf Einladung von Präsident Eduard Schewardnadse, dem gleichsam letzten Außenminister der ehemaligen UdSSR, besucht Papst Johannes Paul II. auf seiner Rückreise von Indien für einen Tag das zumeist orthodoxe **Georgien.** 3. Dez.: In Japan werden die 450-Jahr-Feiern der Ankunft des hl. Franz Xaver beendet. 12. Dez.: Kardinalstaatssekretär Angelo Sodano weiht in **Moskau** die römisch-katholische **Maria-Immaculata-Kathedrale** ein, die gleichzeitig die »Pfarrkirche« der russischen Hauptstadt ist.	**1999** 31. Okt.: In Augsburg unterzeichnen der Präsident des Päpstlichen Einheitssekretariats, Kardinal Edward Idris Cassidy, und der Präsident des Lutherischen Weltbundes, Bischof Christian Krause, die **Gemeinsame Erklärung zur Rechtfertigungslehre** zwischen der katholischen und evangelischen Kirche: Wenngleich die unterschiedlichen Sichtweisen beider Kirchen bestehen bleiben und der Erklärung (noch) nicht alle evangelischen Gliedkirchen beitreten, so stellt dieses Dokument dennoch einen großen Fortschritt »ökumenischer Übereinkunft« dar.

1998–1999

1999 13. Juni: In Warschau spricht Papst Johannes Paul II. u. a. 108 Opfer der NS-Verfolgung als **Märtyrer des Zweiten Weltkrieges** selig.
17. Juni: Kardinal Joachim Meisner stellt in Köln das Verzeichnis **Die katholischen deutschen Märtyrer des 20. Jahrhunderts** vor; danach haben ca. 700 Katholiken in diesem Jahrhundert ihr Leben für den Glauben hingegeben.
14. Aug.: Zisterzienserinnen beziehen das Kloster Helfta bei Eisleben.
1. Okt.: Papst Johannes Paul II. erklärt die **hll. Birgitta von Schweden, Katharina von Siena und Sr. Teresia Benedicta a Cruce (Edith Stein)** zu **Mitpatroninnen Europas;** damit treten erstmals drei Frauen neben den hll. Benedikt von Nursia, Cyrill und Methodius an diese Stelle.
Mit ca. 14. Mill. jährlicher Pilger ist **Guadalupe** in Mexiko der derzeit meistbesuchte katholische Wallfahrtsort der Welt.

1999 8.–13. Febr.: Nach 40 Jahren dürfen erstmals die katholischen Bischöfe aus **Laos** wieder nach Rom reisen.
24./25. Febr.: Die Deutsche Bischofskonferenz beschließt, in der **Schwangeren-Konfliktberatung** zu bleiben. Nach Wunsch von Papst Johannes Paul II. soll eine Beratungsbescheinigung nicht zu einer »straffreien Abtreibung« berechtigen.
11. März: Papst Johannes Paul II. und Irans Staatspräsident Ayatollah Sayyed Ali Chamenei, der auch höchster schiitischer Geistlicher seines Landes ist, sprechen sich im Vatikan positiv für einen Religionsdialog zwischen Christentum und Islam aus.
30. Sept.: In **Berlin-Neukölln** weiht der Apostolische Nuntius in Deutschland, Erzbischof Giovanni Lajolo, den Grundstein für die **neue Apostolische Nuntiatur in Deutschland** ein.

1999 29. Mai: Das **Bonifatiuswerk** in Paderborn, das die Diasporaseelsorge unterstützt, feiert sein 150-jähriges Bestehen.
27. Aug: Tod des Alterzbischofs **Pessoa (Dom) Hélder Câmara** von Olinda und Recife in Brasilien, der durch seine »Option für die Armen« eine bischöfliche Symbolfigur südamerikanischer Befreiungstheologie wurde.
Sept: Bischof Donald Pelotte, indianischer Herkunft, von Gallup (USA) weiht seinen Zwillingsbruder Dana Pelotte zum Priester; ein bisher einmalig bekannter Fall in der Kirchengeschichte.

1999 Eine Ikone des brasilianischen Künstlers Claudio Pastro wird das **offizielle Christusbild des Vatikans,** das den Weg der Kirche in das **dritte Jahrtausend** symbolisieren soll.
4. April: Papst Johannes Paul II. hebt in einem **Brief an die Künstler** hervor, dass Kunst und Kirche einander bedürfen, da die Kunst einen »Ausdruck katholischer Verkündigung« darstellt.

30. Sept.: Mit dem Einmarsch russischer Truppen in Tschetschenien beginnt der **II. Tschetschenien-Krieg.**
19. Dez.: Die seit 1557 bestehende portugiesische Überseekolonie **Macao** wird **an die Volksrepublik China** übergeben, bleibt aber noch weiter nach dem Grundsatz »Ein Land – zwei Systeme« unter Sonderverwaltung.

1999

Orden, Heilige, Spiritualität	Kirche und Gesellschaft	Liturgie und kirchliches Leben	Christliche Kunst und Musik
	23. Nov.: Die Deutsche Bischofskonferenz respektiert den Wunsch des Papstes und beschließt, aus der Schwangeren-Konfliktberatung faktisch auszusteigen, da keine Beratungsbescheinigungen mehr ausgestellt werden dürfen, da sie nach staatlicher Rechtsauffassung zu einer straffreien Abtreibung berechtigen.	27. Nov.: In Betlehem wird anlässlich des **Kirchenjahres 2000** am Vorabend des 1. Adventssonntages das **Friedenslicht** entzündet, das bis zum Weihnachtsfest in allen Ortsgemeinden der Weltkirche brennen soll. 24. Dez.: Mit der Öffnung der Heiligen Pforte zu Beginn der Christmesse im Petersdom in Rom eröffnet Papst Johannes Paul II. das **Heilige Jahr 2000.**	11. Dez.: Nach ca. 20-jährigen Restaurierungsarbeiten sind die Fresken Michelangelos in der Sixtinischen Kapelle wiederhergestellt.

VI.

Die Kirche am Anfang des III. Jahrtausends (ab 2000)

I. Die letzten Jahre des Pontifikates Papst Johannes Pauls II.

(2000–2005)

2000

Weltgeschichte	Glaubensverbreitung	Glaubensentfaltung

Weltgeschichte

2000 7. Mai: Der im März frei gewählte Präsident Russlands, der erst 47-jährige **Wladimir Putin,** wird im Moskauer Kremel vereidigt; er verspricht dabei, die Bürger- und Menschenrechte zu achten.
13.–16. Juni: Erstmals seit der Trennung des Landes 1945 treffen sich in Pjöngjang (Nordkorea) die Präsidenten Nordkoreas, Kim Jong Il, und Südkoreas, Kim Dae Jung, zu einem **Korea-Gipfel**, um bilaterale Fragen zu regeln und so die Teilung allmählich zu überwinden.
3. Juli: Nach 72 Jahren wird mit dem Wahlsieg des konservativen **Vincente Fox** in **Mexiko** ein **Machtwechsel** vollzogen und eine »neue Zeit« eingeleitet.
5. Okt.: Durch einen Volksaufstand in Belgrad wird Präsident Slobodan Miloševič gestürzt, und der bereits am 24. Sept. mit Mehrheit gewählte Demokrat Vojislav Kostunica kann das Präsidentenamt in Jugoslawien übernehmen; damit endet die »letzte (kommunistische) Diktatur« in Europa.
16. Nov.: Als erster US-Präsident besucht Bill Clinton den ehemaligen Kriegsgegner, das kommunistische **Vietnam.**

Glaubensverbreitung

2000 Jan.: Mit einer Messe, an der mehrere tausend Katholiken teilnehmen, feiert Erzbischof Gabriel Zubeir Wako von Khartoum in Omdurman den **ersten Gottesdienst nach dem Mahdi-Aufstand 1881 bis 1885 im Sudan.**
8. Febr.: Beginn der Feierlichkeiten zur 100-jährigen Evangelisierung in **Ruanda.**
Aug.: Drei Wochen lang wird bei der Tausendjahrfeier in Reykjavik der Christianisierung Islands gedacht.

Glaubensentfaltung

2000 Jan.: Der griechische Papyrologe Amphilochios Papathomas entdeckt in der Wiener Nationalbibliothek auf einem Papyrusfragment die **älteste Handschrift des Hebräerbriefes.**
12. Mai: In Rom begeht das **Päpstliche Institut für Islamkunde** sein 50-jähriges Bestehen.
26.Juli: Ein Dokument des Päpstlichen Rates für die Familien »Über Familie, Ehe und ›de facto‹-Lebensgemeinschaften« verteidigt die Güter **Ehe und Familie,** lehnt theologisch **andersartige Lebensgemeinschaften** ab und fordert Staat und Gesellschaft auf, diese Güter zu schützen wie zu fördern.
6. Aug.: Die Kongregation für die Glaubenslehre bekräftigt in der Erklärung **Dominus Jesus** (veröffentlicht am 5. Sept.) gegenüber anderen Religionen die einzige, vollständige wie endgültige Offenbarung des Heilsmysteriums in Jesus Christus wie gegenüber anderen Kirchen und kirchlichen Gemeinschaften die volle Verwirklichung der Kirche Christi in der römisch-katholischen Kirche, weswegen kirchlichen Gemeinschaften, die nicht alle Sakramente wie das Bischofs- und Priesteramt bewahrt haben, der Begriff »Kirche« nicht im »eigentlichen Sinn« zukommt.

Orden, Heilige, Spiritualität

2000 9. April: Papst Johannes Paul II. spricht u. a. die Neubegründerin des Birgittenordens, die schwedische Konvertitin Maria Elisabeth Hesselblad († 1957) selig und würdigt sie als »Pionierin der Ökumene«.
13. Mai: Papst Johannes Paul II. spricht in Fatima die Hirtenkinder Francisco und Jacinta selig und enthüllt dabei das bis jetzt noch verschwiegene **3. Geheimnis der Muttergottesbotschaft von Fatima 1917.** Das Bild von einem in weiß gekleideten Bischof, der von einer Kugel getroffen niederstürzt, bezieht er auf das Attentat, das ihm am 13. Mai 1981 fast das Leben gekostet hätte.
3. Sept.: In Rom spricht Papst Johannes Paul II. die Päpste Pius IX. († 1878) und Johannes XXIII. († 1963) selig. Das ist die bisher **letzte Seligsprechung von Päpsten.**
1. Okt.: Papst Johannes Paul II. spricht in Rom 87 chinesische Märtyrer heilig; damit werden erstmals **Chinesen zur Ehre der Altäre erhoben.**
31. Okt.: Mit einem Apostolischen Schreiben, erlassen als »Motuproprio«, erhebt Papst Johannes Paul II. den **hl. Thomas Morus** († 1535) zum **Patron der Regierenden und Politiker.**

Kirche und Gesellschaft

2000 6. Jan.: Trotz ausdrücklicher Missbilligung des Papstes werden in Peking vier Bischöfe für die sog. »Patriotische Katholische Kirche« geweiht.
15. Febr.: Der Vatikan und die Palästinensische Befreiungsorganisation (PLO) schließen ein Grundsatzabkommen.
12. März: Papst Johannes Paul II. spricht als zweiter Papst nach Hadrian VI. († 1523) während eines Gottesdienstes ein **Schuldbekenntnis der katholischen Kirche aus und bittet um Vergebung;** dabei nennt er ausdrücklich die Glaubensspaltungen, die Inquisition und die Judenverfolgung.

Liturgie und kirchliches Leben

2000 20. März: Papst Johannes Paul II. bricht zu einer siebentägigen Pilgerreise in das Heilige Land auf, die ihn nach Jordanien und Israel führt. In Jerusalem besucht er auch die Holocaust-Gedenkstätte Jad Vaschem (Yad Vashem).
16. April: Erstmals in Deutschland gestalten in Heiligenstadt/Eichsfeld evangelische und katholische Christen zusammen mit ihren Bischöfen eine Palmsonntagsprozession.
18. Mai: Papst Johannes Paul II. feiert unter großer Anteilnahme von Klerus und Gläubigen seinen 80. Geburtstag.
20. Aug.: Mit 2 Millionen Teilnehmern am **Weltjugendtag** in Rom feiert Papst Johannes Paul II. die »größte Messe in der Geschichte Roms«.

Christliche Kunst und Musik

2000 21. Mai: Premiere der alle zehn Jahre stattfindenden »Passionsspiele« in Oberammergau, das als Laienspiel erstmals auch als künstlerischer Erfolg gewertet wird.

18. Aug.: Höhepunkt der Feierlichkeiten zum 1200-jährigen Jubiläum der Fertigstellung des Aachener Doms.

Weltgeschichte	Glaubensverbreitung	Glaubensentfaltung
28. Nov.: Das **niederländische Parlament** legalisiert als erstes gesetzgebendes Organ der Welt unter bestimmten Auflagen **die aktive Sterbehilfe.** 19. Dez.: Das britische Unterhaus beschließt als erstes Land Europas, das **Klonen menschlicher Embryonen** zur medizinischen Forschung zuzulassen. **2001** 1. Jan.: Historischen Berechnungen gemäß, die jedoch auch umstritten sind, beginnt heute das **III. Jahrtausend bzw. das XXI. Jahrhundert.** 26. Jan.: Bei einem Erdbeben in Westindien um die Stadt Bhuj sterben ca. 100.000 Menschen; die Gegend gilt nach Presseberichten als der »aktuell größte Friedhof der Welt«. 15. März: Zwischen Nord- und Südkorea wird seit der Trennung des Landes 1952 der **Briefverkehr** wieder aufgenommen. 19. März: In Berlin wird mit der Vereinigten Dienstleistungsgewerkschaft **ver.di** die größte Gewerkschaft der Welt gegründet. 16. Juli: **Indiens** Premierminister Atal Bihari Vajpayee und **Pakistans** Machthaber General Pervez Musharraf beraten in Agra (Indien) um einen Dialog beider Länder nach 54-jähriger Dauerfeindschaft seit	**2001** Febr.: In Havanna kann die erste katholische Bibliothek auf Kuba seit der Revolution im Jahre 1959 eröffnet werden. 6. Mai: Auf seiner Reise nach Griechenland, Syrien und Malta betritt Papst Johannes Paul II. mit seinem Besuch der **Omaijaden-Moschee** in Damaskus als »erster Papst offiziell ein **islamisches Gotteshaus«.** Aug.: In **Afghanistan** ahndet die selbsternannte **Taliban-Regierung** »Missionierungen zum Christentum« durch Ausländer wie Einheimische nach dem strengen islamischen Recht, der **Sari'a** (Scharia), und verhängt dabei zum Teil drakonische Strafen. Dez.: Nach Angaben der vatikanischen Missionsnachrichten »Fides« wurden 2001 weltweit 33 katholische Missionare ermordet.	**2001** 6. Jan.: Papst Johannes Paul II. unterzeichnet und veröffentlicht das Apostolische Schreiben **Novo millennio ineunte** zum Abschluss des Heiligen Jahres 2000; darin weist er auf den ökumenischen Einsatz, den Dialog mit den Religionen wie auf die Neuevangelisierung als die Aufgaben der Kirche für die Zukunft hin. 4./5. April: Die Päpstliche Universität **Gregoriana** feiert den 450. Jahrestag ihrer Gründung als Kolleg im Jahre 1551.

2000–2001

2001 11. März: Papst Johannes Paul II. spricht in Rom **233 Märtyrer des Spanischen Brügerkrieges** (1935–1939) selig; noch nie sind bisher so viele Personen »auf einmal« seliggesprochen worden.
3. Juni: Der unverweste Leichnam des im Jahre 2000 seliggesprochenen Papstes Johannes XXIII. († 1963) wird in Rom feierlich in einen gläsernen Kristallsarg umgebettet, um künftig sichtbar zu sein.
27. Juni: Papst Johannes Paul II. spricht bei seinem Besuch in der **Ukraine** in Lviv (Lemberg) 28 Priester, Ordensfrauen und Laien der ruthenisch-katholischen Kirche als **Opfer des Naziterrors und des Stalinismus** selig. Seine Einladung zu einer Begegnung lehnt der Moskauer Partriarch der russisch-orthodoxen Kirche Alexij II. strikt ab, was die staatliche Presse der Ukraine als »Schande« bezeichnet.

2001 März: Gemäß einer **neuen Verfassung des Vatikanstaates** wird dessen weltliche Regierungsgewalt künftig dem Präsidenten der Kardinalskommission für den Vatikanstaat – Kardinal Edmund Szoka – übertragen; damit erlischt das Amt eines weltlichen »Governatore« für diesen Staat.
29./30. Juni: Kardinalstaatssekretär Angelo Sodano weiht die neue **Nuntiatur** in **Berlin-Neukölln** ein.
1. Aug.: Trotz der Einsprüche seitens der katholischen Kirche dürfen fortan in den meisten **deutschen Bundesländern Homosexuelle** eine legitimierte **Lebenspartnerschaft** eingehen, die aber der Ehe rechtlich nicht völlig gleichgestellt ist.

2001 28. Jan.: Nachdem Papst Johannes Paul II. am 21. Jan. 37 neue Kardinäle ernannt hat, dabei die Deutschen Kurienbischof **Walter Kasper** und Prof. emer. **Leo Scheffczyk,** ernennt er noch weitere Kardinäle zusätzlich, darunter den Mainzer Bischof **Karl Lehmann** und den Paderborner Erzbischof **Johannes Joachim Degenhardt.** Eine derartige »Nachnomination« von Kardinälen stellt ein merkwürdiges Novum in der neuesten Kirchengeschichte dar.
20. März: Papst Johannes Paul II. approbiert das Dokument der Kongregation für den Gottesdienst und die Sakramentenordnung **Liturgiam authenticam;** danach muss bei Übersetzungen liturgischer Bücher und Texte aus dem Latein die Identität mit dem Römischen Ritus gewahrt bleiben, so dass jede willkürliche Abweichung vom Originaltext untersagt wird.

2001 Febr.: Dreieinhalb Jahre nach dem Erdbeben in Umbrien können die Restaurierungsarbeiten an den beschädigten Fresken der Franziskusbasilika in Assisi »öffentlich« mitverfolgt werden.
März: Das erste römische Werk des Renaissancekünstlers Donato Bramante († 1514), ein verloren geglaubtes Christusbild im Lateran aus dem Jahre 1500, ist aufgrund einer E-Mail aus den USA im Kreuzgang der Lateranbasilika wiederentdeckt worden.

2001

1947; in Bezug auf den **Kaschmirkonflikt** konnte allerdings keine Annäherung erreicht werden.
11. Sept.: Bei Selbstmordanschlägen durch entführte Passagierflugzeuge auf das World Trade Center in New York und das Pentagon in Washington kommen ca. 4000 Menschen ums Leben; dieser bisher schlimmste Terroranschlag der Geschichte geht vermutlich auf die Terrororganisation »al-Qaida« des Radikal-Islamisten Osama bin Laden zurück, der sich unter dem Schutz der Taliban-Regierung in Afghanistan aufhalten soll.
7. Okt.: Da die Taliban-Regierung Osama bin Laden nach mehreren Aufforderungen nicht ausliefert, beginnen die USA ihre Luftangriffe auf Afghanistan.
13. Nov.: Die afghanische **Nord-Allianz** rückt in Kabul ein und bringt das Land allmählich in ihre Gewalt.
27. Nov.: In **Bonn** beginnt die von der UNO ausgerichtete **Afghanistan-Konferenz,** bei der eine provisorische Regierung unter **Hamid Kasai** gebildet wird.
2. Dez.: Durch Selbstmordanschläge der **Hamas-Bewegung** werden in Israel 26 Menschen getötet; damit eskaliert der **Nahost-Konflikt**

Orden, Heilige, Spiritualität	Kirche und Gesellschaft	Liturgie und kirchliches Leben	Christliche Kunst und Musik
		21.–24. Mai: Auf dem bisher größten außerordentlichen Konsistorium der Geschichte lässt Papst Johannes Paul II. 155 Kardinäle über Fragen der Zukunft der katholischen Kirche beraten, die auch die Ausübung des Papstamtes in ökumenischer Tragweite mit beinhalten.	
			6. Nov.: 63 Jahre nach der Zerstörung der alten Synagoge erhält **Dresden** ein **neues jüdisches Gotteshaus;** es ist der erste Synagogenneubau in den neuen Bundesländern nach der Wende 1989.

Weltgeschichte	Glaubensverbreitung	Glaubensentfaltung
zwischen Israelis und Palästinensern an den Rand eines Krieges. **2002 1. Jan.: In 12 Staaten der Europäischen Union, u. a. der Bundesrepublik Deutschland, wird als neue, einheitliche Währung der »EURO (€)« eingeführt; die D-Mark bleibt noch bis 28. Februar zweites Zahlungsmittel.** 1. April: Bewaffnete Palästinenser besetzen bis 10. Mai die Geburtskirche Christi in Betlehem. 16. Mai: In Belgien ist die **Tötung** unheilbar Kranker auf Verlangen legal. 17. Aug.: Ein **Elbehochwasser** überflutet Teile Dresdens; die Donau überschwemmt Gebiete Bayerns und Österreichs. 10. Sept.: Die Schweiz tritt als 190. Mitglied der UNO bei. 23. Okt.: Tschetschenische Rebellen stürmen in Moskau ein Musical und nehmen ca. 800 Geiseln in Haft; am 26 Okt. wird das Theater gewaltsam von russischen Elitetruppen eingenommen.	11. Feb.: Papst Johannes Paul II. errichtet die **Erzdiözese Moskau** und weitere Diözesen des lateinischen Ritus in **Russland,** was zu einer anhaltenden Verstimmung mit der Russisch-Orthodoxen Kirche führt, weil sie dadurch eine Abwerbung ihrer Gläubigen durch die katholische Kirche befürchtet. 23.Juli: In **Niedersachsen** darf zeitlich befristet für muslimische Schüler **islamischer Religionsunterricht** in »öffentlichen Schulen« erteilt werden.	
2003 4. Feb.: Die Union von Serbien und Montenegro löst die bisherige Bundesrepublik Jugoslawien ab. 12. März: Der serbische Reformpolitiker **Zoran Djindjic** wird in Belgrad ermordet.		**2003** 1. Jan.: Während in Deutschland theologische Fakultäten schließen müssen, wird das frühere Philosophisch-Theologische Studium Erfurt »Theologische Fakultät« der Universität Erfurt.

Orden, Heilige, Spiritualität

16. April: Unter großer Anteilnahme spricht Papst Johannes Paul II. in Rom den seit 1918 stigmatisierten **Pio da Pietrelcina (Pater Pio)** († 1968) heilig.

13. Juli: Heiligsprechung des ersten Indianers, des mexikanischen Bauern und Mystikers Juan Diego Cuauhtlatoatzin (Cuauhtlatohuac) († 1548) durch Papst Johannes Paul II. in Guadalupe (Mexiko).

6. Okt.: Heiligsprechung von José Maria Escriva de Balaguer y Albás († 1975), dem Gründer des Opus Dei.
19. Okt.: In Bremen wird das erste Birgittenkloster nach der Reformation eingeweiht.

Kirche und Gesellschaft

8. März: Als letztes deutsches Bistum steigt Limburg aus der Schwangeren-Konfliktberatung aus.

4. Juli: Muslimische Lehrerinnen dürfen nach einem Urteil des Bundesverfassungsgerichtes während des Schulunterrichtes kein Kopftuch tragen **(Kopftuchverbot).**

Liturgie und kirchliches Leben

2002 1. Jan.: Der aus Österreich stammende Bischof Josef Rosenhammer wird 102 Jahre alt; der zur Zeit »älteste Bischof der Welt« war 1949–1974 Apostolischer Vikar von Chiquitos in Bolivien.
24. Jan.: Auf Einladung von Papst Johannes Paul II. versammeln sich weit über 200 Vertreter christlicher Kirchen und Weltreligionen zu einem **Friedenstreffen in Assisi.**

19. Okt.: Mit dem Apostolische Schreiben **Rosarium Virginis Mariae** werden die sog. **lichtreichen Geheimnisse** für das Rosenkranzgebet hinzugefügt.

Verschiedene deutsche Diözesen, besonders das **Erzbistum Berlin,** sind in eine **große Finanzkrise** geraten; nur **radikale Sparmaßnahmen** vermögen deren Haushalte zu sanieren, was u. a. in der Folge zu **Zusammenlegungen von Gemeinden, sog. Fusionen, und Personalentlassungen** führt.

2003 1. Jan.: In Dresden wird ökumenisch das **Jahr der Bibel** eröffnet.

Christliche Kunst und Musik

2002 Erstmals findet eine **Ausstellung der anglikanischen Kirche** in den Vatikanischen Museen statt.

Ab 19. Juni werden in der ev. Marienkirche in Frankfurt/Oder die **Bibelbilder** wieder aufgestellt, die ca. 40 Jahre als Kriegsbeute in der Leningrader Eremitage lagerten.

3. Nov.: Nach erfolgreicher Rekonstruktion wird in der katholischen Hofkirche in Dresden die **Silbermannorgel** eingeweiht.

14. Dez.: Kardinalstaatssekretär Angelo Sodano weiht die neue Orgel in der Sixtinischen Kapelle ein.

Weltgeschichte	Glaubensverbreitung	Glaubensentfaltung
20. März: Beginn des Irakkrieges durch die Alliierten; am 10. April fällt Bagdad.		**2003** Vom 28. Mai bis 1. Juni findet in Berlin der **Erste Ökumenische Kirchentag** statt.
23. April: Nach 29-jähriger Teilung wird in Nikosia die Grenze zwischen den griechischen und dem türkischen Teil Zyperns wieder geöffnet.		31. Juli: Ein Dokument der Glaubenskongregation verwirft die sog. **Homo-Ehe**, da sie die Gesellschaft gefährde; eine politische Zustimmung dazu wird als »ein schwerwiegender moralischer Akt« bezeichnet.
	2003 29./30. Aug.: Kurienkardinal Crescenzo Sepe weiht in Ulaanbaatar die St. Peter-und-Pauls-Kathedrale ein und weiht den philippinischen Pater Wenceslao Selga Padilla CICM zum ersten Bischof für die etwa 300 Katholiken zählende Apostolische Präfektur der **Mongolei.**	
2004 23. Jan.: In Marokko wird die gesetzlich verankerte Gehorsamspflicht der Frauen gegenüber ihren Ehemännern aufgehoben. 11. März: In Madrid sterben 194 Menschen bei einem Anschlag des islamistischen Netzwerkes **al-Qaida** in Nahverkehrszügen. 24. April: Die Wiedervereinigung Zyperns scheitert am negativen Votum des griechischen Teils der Bevölkerung.	Nov.: Msgr. Rainer Korten aus dem Erzbistum Köln erhält die Arbeitserlaubnis für die katholische (Touristen-)Seelsorge im türkischen Antalya; ab 2004 kommt auch ein ev. Pfarrer hinzu, so dass dort fortan eine »deutschsprachige ökumenische Seelsorge« entsteht.	**2004** 25. März: Die Instruktion der Kongregation für den Gottesdienst **Retemptoris Sacramentum** tadelt liturgische Missbräuche und untersagt die »Laienpredigt« in der Messfeier.

Orden, Heilige, Spiritualität	Kirche und Gesellschaft	Liturgie und kirchliches Leben	Christliche Kunst und Musik
		17. Mai: In Mainz findet der **Erste Deutsche Seminaristentag** mit ca. 750 Priesteramtskandidaten statt. 5. Juni: Papst Johannes Paul II. begibt sich auf seiner 100. Auslandsreise nach Kroatien.	**2003** 4. Mai: Einweihung der Glocken für die neu aufgebaute evangelische **Frauenkirche** in Dresden.
2003 5. Okt.: Heiligsprechung des Gründers der »Gesellschaft des Göttlichen Wortes (Steyler Missionare)«, Pater Arnold Janssen SVD († 1909), und des aus Südtirol stammenden Chinamissionars Pater Joseph Freinademetz SVD († 1908). **19. Okt.: Papst Johannes Paul II. spricht Mutter Teresa von Kalkutta († 1997) heilig.**		**16. Okt.: Papst Johannes Paul II. feiert unter weltweiter Anteilnahme sein 25-jähriges Amtsjubiläum als Papst.**	
		2. Nov.: Erstmals wird in der anglikanischen Kirche der USA in Durham mit Gene Robinson ein bekennender Homosexueller zum Bischof geweiht.	9. Nov.: Grundsteinlegung für die neue Münchener Synagoge und das jüdische Zentrum.
	2004 10. Feb.: Die französische Nationalversammlung verbietet »religiöse Symbole« – auch Kreuze – in allen »öffentlichen Schulen«.		**2004** 25. Feb.: In den USA läuft der wegen »latentem Antisemitismus« umstrittene Jesus-Film **Passion** von Mel Gibson an.

2004 1. Mai: Durch die **Erweiterung der Europäischen Union nach Osteuropa** zählt die EU 25 Mitgliedsstaaten, worunter sich u. a. auch die früher zur Sowjetunion gehörenden drei baltischen Staaten Litauen, Lettland und Estland befinden.

28. Juni: Der **Irak** erhält seine **Souveränität** zurück.

11. Aug.: In Großbritannien wird das Klonen menschlicher Embryonen zu Forschungszwecken gesetzlich erlaubt.

26. Dez.: Erdbeben und Flutwellen (Tsunami) verursachen in Ostasien, bes. in Indonesien, eine »Jahrhundertkatastrophe«.

2005 16. Feb.: Das **Kyoto-Protokoll** zum weltweiten **Klimaschutz** tritt in Kraft.

Orden, Heilige, Spiritualität	Kirche und Gesellschaft	Liturgie und kirchliches Leben	Christliche Kunst und Musik
2004 3. Okt.: Papst Johannes Paul II. spricht den letzten Habsburger Kaiser Karl I. († 1922) selig; diese Seligsprechung ist wegen dessen Mitverantwortung an den Giftgaseinsätzen gegen italienische Truppen in der sog. »Isonzoschlacht« im Okt. 1917 umstritten.	**2004** 1. April: Baden-Württemberg verbietet als erstes deutsches Bundesland das Tragen von Kopftüchern in staatlichen Schulen. 24. April: Papst Johannes Paul II. wird mit dem **Aachener Karlspreis** ausgezeichnet.	**2004** 21.-23. Mai: In Wien findet der **Erste Mitteleuropäische Katholikentag** mit Teilnehmern aus acht Ländern statt, dessen Höhepunkt die »Wallfahrt der Völker« nach Mariazell bildet. **1. Juli: Die Föderation evangelischer Kirchen in Deutschland tritt in Kraft.** 12. Aug.: In St Pölten (Niederösterreich) wird das wegen Sexualskandalen in die Schlagzeilen geratene Priesterseminar einstweilen geschlossen. **28. Aug.: Rückgabe der sich im Vatikan befindenden »Muttergottes-Ikone von Kazan« an die Russisch-Orthodoxe Kirche durch Kurienkardinal Walter Kasper, der sie anstelle des zurzeit in Russland nicht willkommenen Papst Johannes Pauls II. in Moskau an Patriarch Alexij II. übergibt.** **2005** Im Ruhrbistum **Essen** werden 259 Gemeinden infolge der Pfarrfusionen zu 42 Pfarreien zusammengelegt. **2. April: Tod Papst Johannes Pauls II.** **19. April: Der 78-jährige deutsche Kurienkardinal und frühere Erzbischof von München und Freising, Joseph Ratzinger, wird zum neuen**	

VI.

Die Kirche am Anfang des III. Jahrtausends (ab 2000)

II. Das Pontifikat Papst Benedikts XVI. (ab 2005)

2005–2006

Weltgeschichte	Glaubensverbreitung	Glaubensentfaltung
2005 31. Aug.: Aufgrund des Wirbelsturmes »Katrina« muss die ganze Stadt New Orleans in den USA evakuiert werden.		
22. Nov.: Die aus der ehemaligen DDR stammende Angela Merkel (CDU) wird die erste »Bundeskanzlerin« der Bundesrepublik Deutschland.		
		25. Dez.: Papst Benedikt XVI. unterstreicht in seiner Antrittsenzyklika **Deus caritas est** die Bedeutung der Liebe und Nächstenliebe im Christentum.
2006 16. März: Beginn des bis 17. August andauernden Streiks der deutschen Krankenhausärzte. 22. März: Die ETA kündigt nach 40 Jahren eine unbefristete Waffenruhe an.		
19. Juli: In Kalkar in Nordrhein-Westfalen wird mit +38,6 °C der bisher höchste Hitzerekord in Deutschland gemessen.		

Orden, Heilige, Spiritualität	Kirche und Gesellschaft	Liturgie und kirchliches Leben	Christliche Kunst und Musik
2005 28. Juni: Papst Benedikt XVI. leitet dem Wunsch »subito santo! (gleich heilig!)« sehr vieler Gläubiger folgend das Seligsprechungsverfahren für Papst Johannes Paul II. ein.		**Papst gewählt; er nimmt den Namen Benedikt XVI. an und ist nach Hadrian VI. († 1523) der achte deutsche und nach Viktor II. († 1057) der zweite bayerische Papst.**	
16. Aug.: Frére Roger Schutz, der Prior von Taizé, wird von einer 38-jährigen Rumänin getötet.			
		21. Aug.: Die Abschlussmesse des **XX. Weltjugendtages** in Köln mit Papst Benedikt XVI. ist der bisher größte öffentliche Gottesdienst in der deutschen Geschichte.	**2005** Beim XX. Weltjugendtag wird in Düsseldorf die **Missa op. 61** des Wiener Komponisten Thomas Daniel Schlee uraufgeführt.
9. Okt.: Kurienkardinal José Saraiva Martin spricht in Rom den früheren Bischof von Münster, Clemens August Kardinal von Galen († 1946) selig. 13. Nov.: Seligsprechung des Gründers der Gemeinschaft »Jesus Caritas«, Charles de Foucauld († 1916) in Rom.			30.Okt.: Feierliche Einweihung der evangelischen **Frauenkirche** in Dresden 60 Jahre nach ihrer Zerstörung im Zweiten Weltkrieg.
		2006 24. Feb.: Papst Benedikt XVI. erhebt 15 neue Kardinäle, darunter den Bischof von Hongkong, Joseph Zen Ze-kiun. 22.-29. Mai: Papst Benedikt XVI. besucht bei seiner ersten Auslandsreise **Polen,** die Heimat seines Vorgängers, Papst Johannes Paul II., und hält dabei seine Ansprache abschnittsweise sogar auf Polnisch.	

2006–2007

Weltgeschichte	Glaubensverbreitung	Glaubensentfaltung
1. Aug.: In Deutschland tritt die **Rechtschreibreform** endgültig in Kraft. 17. Aug.: Eröffnung der ersten deutschen **Seniorenuniversität** in Horn-Bad Meinberg. 13. Okt.: In Deutschland werden die ersten **Eliteuniversitäten** gewählt. 30. Dez.: Der frühere irakische Diktator Saddam Hussein wird hingerichtet.	**2006** 14. Sept.: In der Dresdener Synagoge findet nach 60 Jahren wieder die erste **Rabbiner-Ordination** statt.	**2006** 12. Sept.: Bei der sog. **Regensburger Vorlesung** zitiert Papst Benedikt XVI. missverständlicherweise den byzantinischen Kaiser Manuel II. Palaeologus († 1425), welcher den Propheten Mohammed († 632) darin bezichtigt, den Islam »fast nur mit dem Schwert« verbreitet zu haben; dadurch ist die muslemische Welt so sehr entrüstet, dass der Papst gleich darauf persönlich seine Zitation richtigstellt. 28. Nov. - 1. Dez.: Bei seinem Besuch in der Türkei unterzeichnen Papst Benedikt XVI. und Patriarch Bartholomäus I. eine Erklärung, welche die Einheit der Christen als »unabänderliches Ziel« beider Kirchen festschreibt.
2007 1. Jan.: Bulgarien und Rumänien treten der EU bei. 28. Jan.: Mit 200 km/h rast der Orkan »Kyrill« über Mitteleuropa hinweg und richtet schwere Verwüstungen an. 27. Feb.: Seit Beginn der Wetteraufzeichnungen ist der Winter 2006/2007 der bisher bekannte »wärmste Winter« in der Geschichte.		**2007** 29. April: Zum ersten Mal unterzeichnen im Magdeburger Dom 11 Kirchen in Deutschland, u. a. die katholische Kirche wie auch evangelische Freikirchen, eine **Erklärung zur gegenseitigen Anerkennung der Taufe,** die jedoch nur für das Gebiet der Bundesrepublik Deutschland gilt.

Orden, Heilige, Spiritualität	Kirche und Gesellschaft	Liturgie und kirchliches Leben	Christliche Kunst und Musik
2006 22. Okt.: Der Erzbischof von München und Freising, Friedrich Kardinal Wetter, vollzieht im Dom zu Speyer die Seligsprechung des Priesters Paul Josef Nardini († 1862), des »Vaters der Armen« und Gründer der Franziskanerinnen von der Heiligen Familie.		9.-14 Sept.: Papst Benedikt XVI. besucht seine bayerische Heimat.	
		19. Nov.: In Erfurt wird aus Anlass des 800. Geburtstages der hl. Elisabeth von Thüringen († 1231) ökumenisch das weit über Thüringen hinaus begangene **Elisabethjahr** eröffnet.	**2006** 9. Nov.: Einweihung der neuen Synagoge und des jüdischen Zentrums in München.
2007 22. Jan.: Der über Frankreich hinaus bekannte »Vater der Armen«, **Abbé Pierre,** ist verstorben.	**2007** 7. Jan.: Der Primas der katholischen Kirche Polens, Stanislaw Wielgus tritt kurz vor seiner Amtseinführung zurück, da er Kontakte zur kommunistischen Staatssicherheit hatte. 25. Jan.: Papst Benedikt XVI. empfängt in einem als »historisch« bezeichneten Besuch den Regierungschef der **Sozialistischen Republik Vietnam,** Nguyen Tan Dung.		

Weltgeschichte	Glaubensverbreitung	Glaubensentfaltung
17. Mai: Eröffnung der ersten **Bahnverbindung** zwischen Nord- und Südkorea seit der Teilung des Landes 1953.		**2007** 29. Juni: In einem Schreiben der römischen Glaubenskongregation wird die »volle Kirchlichkeit« nach wie vor »nur der Römisch-Katholischen Kirche« zuerkannt, was zu einer Entfremdung der Kirchen der Reformation gegenüber der Römisch-Katholischen Kirche und zu einem gewissen »Stillstand« im beiderseitigen »ökumenischen Dialog« führt.
13. Dez.: In Lissabon wird der **Europäische Reformvertrag** nach dem Scheitern der Europäischen Verfassung unterzeichnet. 27. Dez.: Die erste islamische Regierungschefin der Welt, die frühere Premierministerin Pakistans, Benazir Bhutto, fällt vor der Parlamentswahl einem Attentat zum Opfer.		30. Nov.: Papst Benedikt XVI. unterstreicht in seiner zweiten Enzyklika **Spes salvi** die christliche Hoffnung als selbstverständlichen Bestandteil eines »christlich« geprägten Lebens.
2008 17. Feb.: Der **Kosovo** erklärt sich als ein von Serbien »unabhängiger und selbständiger Staat«, was zu Konflikten mit Serbien führt. 10. März: In **Tibet** beginnen Unruhen gegen die chinesische Staatsführung, welche diese niederschlägt und zum Teil international sogar leugnet.	**2008** Die Weltbevölkerung zählt statistischen Angaben zufolge erstmals mehr Muslime (19,2 %) als Katholiken (17,4 %). 14. März: In Doha im Emirat Katar wird – ohne Glocken und Kreuz – die katholische St. Mary's Kirche eingeweiht; damit verweigert nur noch Saudi-Arabien als einziger Golfstaat Christen einen Kirchbau.	

Orden, Heilige, Spiritualität	Kirche und Gesellschaft	Liturgie und kirchliches Leben	Christliche Kunst und Musik
	27. Mai: In einem Brief an die Katholiken Chinas ruft Papst Benedikt XVI. zu einem Dialog der »offiziellen und der Untergrundkirche« in der Volksrepublik China unter seiner »Primatshoheit« auf.	**2007** 7. Juli: Mit seinem Motu proprio **Summorum pontificium cura** erleichtert Papst Benedikt XVI. die Zelebration der Messe nach dem Messbuch von 1962 (sog. Tridentinische Messe) und spricht sich auch für einen häufigeren Gebrauch der lateinischen Sprache in der Liturgie aus.	**2007** 15. April: Uraufführung der Messe **Tu es Petrus** von Prof. Wolfgang Seifen aus Anlass des 80. Geburtstages von Papst Benedikt XVI. in der Berliner St. Hedwigskathedrale.
30. Sept.: Im polnischen Nysa (Neisse) wird die »Mutter der Armen und schlesische Samariterin«, Schwester Maria Louise Merkert († 1872) seliggesprochen. 26. Okt.: Franz Jägerstätter, ein österreichischer Familienvater, 1943 wegen Verweigerung des Militärdienstes im NS-Staat in Brandenburg hingerichtet, wird im Linzer Mariendom im Beisein seiner Witwe Franziska von Kurienkardinal José Saraiva Martin seliggesprochen.	6. Nov.: Erstmals besucht mit König Abdullah Ibn Abdelassi al Sa'ud ein König Saudi-Arabiens einen Papst.		15. Sept.: Der Erzbischof von Köln, Joachim Kardinal Meisner, weiht den architektonisch bemerkenswerten Neubau des Kölner Diözesanmuseums **Kolumba** ein.
		2008 22. März: Papst Benedikt XVI. tauft in der Osternacht den ehemaligen Muslim Magdi Allam, einen Italiener ägyptischer Herkunft; diese Taufe wird in der islamischen Welt teilweise als »Provokation« aufgefasst.	**2008** 13. Jan.: Einweihung der neu restaurierten Kirche »Santa Maria dell'Anima« der deutschsprachigen Gemeinde in Rom durch Kurienkardinal Paul Josef Cordes.

Personenverzeichnis

Personenverzeichnis

Personenverzeichnis

Personenverzeichnis

Personenverzeichnis

Personenverzeichnis

Personenverzeichnis

Personenverzeichnis

Personenverzeichnis

Personenverzeichnis

Personenverzeichnis

Sachverzeichnis

Bei der Fülle der Daten und Fakten, die in dieser kirchengeschichtlichen Übersicht aufgeführt werden, kann im vorliegenden **Sachverzeichnis** nur eine **Auswahl** getroffen werden, um nicht die Synopse gleichsam »noch einmal« schreiben zu müssen. Diese **Auswahl** umfasst sowohl die Einzelfakten als auch die zeitlich-historische Abfolge bzw. Wiederkehr. Damit jedoch ein möglichst breites Spektrum an historischen Fakten erfasst wird, sind im Sachverzeichnis gewissermaßen **Ober- bzw. Zentralbegriffe** aufgeführt, denen die dazugehörigen Einzelfakten dann zugeordnet werden, wie etwa die Abendmahlslehre der verschiedenen Konfessionen der Eucharistie als deren Ober- bzw. Zentralbegriff.

Sachverzeichnis

Sachverzeichnis

Sachverzeichnis

Sachverzeichnis

Sachverzeichnis

Sachverzeichnis

Sachverzeichnis

Sachverzeichnis

Sachverzeichnis

Sachverzeichnis

Sachverzeichnis

Sachverzeichnis

Sachverzeichnis

Sachverzeichnis

Sachverzeichnis

Sachverzeichnis

Sachverzeichnis

Sachverzeichnis

Sachverzeichnis

Sachverzeichnis

Sachverzeichnis

Sachverzeichnis

Sachverzeichnis

Sachverzeichnis

Sachverzeichnis